第二次改訂版

既存鉄筋コンクリート造

学校建物の耐力度測定方法

既存鉄筋コンクリート造・鉄骨造・
木造・補強コンクリートブロック造
学校建物の耐力度測定方法編集委員会 ［編］

第一法規

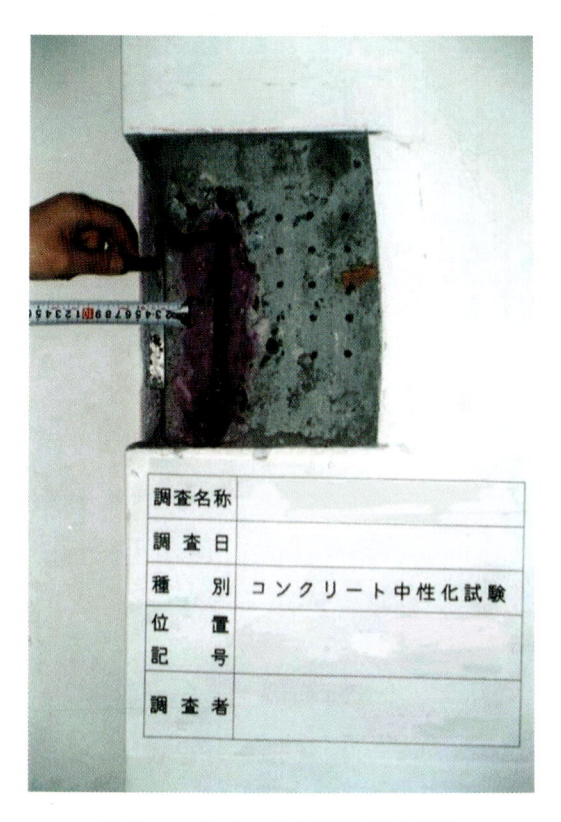
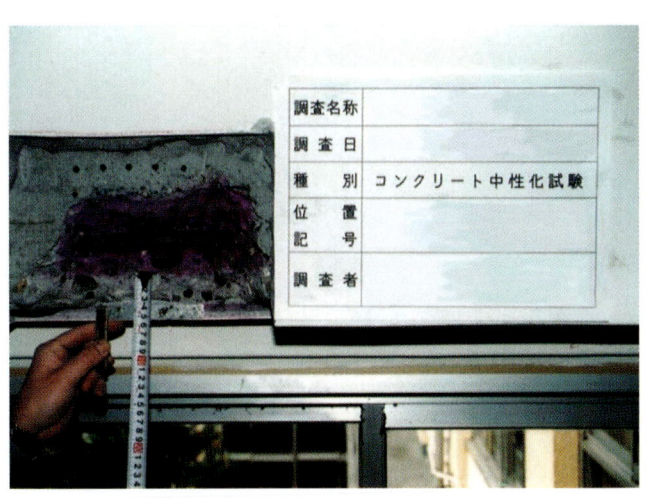

梁のコンクリート中性化深さ測定

柱のコンクリート中性化深さ測定

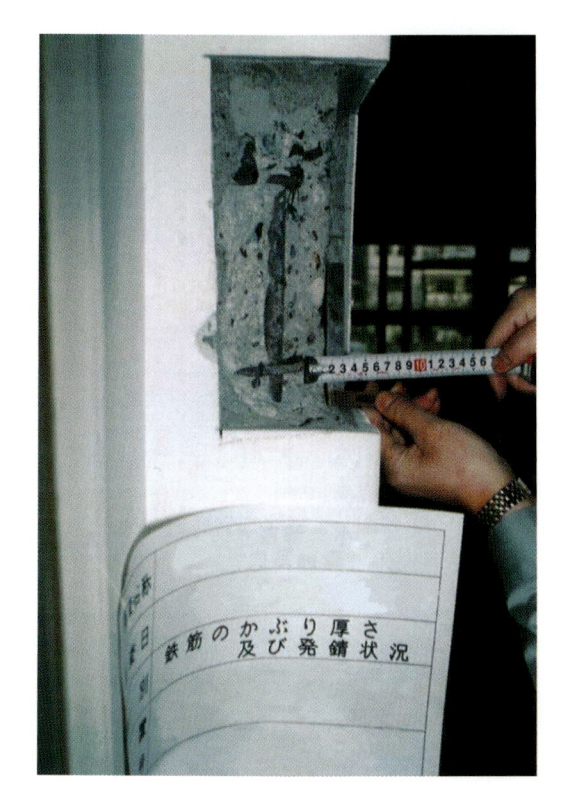
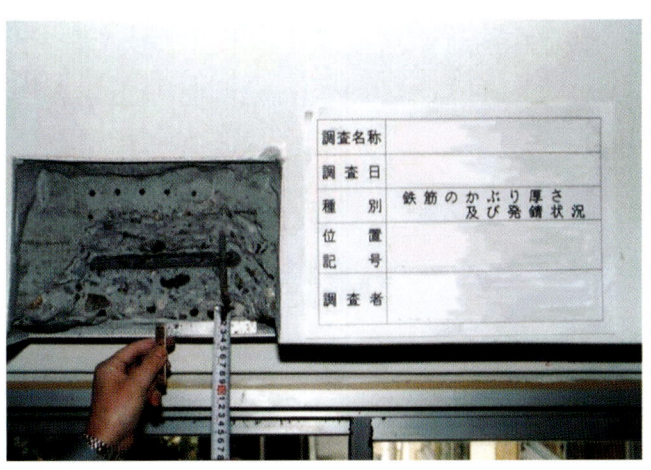

梁の鉄筋かぶり厚さ及び
鉄筋の腐食度測定

柱の鉄筋かぶり厚さ及び
鉄筋の腐食度測定

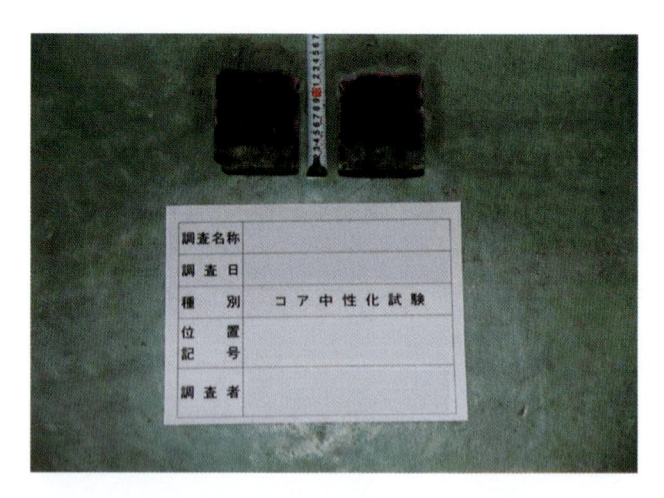

コンクリートコアの中性化深さ測定

構造使用材料の測定

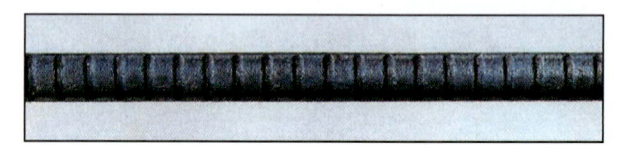

グレード：1.0

グレード：0.8

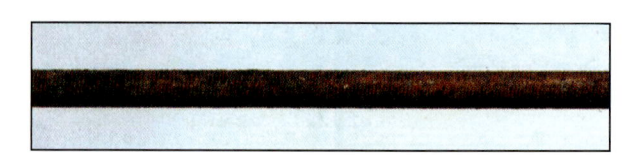

グレード：0.5

鉄筋腐食度
―発錆グレードのサンプル―

目　　次

第 1 章　概　　要

1.1　基本方針と適用範囲

1.1.1　基本方針

　鉄筋コンクリート造の学校建物の耐力度測定方法は、公立学校施設においての建物の構造耐力、経年による耐力・機能の低下、立地条件による影響の3点の項目を総合的に調査し、建物の老朽化を評価するものであり、調査の結果、所要の評点に達しないものについては、老朽化した公立学校施設を建て替える事業（以下、「危険改築事業」という）の際の補助対象となり、改築が必要かどうかを判断するための一つの方法となる。

　これらの測定方法をまとめた「耐力度調査票」により耐力度測定が行われた結果、構造上危険と判定された建物は国庫補助の対象とされている。この調査は当初、木造建物についてのみ定められていたが、昭和58年の「義務教育諸学校等の施設費の国庫負担等に関する法律（以下、「義務法」という）」等の改正により、鉄筋コンクリート造（以下、「RC造」という）においても木造建物に準じた耐力度調査票を作成し、国庫補助事業の補助対象となった。その後、一部改定及び平成13年の全面的な改定が行われてきた。

　今回の改定では、昭和56年に施行された現行の耐震基準以前の基準で建てられた学校建物で既に実施されている耐震診断の結果を活用することで、耐力度測定時の調査並びに測定の作業負担の軽減を図っている。さらに、近年の地震被害等に基づく知見、及び建築基準法・告示の改正に伴う見直しを含めて、「Ⓐ構造耐力」と「Ⓑ健全度（旧手法におけるⒷ保存度）」に関する測定項目の再整理と加除を行い、「鉄筋コンクリート造の建物の耐力度調査票」について、全面的な改定を行った。

1.1.2　適用範囲

　鉄筋コンクリート造の学校建物の耐力度測定方法は、校舎、屋内運動場及び寄宿舎に適用され、建物の区分（校舎または寄宿舎か、屋内運動場か）によって方法を分けず、RC造である限り一律に適用できる形式になっている。

　調査対象建物の建築年代、耐震診断の実施状況に応じて、以下の方法による評価を行う。

⑴　新耐震以前の建物で耐震診断が実施されていないもの

　昭和56年に施行された現行の耐震基準以前の基準で建てられた建物であるが耐震診断が未実施であるものについては、耐震診断基準の手法を用いてⒶ構造耐力の①保有耐力中の(a)水平耐力を算定し、評価を行う。

⑵　新耐震以前の建物で耐震診断が実施されているもの

　昭和56年に施行された現行の耐震基準以前の基準で建てられた建物であり耐震診断が実施

されているものについては、耐震診断結果を用いて評価を行う。

(3) 新耐震の建物

　昭和56年に施行されたいわゆる新耐震と呼ばれる現行の耐震基準に従って建てられた建物については、構造上の問題点がなければ⑭構造耐力の①保有耐力中の(a)水平耐力に関わる評点を満点として評価を行う。ただし、同(b)コンクリート圧縮強度については必ずコア抜き取りによる強度試験を行い、その結果を評価に反映する。また、地震で被災し原形復旧による補修工事を行った場合などの影響も⑭構造耐力で反映する。なお、建築後の状態に変化があり設計時の想定とは異なる場合や、新耐震の施行後にわかった新たな知見を踏まえると実際の耐震性能が設計時の想定とは異なると考えられる場合については、耐震診断基準の手法または保有水平耐力計算の手法を用いて現状を反映した(a)水平耐力を算定し、その結果に基づき評価してもよい。

　構造形式としてはRC造のラーメン構造（耐震壁を含む）が主体であるが、RC造の壁式構造に対しても適用してよい。RC造のシェル構造、プレキャストコンクリート造、プレストレストコンクリート造、あるいは鉄骨鉄筋コンクリート造（以下、「SRC造」という）については原則として適用範囲外とする。

　しかし、SRC造については⑭構造耐力の①保有耐力中の(a)水平耐力及び②層間変形角で用いる構造耐震指標 I_S 等の指標値に「既存鉄骨鉄筋コンクリート造建築物の耐震診断基準」（日本建築防災協会）によって算定した値を使用すれば、⑭構造耐力の評価は可能であろうと考えられる。また、⑱健全度についても内蔵鉄骨の劣化等に注意して各調査を実施すれば、本耐力度測定方法をSRC造建物に適用することができよう。

　なお、一般化した判定基準でカバーしきれない特殊な事情のある建物は、専門家の鑑定等に基づく個別審査による。例えば、何らかの原因でひび割れだけが極端に多い（アルカリ骨材反応等）、地盤や基礎に起因する障害（進行性の沈下等）が発生しているような場合である。

　学校建物においては、RC造と鉄骨造（以下、「S造」という）が混用された建物が存在する。RC造とS造が混用された建物としては、図1.1(a)に例示する柱の中間のギャラリーから下がRC造（またはSRC造）で、それより上部がS造のRSタイプと呼ばれる屋内運動場（以下、「混合構造」という）や、図1.1(b)に例示するRC造校舎の上にS造の屋内運動場を載せたもの（以下、「複合構造」という）、図1.1(c)に例示するRC造の架構に鉄骨屋根を載せたRタイプと呼ばれる屋内運動場がある。これらの扱いを以下に示す。

1) 混合構造（RSタイプ）の屋内運動場については、「既存鉄骨造学校建物の耐力度測定方法」に従って耐力度を評価する。
2) 複合構造については、RC造部分は本耐力度測定方法で、柱脚部・定着部を含むS造部分

については「既存鉄骨造学校建物の耐力度測定方法」に従って耐力度を評価する。ただし、複合構造では、上層のS造部分と下層のRC造部分とで質量及び剛性が急変する場合が多いことを考慮して耐震診断された結果を用いる必要がある。なお、複合構造のせん断力分布に関して、弾性振動解析による検討方法とその結果から得られた便宜的な算定方法を第4章の資料2（p.58）に示しているので参考にするとよい。

3）RC架構に鉄骨屋根を載せたRタイプと呼ばれる屋内運動場については、本耐力度測定方法で耐力度を評価する。ただし、RC架構の上に載せられた鉄骨屋根とRC架構との接合部（定着部）については、屋根架構を介した地震時応力の伝達能力を別途評価し、その結果を Ⓐ構造耐力の①保有耐力中の(a)水平耐力で加味する必要がある。

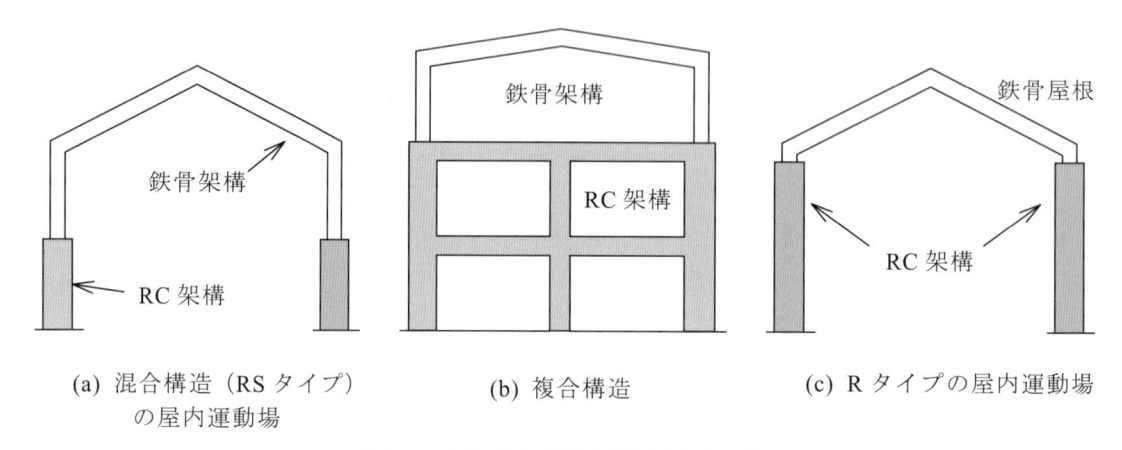

(a)　混合構造（RSタイプ）　　　　(b)　複合構造　　　　(c)　Rタイプの屋内運動場
　　　の屋内運動場

図1.1　RC造とS造が併用された建物

1.2 耐力度測定項目の考え方

1.2.1 測定項目の組立て方

耐力度測定の項目は、

  Ⓐ 構造耐力   （100 点満点）

  Ⓑ 健全度   （100 点満点）

  Ⓒ 立地条件   （係数 0.82～1.0）

の 3 つの大項目で構成され、それらの評点の積で耐力度を算出し、10,000 点満点で評価する。

 3 つの大項目の下にどのような中小項目を含めるか、また、それらをどのように組み合せるかについては、RC 造の特徴を反映したものになっている。以下に今回の改定の概要を、1.2.2～1.2.4 項に各測定項目の組立て方の概要を示す。

Ⓐ 構造耐力

 今回の改定では、耐震診断結果の利用を前提として測定項目を再整理するとともに、④地震による被災履歴の項目を追加した。

 ①保有耐力では、(a)水平耐力は（$E_0 \times S_D$）、すなわち I_S を T で除した値（I_S/T）を用いることとし、S_D の算定で既に考慮されている旧手法の「剛性率」、「偏心率」の項目は削除した。(b)コンクリート圧縮強度については、診断時にコンクリート強度に関する調査が実施され、コンクリート強度の影響も考慮されていることから基本的には不要であるが、いわゆる新耐震設計法による建物を対象とする場合にもコンクリート強度の影響が考慮できるように残している。

 ②層間変形角については、近年の地震被害を鑑み、構造躯体や非構造部材の被害程度を構造耐力に反映させることを目的に大地震時に予想される変形量で評価することとした。

 ③基礎構造については、基礎構造に関する地震被害の経験とその後の調査による知見に基づいて測定内容の一部を見直した。

 近年、地震被害を受けた後、復旧して再使用される校舎が増加していることから、過去の地震による被災履歴についてもその影響を構造耐力に反映させるために④地震による被災履歴を追加した。

 旧手法で設定されていた「構造使用材料」については、評価項目の一つである「軽石」（軽量コンクリート）は最近では使用されることがほとんどなく、仮に使用されていたとしてもその影響は耐震診断時に既に考慮されていること、また「塩分を含む海砂の使用」については、Ⓑ健全度のコンクリート中性化深さ等の測定項目でその影響を考慮することにしたため、今回の改定で削除した。

Ⓑ　健全度

　健全度の測定項目は、①経年変化、②鉄筋腐食度、③—(a)コンクリート中性化深さ等、③—(b)鉄筋かぶり厚さ、④躯体の状態、⑤不同沈下量、⑥コンクリート圧縮強度、⑦火災による疲弊度の合計7項目からなる。

　建物の老朽度を考える上で基本となる経過年数に加え、RC造の老朽化の度合いを評価する上で最も重要な指標となる鉄筋の腐食度、これに影響を与えるコンクリートの変質（中性化の進行度合い）、変状（ひび割れの発生状況）、施工時の信頼性（鉄筋のかぶり厚さ、ジャンカやコンクリート強度など施工健全度を判断する要素）によって評価する。

　今回の改定では、コンクリート圧縮強度を健全度の測定項目としても扱うことにした。測定の対象はコンクリート圧縮強度試験（コア6本以上）による相加平均値が $13.5\,\mathrm{N/mm^2}$ 未満、いわゆる低強度のコンクリートが使用されている場合に限る。低強度であることは、変質、変状、施工時の信頼性の全てに影響があることから、健全度全体に乗じる係数として測定項目を設けている。

Ⓒ　立地条件

　旧手法では「Ⓒ外力条件」として設定されていたが、今回の改定に当たっては③敷地条件の項目追加を行うとともに、いずれも建物が置かれている自然環境に対する評価項目であることから、名称を「立地条件」とした。

　近年の地震被害では、地形効果や局所的な地盤条件による入力地震動等の影響により被害が生じた事例も見られるため、その影響を考慮するために新たに「敷地条件」を追加した。

1.2.2　構　造　耐　力

　耐力度測定する建物が構造耐力上どの程度の耐力があるかを評価するものであり、その性能を保有耐力、層間変形角、基礎構造、地震による被災履歴に基づいて評価する。このうち、保有耐力や地震による被災履歴などは構造耐震指標 I_S と直接的に関連し、層間変形角は被害程度に関連するほか、非構造部材耐震指標 I_N とも関連する。基礎構造は地震時における被害発生の可能性を評価する項目として本耐力度測定方法に取り入れている。

　構造耐力は次のような項目から構成されている。

   ①　保有耐力　　　　　　　　　　　　　　　　　　　　　（50点満点）

    (a)　水平耐力　q

    (b)　コンクリート圧縮強度　k

   ②　層間変形角　θ　　　　　　　　　　　　　　　　　　　（20点満点）

   ③　基礎構造　β　　　　　　　　　　　　　　　　　　　　（30点満点）

   ④　地震による被災履歴　E　　　　　　　　　　　　　　（係数0.9〜1.0）

1.2.3 健　全　度

耐力度測定をする建物が新築以降に老朽化した度合を調べ、構造体の劣化を評価するものであり、健全度は次のような項目から構成されている。

① 経年変化　T　　　　　　　　　　　　　　　　　　　　（25 点満点）

② 鉄筋腐食度　F　　　　　　　　　　　　　　　　　　（25 点満点）

③ コンクリート中性化深さ等及び鉄筋かぶり厚さ

　(a)　コンクリート中性化深さ等　a　　　　　　　（10 点満点）

　(b)　鉄筋かぶり厚さ　b　　　　　　　　　　　　（10 点満点）

④ 躯体の状態　D　　　　　　　　　　　　　　　　　　（20 点満点）

⑤ 不同沈下量　ϕ　　　　　　　　　　　　　　　　　　（10 点満点）

⑥ コンクリート圧縮強度　k　　　　　　　　　（係数 0.8～1.0）

⑦ 火災による疲弊度　S　　　　　　　　　　　（係数 0.5～1.0）

1.2.4 立 地 条 件

建物の立地条件に応じて、将来の構造耐力及び健全度に影響を及ぼすと考えられる項目を測定するものであり、立地条件は次のような項目から構成されている。

① 地震地域係数　　　　　　　　　　　　　　　（係数 0.8～1.0）

② 地盤種別　　　　　　　　　　　　　　　　　（係数 0.8～1.0）

③ 敷地条件　　　　　　　　　　　　　　　　　（係数 0.9～1.0）

④ 積雪寒冷地域　　　　　　　　　　　　　　　（係数 0.8～1.0）

⑤ 海岸からの距離　　　　　　　　　　　　　　（係数 0.8～1.0）

第 2 章　　耐力度調査票

別表第1
（表面）

鉄筋コンクリート造の建物の耐力度調査票

	IV 学 校 種 別	V 整 理 番 号

I 調査学校	都道府県名	設 置 者 名	学 校 名	学校調査番号	調 査 期 間	平成　年　月　日 ～ 平成　年　月　日		III 結 果 点 数
					調査者	職 名	一級建築士登録番号	氏 名 ㊞	Ⓐ 構 造 耐 力
					予備調査者	会社名	一級建築士登録番号	氏 名 ㊞	耐力度 Ⓐ×Ⓑ×Ⓒ

II 調査建物	建物区分	棟番号	階 数	面 積	建物の経過年数			被 災 歴		補 修 歴		Ⓑ 健 全 度 点
				一階面積 ㎡	建築年月 年月	年月	長寿命化年月 年月	年月	種類	被災年	内容 補修年	Ⓒ 立 地 条 件 点
			+	延べ面積 ㎡	経過年数 年	年	経過年数 年	年		年	年	点

Ⓐ 保 度	① (a) 保 水平耐力 q	階	方向	構造耐震指標 Is	経年指標 T	$qi = \dfrac{(Is/T)}{0.7}$	鉄骨定着部の係数 $_r\alpha$	$q = q_X \times q_Y \times _r\alpha$	判 別 式		評 点		評点合計
			桁行方向 X						$1.0 \leqq q$	1.0	㋐	㋒ ㋓ (㋒×50)	Ⓑ 点
	コンクリート 圧 縮 強 度 k	階	壁・梁 1	壁・梁 2	壁・梁 3	壁・梁 4	壁・梁 5	壁・梁 6	平均値 σ	判 別 式		評 点	
										$13.5 \leqq \sigma$	1.0	㋜	
										$10 < \sigma < 13.5$	直線補間		
										$\sigma \leqq 10$	0.8		
	⑦ 火 災 に よ る 疲 弊 度 S		程 度	構 造 体 変 質	非構造材 全 焼	非構造材 半 焼	煙害程度	当該階の床面積 S_0	被災率S $S = S_t/S_0$	判 別 式		評 点	
			被災床面積	S_1	S_2	S_3	S_4			$S = 0$	1.0	㋝	
			評価後被災面積 S_t	$S_t = S_1 + S_2 \times 0.75 + S_3 \times 0.5 + S_4 \times 0.25 =$						$0 < S < 1$	直線補間		
										$S = 1$	0.5		

註）材料試験により使用骨材の塩化物量が0.1％を超えることを確認した場合，③中性化深さの「平均値a」欄の（　）内に塩化物量を記入する。
　　この場合，(オ)の評点は中性化試験結果によらず0.5に読替える。

Ⓒ 立地条件	① 地震地域係数		② 地 盤 種 別		③ 敷 地 条 件		④ 積 雪 寒 冷 地 域		⑤ 海 岸 か ら の 距 離		評 価	評 点
	四 種 地 域	1.0	一 種 地 盤	1.0	平 坦 地	1.0	そ の 他 地 域	1.0	海岸から8kmを超える	1.0	$Ⓒ = \dfrac{①+②+③+④+⑤}{5}$	Ⓒ
	三 種 地 域	0.9	二 種 地 盤	0.9	崖 地	0.9	二級積雪寒冷地域	0.9	海岸から8km以内	0.9	$= \dfrac{＋　＋　＋　＋}{5}$	
	二 種 地 域	0.85			支持地盤が著しく傾斜した敷地	0.9	一級積雪寒冷地域	0.8	海岸から5km以内	0.8	$=$	
	一 種 地 域	0.8	三 種 地 盤	0.8	局所的な高台	0.9						

（裏面）

学 校 名	

調 査 者 の 意 見

1. 調査建物の各階の平面図、断面図を単線で図示し、耐力壁は、他と区別できるような太線とする。

2. 寸法線と寸法（単位メートル）を記入する。

3. 平面図に、コンクリート中性化深さ、鉄筋かぶり厚さ、鉄筋腐食度、ひび割れ等の測定位置を記入する。

4. 余白に縮尺、建築年、延べ面積を記入する。

別表第1
（表面）

鉄筋コンクリート造の建物の耐力度調査票

		結果	評点	点数
Ⅳ 学校種別	Ⅴ 整理番号			
Ⅲ	結果	Ⓐ 構造耐力	㋑ 点	Ⓐ×Ⓑ×Ⓒ
		Ⓑ 健全度	㋺ 点	
		Ⓒ 立地条件	㋩ 点	点

Ⅰ 調査学校

都道府県名	設置者名	学校名	学校調査番号	調査期間 平成 年 月 日～平成 年 月 日	調査者
				職 名	一級建築士登録番号 氏名
				予備調査者 会社名	一級建築士登録番号 氏名

Ⅱ 調査建物

建物区分	棟番号	階数	面積 一階面積 ㎡ 延べ面積 ㎡	建物の経過年数 建築 年 月 長寿命化年月 経過年数 年 経過 年	被災歴 種類 被災 年	補修歴 内容 補修 年

Ⓐ 構造耐力

注）鉄筋コンクリート造架構の上に鉄骨屋根を載せた屋内運動場（Rタイプ）では、鉄骨屋根のRC定着部について検討する。Ⓘ保有耐力の検討では、鉄骨屋根の係数，α」欄には検討結果の比を、
（　）内は最小値、又は、平均値を記載して、保有、αの各算出根拠を示すこと。鉄骨屋根RC定着部については「鉄骨定着部の係数，α」欄には（　）内に塩害による場合には、（　）内に塩化物量を記入する。
この場合、（カ）内の評点は中性化試験結果によらず0.5に読み替える。
注）屋内運動場で、β算出時にβ方向と屋内中梁に低減係数0.75を考慮した場合には、「□地中梁による低減」にチェックすること。

構造		方向	構造耐震指標 Is	経年指標 T	鉄骨定着部の係数，r α 註	判別 式	評 点
①	(a) 水平耐力 q	桁行方向 X 張間方向 Y	$q_i=\dfrac{(Is/T)}{0.7}$		$q=q_X\times q_Y\times q_r\times\alpha$	1.0≦q / 0.5<q<1.0 直線補間 / q≦0.5	㋐ ㋐(㋐×50) 点
	(b) コンクリート圧縮強度 k	試験区分 コア試験	壁・梁 1 壁・梁 2 壁・梁 3	平均値 Fc	$k=Fc/20$	1.0≦k / 0.5<k<1.0 直線補間 / k≦0.5	㋑ 1.0 / 0.5
② 層間変形角 θ		桁行方向 X 張間方向 Y	構造耐震指標 Is	靭性指標 Fu	θの最大値	θ≦1/200 / 1/200<θ<1/120 直線補間 / 1/120≦θ	㋒ ㋒(㋒×20) 点 / 1.0 / 0.5
③ 基礎構造 β			種別指標 u 木杭 0.8 RC杭 0.9 その他 1.0	$Fr=Fu\times\dfrac{0.7}{(Is/T)}$	$\beta=u\times p$	1.0≦β / 0.5<β<1.0 直線補間 / β≦0.5	㋓ ㋓(㋓×30) 点 / 1.0 / 0.5
④ 地震による被災履歴 E			過去に経験した最大の被災度 軽微 1.0 / 小破 1.0 / 中破 0.95 / 大破 0.9		地震による低減 註 / 無被災・被災無し 1.0		㋔ 評 点
⑦ 火災による被災履歴 S							㋕ 評 価

評点合計 （㋑）
㋺=㋑+㋓+㋔+㋕ 点
Ⓐ=㋑×㋒ Ⓐ 点

Ⓑ 健全度

判別式（建築時からの経過年数） $T=(40-t_1)/40=$
判別式（長寿命化改良後の経過年数） $T=(30-t_2)/40=$

健	① 経年変化 T		経過年数 t₁ 年 / 経過年数 t₂ 年	部位	判 別 式	評 点
	② 鉄筋腐食 F	鉄筋腐食状況	梁 / 柱 / 壁 / 床	グレード最低値 F		㋐ ㋐(㋐×25) 点
		グレード 躯体膨張亀裂，さびの溶け出し	1.0 / 0.8 / 0.5			㋑ ㋑(㋑×25) 点
	③ コンクリート 中性化深さ及び鉄筋かぶり厚さ	(a) コンクリート中性化深さ a	グレード 中性化深さ	部位 柱 / 梁1 / 柱2(壁1)	平均値 a	a≦1.5cm 1.0 / 1.5cm<a<3cm 直線補間 / 3cm≦a 0.5	㋒ ㋒(㋒×10) 点
		(b) 鉄筋かぶり厚さ b	かぶり厚さ	部位 柱頭 / 梁1 / 柱2(壁2)	平均値 b 註	3cm≦b 1.0 / 1.5cm<b<3cm 直線補間 / b≦1.5cm 0.5	㋓ ㋓(㋓×10) 点
	④ 躯体の状態 D	状況	グレード 柱 / 梁 / 壁 / 床	グレード最低値 D		㋔ ㋔(㋔×20) 点
	⑤ 不同沈下量 φ	相対沈下量 ε スパン L	グレード 桁行方向 X 張間方向 Y	$\phi=\varepsilon/L$	φの最大値	φ≦1/500 1.0 / 1/500<φ<1/200 直線補間 / 1/200≦φ 0.5	㋕ ㋕(㋕×10) 点
	⑥ コンクリート圧縮強度 k		階 壁・梁 1～6		平均値 σ	13.5≦σ 1.0 / 10<σ<13.5 直線補間 / σ≦10 0.8	㋖ ㋖(㋖×20) 点
	⑦ 火災による被災履歴 S	程度 煙害程度	構造体 非構造材 全焼 半焼		被災率 S=S₄/S₀	S=0 1.0 / 0<S<1 直線補間 / 1≦S 0.5	㋗ 点

*＊同一階6本以上のコアの圧縮強度の平均値が13.5N/㎟以下の場合に適用

評点合計 （㋐）
㋺=(㋐×㋒×㋕)+（㋑+㋓+㋔） 点
Ⓑ=㋐×㋒×㋕ Ⓑ 点

Ⓒ 立地条件

	① 地震地域係数	② 地盤	③ 敷地	④ 積雪寒冷地域	⑤ 海岸からの距離	評価	評点
立地条件	四種地域 1.0	一種地盤 1.0	平地 1.0	その他の地域 1.0	海岸から8kmを超える 1.0	Ⓒ=①+②+③+④+⑤ = 5	
	三種地域 0.9	二種地盤 0.9	丘地 0.9	二級積雪寒冷地域 0.9	海岸から8km以内 0.9		
	二種地域 0.85	三種地盤 0.9	支持地盤が著しく傾斜した敷地	一級積雪寒冷地域 0.8	海岸から5km以内 0.8		
	一種地域 0.8		局所的な高台				

学 校 名	調 査 者 の 意 見

学 校 名

1. 調査建物の各階の平面図、断面図を単線で図示し、耐力壁は、他と区別できるような太線とする。

2. 寸法線と寸法（単位メートル）を記入する。

3. 平面図に、コンクリート中性化深さ、鉄筋かぶり厚さ、鉄筋腐食度、ひび割れ等の測定位置を記入する。

4. 余白に縮尺、建築年、延べ面積を記入する。

方位

第 3 章 　　耐力度調査票付属説明書

3.1　一　般　事　項

(1)　調査対象学校　　公立の小学校、中学校、義務教育学校、高等学校、中等教育学校、特別支援学校及び幼稚園とする。

(2)　調査対象建物　　当該学校のRC造の校舎、屋内運動場、寄宿舎とする。

(3)　調　査　単　位　　校舎、屋内運動場及び寄宿舎の別に、棟単位（エキスパンションジョイントがある場合は別棟とみなす）、建築年単位（建築年が異なるごとに別葉）で測定する。

(4)　調　　査　　票　　公立学校施設費国庫負担金等に関する関係法令等の運用細目（以下、「運用細目」という）の別表第1の様式とする。

(5)　そ　の　他　　架構にRC造とS造を併用している場合は、当該S造部分についてS造の調査票を作成する。ただし、柱の中間のギャラリーから下がRC造で、それより上部がS造の屋内運動場（RSタイプ）については、S造の調査票のみを作成する（RC造の調査票不要）。また、軒までがRC造で、屋根のみS造の屋内運動場（Rタイプ）については、RC造の調査票のみを作成する（S造の調査票不要）。

3.2　測 定 方 法

調査単位ごとに耐力度調査票を用い、以下の説明に従い測定する。

3.2.1　調査票のⅠ～Ⅲの記入方法

Ⅰ 調査学校	都道府県名	都道府県名を記入する。
	設 置 者 名	当該学校の設置者名を記入する。
	学 校 名	学校名は○○小、○○中のように記入する。
	学校調査番号	当該学校の施設台帳に登載されている調査番号を記入する。
	調 査 期 間	耐力度測定に要した期間を記入する。
	調 査 者 予備調査者	調査者の職名、建築士登録番号（一級建築士に限る）及び氏名を記入し、捺印する。予備調査者は欄外へ会社名、建築士登録番号（一級建築士に限る）及び氏名を記入し、捺印する。
Ⅱ 調査建物	建 物 区 分	調査単位の建物区分（校舎、屋内運動場及び寄宿舎の別）を記入する。
	棟 番 号	調査単位の施設台帳に登載されている棟番号（枝番号がある場合は枝番号まで）を記入する。
	階 数	調査単位の階数を（地上階数＋地下階数）のように記入する。
	面 積	調査単位の1階部分の床面積及び延べ面積を記入する。
	建 築 年 月 長寿命化年月	調査単位の建築年（和暦）及び月を記入する。（例）〔S45年3月〕 調査単位の長寿命化改良事業の工事が完了した年（和暦）及び月を記入する。
	経 過 年 数	耐力度測定時における新築からの経過年数を記入する。学校施設環境改善交付金交付要綱別表1第2項に記載する長寿命化改良事業を行った建物については、長寿命化改良事業の工事が完了した時点からの経過年数を括弧書きで併記する。いずれも1年に満たない端数がある場合は切り上げるものとする。
	被 災 歴	調査建物が災害を受けていた場合はその種類と被災年を簡明に記入する。地震で被災し、被災度区分判定が行われている場合には被災度も記入する。 （例）〔震災・小破／H23年〕
	補 修 歴	当該建物に構造上の補修を行った場合はその内容と補修年を簡明に記入する。 （例）〔柱・梁エポキシ樹脂注入／H23年〕
Ⅲ 結果点数	Ⓐ 構造耐力 Ⓑ 健 全 度	判別式の結果…小数点第3位を四捨五入 評点…………小数点第2位を四捨五入 評点合計………小数点第1位を四捨五入
	Ⓒ 立 地 条 件	係数を小数点第2位まで記入する。
	耐 力 度	Ⓐ×Ⓑ×Ⓒの計算をしたうえ、小数点第1位を四捨五入する。

3.2.2　Ⓐ構造耐力の記入方法

⑴　目的

この欄は耐力度測定を行う建物が現時点において、どの程度耐力があるかを評価するものである。

⑵　構造耐力の測定範囲

　耐力度測定は当該建物及びその設計図書によって建築年が異なるごとに行うが、Ⓐ—①保有耐力—⒜水平耐力、Ⓐ—②層間変形角については、建築年が異なる部分があっても棟全体について評価する。なお、水平耐力、層間変形角には耐震診断結果を使用するので、診断時の建物区分・算定範囲等を確認して適切に結果を運用する必要がある。

　また、1棟のうち一部が基準点を下回り、かつ、取り壊し対象となる場合は、その部分を取り壊したものとして残りの部分の保有耐力等を再評価してもよい。

　設計図書は耐震診断・補強時のものを使用する。診断・補強時の設計図書で不足する場合には、原設計時の設計図書を参照するか、現地調査により不足分を追加して評価する。

⑶　各欄の記入説明

①　保有耐力

　⒜　水平耐力：q

　　各階の水平耐力 q（RC 診断基準の第2次診断法により求められる構造耐震指標 I_S に基づく水平耐力に関する性能値）を下式によって算定し、水平耐力 q の評点⑦が最小となる階について評価する。

$$q = q_X \times q_Y \cdots\cdots\cdots\cdots\cdots\cdots(1)$$

ここで、　$q_X = \dfrac{(I_{SX}/T)}{0.7}$

　　　　　$q_Y = \dfrac{(I_{SY}/T)}{0.7}$

　　　　ただし、q_X、q_Y が、それぞれ1以上の場合は、1を限度とする。

　　I_{SX}、I_{SY}：X方向、Y方向について RC 診断基準の第2次診断法により算定された I_S（耐震補強を実施している場合は耐震補強後の I_S）を、それぞれ I_{SX}、I_{SY} とする。なお、I_S 算定時に地域係数を考慮している場合には、$Z = 1.0$ として計算した値とする。

　　　　　　T：RC 診断基準の第2次診断法により算定された経年指標

判別式　　$1.0 \leqq q$　　　………… 1.0

　　　　　$0.5 < q < 1.0$………… 直線補間

　　　　　　$q \leqq 0.5$………… 0.3

　　なお、新耐震設計基準で設計された建物については、水平耐力の評点を 1.0 と評価する。

　　また、新耐震設計基準の建物も含め、RC 架構の上に鉄骨屋根を載せた R タイプと呼ばれる屋内運動場については、鉄骨屋根の RC 架構への定着部（接合部）について、地震力によって定着部に作用する応力に対する定着部の耐力の比を算定し、その最小値に基づく係

数 $_r\alpha$ を式 (1) の右辺に乗じて得られる q により評価する。なお、応力に対する耐力の比が、定着部の大部分で低い場合には、応力に対する耐力の比の平均値に基づいて係数 $_r\alpha$ を評価する。その際、式 (2) の下限値 0.7 を 0.5 と読み替える。

$$_r\alpha = \min(_{m1}\alpha, \ _{m2}\alpha, \ _{q1}\alpha, \ _{q2}\alpha) \geqq 0.7 \quad \cdots\cdots\cdots\cdots\cdots\cdots\cdots\cdots\cdots\cdots\cdots\cdots\cdots\cdots (2)$$

ここで、　$_{m1}\alpha$：地震力によって定着部に作用するモーメントに対する定着部の曲げ耐力（最大耐力）の比を 1.2 で割った値であり、桁行方向の応力に対して各定着部について算定した最低値（1.0 を上限とする）

　　　　　$_{m2}\alpha$：張間方向の応力に対して、前記 $_{m1}\alpha$ と同様に算定した値

　　　　　$_{q1}\alpha$：地震力によって定着部に作用するせん断力に対する定着部のせん断耐力（最大耐力）の比を 1.2 で割った値であり、桁行方向の応力に対して各定着部について算定した最低値（1.0 を上限とする）

　　　　　$_{q2}\alpha$：張間方向の応力に対して、前記 $_{q1}\alpha$ と同様に算定した値

⒝　コンクリート圧縮強度：k

　構造上主要な部分である梁、壁のうち健全に施工された部分について建築年が異なるごとに、各階 1 箇所以上かつ合計 3 箇所以上で採取したコアによるコンクリート圧縮強度試験を行い、その平均値によりコンクリート圧縮強度を評価する。

$$k = F_c/20 \quad \cdots\cdots\cdots\cdots\cdots\cdots\cdots\cdots\cdots\cdots\cdots\cdots\cdots\cdots\cdots\cdots\cdots\cdots\cdots\cdots\cdots\cdots\cdots (3)$$

ここで、　F_c：コンクリート圧縮強度（単位：N/mm²）

判別式　　$1.0 \leqq k$　　　$\cdots\cdots\cdots\cdots$　1.0

　　　　　$0.5 < k < 1.0$ $\cdots\cdots\cdots\cdots$ 直線補間

　　　　　　　$k \leqq 0.5$ $\cdots\cdots\cdots\cdots$ 0.5

　新耐震設計基準の建物及び耐震診断未実施の建物については、圧縮強度は各階 1 箇所以上かつ合計 3 箇所以上のコア試験による値であること。採取コアの直径は 10 cm、高さは 20 cm を標準とし、試験は原則として、公的試験所等で行うこととする。

　耐震診断実施済みの建物については、採取したコアによるコンクリート圧縮強度を耐震診断で考慮していれば $k = 1.0$ とし、診断時に実施したコア試験の結果について最も平均値が低い階の結果を調査票に記入する（コンクリート強度を耐震診断で考慮していない場合、新たに採取したコアのコンクリート強度試験の結果を評点に反映してもよい）。

　なお、コンクリート圧縮強度が著しく低く（コンクリート圧縮強度が 13.5 N/mm² 未満の場合）、当該建物の同一階で 6 本以上のコンクリートコアの圧縮強度の平均値が 13.5 N/mm² 未満の場合は、Ⓑ健全度—⑥コンクリート圧縮強度においても評価する。

② 層間変形角：θ

建物の地上部分の各階について、張間・桁行両方向の層間変形角 θ（大地震時において各階に生ずる水平方向の層間変位の当該各階の高さに対する割合）を下式によって算出される F_r から表1との対応で求め、その最大値によって評価する。

$$F_r = F_u \cdot \frac{0.7}{(I_S/T)} \quad \cdots\cdots\cdots\cdots\cdots\cdots\cdots\cdots\cdots\cdots\cdots\cdots\cdots\cdots\cdots\cdots\cdots\cdots (4)$$

ここで、 I_S：当該階・当該方向の構造耐震指標（RC診断基準の第2次診断法による値で、I_S 算定時に地域係数を考慮している場合には、$Z = 1.0$ として計算した値とする）

T：RC診断基準の第2次診断法により算定された経年指標

F_u：I_S 算定時の終局限界時靭性指標

表1 F_r と θ の対応関係

F_r	1.0	1.27	1.6	2.0	2.6	3.2
θ	1/250	1/150	1/115	1/80	1/50	1/30

※中間は線形補間によってよい。$F_r \geqq 3.2$ の場合は3.2とする。

なお、F_u が1以下の時は、$\theta = 1/250$ としてよい。また、水平耐力算定時に求めた各階の q_i 値のうちいずれかが0.85を下回る場合、層間変形角の評点㋑は F_r の算出式(4)によらず0.5とする。

判別式　　　　　$\theta \leqq 1/200$ または計算しない場合 ……………… 1.0

$\qquad$ $1/200 < \theta < 1/120$ $\qquad\qquad$ ………… 直線補間

$\qquad$ $1/120 \leqq \theta$ $\qquad\qquad\qquad$ ………… 0.5

③ 基礎構造：β

当該建物の基礎及び敷地地盤について、建築年が異なるごとに基礎構造の地震被害に関する指標 β を下式により算出して評価する。

$$\beta = u \cdot p \quad \cdots\cdots\cdots\cdots\cdots\cdots\cdots\cdots\cdots\cdots\cdots\cdots\cdots\cdots\cdots\cdots\cdots\cdots\cdots\cdots (5)$$

ここで、 u：当該基礎の種類に応じた下記の値

$\qquad$ 木杭基礎 ………………………………………… 0.8

$\qquad$ RC杭、ペデスタル杭基礎 ………………………… 0.9

$\qquad$ 上記以外の基礎 …………………………………… 1.0

$\qquad$ p：基礎の被害予測に関する下記の項目のうち、該当する最小の値とする。

$\qquad$ 敷地地盤で液状化が予想される ………………… 0.8

$\qquad$ 杭基礎でアスペクト比が2.5以上の建物 ……… 0.9

$\qquad$ 上記に該当しない場合 …………………………… 1.0

判別式　　$1.0 \leqq \beta$ または測定しない場合 ················1.0

　　　　　$0.5 < \beta < 1.0$ 　　　　　　 ···············直線補間

　　　　　　　$\beta \leqq 0.5$ 　　　　　　 ···············0.5

　なお、柱が RC 造の屋内運動場で、地中梁が桁行方向と張間方向のいずれか一方向しか設けられていない場合は、式 (5) の右辺に 0.75 を乗じて β を算定する。

　また、式 (5) に基づく評価よりも詳細な評価として、新耐震設計基準に準じた基礎の耐震計算を行い、杭基礎における水平力に対する検討から得られる検定結果（許容値／作用値）の最小値を β としてもよい。

④　地震による被災履歴：E

　当該建物が現在までに受けた被害のうち、被災度が最大のもので評価する。なお、ここでの被災度は、日本建築防災協会「震災建築物の被災度区分判定基準および復旧技術指針」により定義されるものである。

　　　　　無被害〜小破 ················1.0

　　　　　中破 ···················0.95

　　　　　大破 ···················0.9

3.2.3　Ⓑ健全度の記入方法

⑴　目的

　この欄は耐力度測定を行う建物が新築時以降に老朽化した度合を調べ、構造体の劣化を評価するものである。

⑵　健全度の測定範囲

　測定は建築年が異なるごとに行うものとする。

⑶　各欄の記入説明

①　経年変化：T

　当該建物の耐力度測定時における建築時からの経過年数、または長寿命化改良事業を行った時点からの経過年数に応じて経年変化 T を下式により計算する。

　1）建築後、長寿命化改良事業実施前

　　当該建物の耐力度測定時における、建築時からの経過年数 t に応じて、経年変化 T を下式により計算する。ただし、T がゼロ以下の場合は、$T = 0$ とする。

$$T = (40 - t)/40 \quad \cdots\cdots\cdots\cdots\cdots\cdots\cdots\cdots\cdots\cdots\cdots\cdots (6)$$

　ここで、　　t：建築時からの経過年数

2）長寿命化改良事業実施後

　当該建物の耐力度測定時における、長寿命化改良事業を行った時点からの経過年数 t_2 に応じて、経年変化 T を下式により計算する。ただし、T がゼロ以下の場合は、$T = 0$ とする。

$$T = (30 - t_2)/40 \cdots\cdots\cdots\cdots\cdots\cdots\cdots\cdots\cdots\cdots\cdots\cdots\cdots\cdots\cdots\cdots\cdots\cdots\cdots (7)$$

ここで、　t_2：長寿命化改良事業実施後の経過年数

② 鉄筋腐食度：F

　鉄筋かぶり厚さの測定を行った柱、梁についてそれぞれ 2 箇所以上鉄筋の腐食状態を調べ、表 2 によって状態に応じたグレードを求め、その最低値 F によって評価する。また、柱、梁、壁、床の外観調査で鉄筋さびの溶け出しや層状さびの膨張力によりかぶりコンクリートを持ち上げているなどの劣化が認められる場合には、表 2 により状態に応じたグレードを求め、これを評価してよい。

表2　発錆のグレード

鉄　筋　の　発　錆　状　態	グレード
さびがほとんど認められない。 鉄筋さびによる膨張亀裂、鉄筋さびの溶け出しは認められない。	1.0
部分的に点食を認める、または、大部分が赤さびに覆われている。 鉄筋さびの溶け出しが認められる。	0.8
層状さびが認められる。 層状さびの膨張力によりかぶりコンクリートを持ち上げている。	0.5

F：各部材によるグレードの最低値

③ コンクリート中性化深さ等及び鉄筋かぶり厚さ

（a）コンクリート中性化深さ等：a

　当該建物の柱頭 1 箇所、柱脚 1 箇所、梁 2 箇所について測定を行い、その平均値を中性化深さ a とする。

　ただし、柱・梁のそれぞれ 1 箇所については Ⓐ①—(b) の「コンクリート圧縮強度」において、コア抜取り試験を行った壁または梁の測定値をもってかえることができる（この場合、柱 2、梁 2 の欄に記入する）。なお、耐震診断時のコア抜取り試験の結果がある場合には、それにかえることができる。

　中性化の測定方法は以下による。

　はつり面に、フェノールフタレイン 1% アルコール溶液を噴霧し、赤紫色に着色しない部分の最大深さ（a_i cm）を測定する（図 1 参照）。

a：実測した中性化深さの相加平均値

判別式
$$a \leqq 1.5 \,\mathrm{cm}\cdots\cdots\cdots 1.0$$
$$1.5 \,\mathrm{cm} < a < 3 \;\mathrm{cm}\cdots\cdots\cdots 直線補間$$
$$3 \;\mathrm{cm} \leqq a \qquad\cdots\cdots\cdots 0.5$$

なお、塩分（0.1 % を超えるもの）を含む砂利、砂が使用されていることを材料試験によって確認した場合は、平均値 a の欄に塩分濃度を記入し、中性化深さの実測結果によらず判別式の評点㋑を 0.5 に読み替えることとする。

(b) 鉄筋かぶり厚さ：b

前記③—(a)のコンクリート中性化深さの測定を行った柱頭 1 箇所、柱脚 1 箇所、梁 2 箇所について鉄筋かぶり厚さを測定し、その平均値を鉄筋かぶり厚さ b とする（コア抜取りを行った梁・壁の測定値は使用しない）。

鉄筋かぶり厚さの測定方法は以下による。

仕上材を除いたコンクリート躯体表面から、帯筋またはあばら筋の外側までの垂直距離（b_i cm）を測定する（図 1 参照）。

b：実測した鉄筋かぶり厚さの相加平均値

判別式
$$3 \;\mathrm{cm} \leqq b \qquad\cdots\cdots\cdots 1.0$$
$$1.5 \,\mathrm{cm} < b < 3 \;\mathrm{cm}\cdots\cdots\cdots 直線補間$$
$$b \leqq 1.5 \,\mathrm{cm}\cdots\cdots\cdots 0.5$$

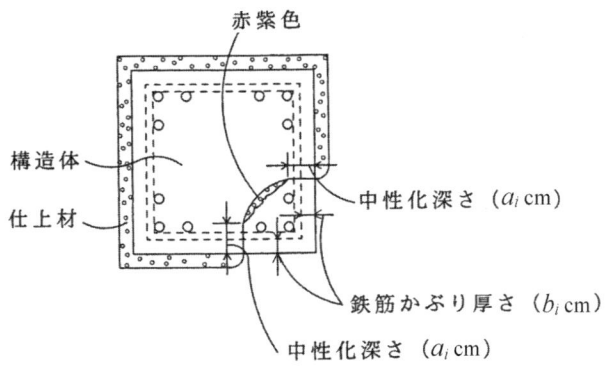

図 1 中性化深さ及び鉄筋かぶり厚さの測定方法

④ 躯体の状態：D

当該建物の柱、梁、壁、床について躯体の状態の測定を行い、表 3 により状態に応じたグレードを求め、その最低値を躯体の状態 D とする。

躯体のひび割れを評価し、モルタル等の収縮亀裂を評価しないように留意する。なお、コールドジョイントやジャンカなど施工の善し悪しも経年劣化に影響を与える要因であり、表 3 により状態に応じたグレードを求め、これを評価してよい。

表3　躯体の状態のグレード

躯 体 の 状 態	グレード
・ひび割れがほとんど認められない。 ・コールドジョイントがほとんど認められない。 ・ジャンカがほとんど認められない。	1.0
・幅 0.3 mm 未満のひび割れが多数あるか、または、幅 0.3 mm 以上のひび割れが部分的に認められる。 ・コールドジョイントに沿った仕上面のひび割れがあり、かつ、漏水跡が認められる。 ・ジャンカが部分的に認められる。	0.8
・幅 0.3 mm 以上のひび割れが多数あるか、または、幅 1.0 mm 以上のひび割れが部分的に認められる。 ・表面積 30 cm 角程度のジャンカが多数認められる。	0.5

D：躯体の状態によるグレードの最低値

⑤　不同沈下量：ϕ

　各階の張間・桁行両方向について沈下量測定を行い、相対沈下量の最大値により評価する。

　なお、測定マークは構造体に設定することを原則とするが、それが困難な場合は構造体より 1 m の範囲内に設定する（例えば窓台等）。

$$\phi = \varepsilon / L \quad \cdots\cdots\cdots\cdots\cdots\cdots\cdots\cdots\cdots\cdots\cdots\cdots\cdots\cdots\cdots\cdots\cdots\cdots\cdots\cdots\cdots\cdots\cdots\cdots\cdots\cdots (8)$$

ここで、　ε：各方向の隣り合う柱間の相対沈下量

　　　　　L：隣り合う柱間の距離

判別式　　　　　$\phi \leq 1/500$ または測定しない場合 $\cdots\cdots\cdots\cdots$ 1.0

　　　$1/500 < \phi < 1/200$ 　　　　　$\cdots\cdots\cdots\cdots$ 直線補間

　　　$1/200 \leq \phi$ 　　　　　　　　$\cdots\cdots\cdots\cdots$ 0.5

⑥　コンクリート圧縮強度：k

　Ⓐ構造耐力①保有耐力(b)コンクリート圧縮強度 k の評価で用いたコンクリート圧縮強度が低い場合（コンクリート圧縮強度が 13.5 N/mm² 未満の場合）は、同一階 6 本以上のコンクリートコアの圧縮強度の平均値 σ （N/mm²）より、下記の低減係数 k を求め、健全度全体に乗じる。

判別式　　　$13.5 \leq \sigma$ 　　　　$\cdots\cdots\cdots\cdots$ 1.0

　　　　　$10 \ \ < \sigma < 13.5 \cdots\cdots\cdots\cdots$ 直線補間

　　　　　　　$\sigma \leq 10$ 　$\cdots\cdots\cdots\cdots$ 0.8

⑦ 火災による疲弊度：S

当該建物が耐力度測定時までに火災による被害を受けたことがある場合、その被害の程度が最も大きい階について被災面積を求め、その階の床面積に対する割合をもって評価する。

$$S = S_t/S_0 \cdots\cdots\cdots\cdots(9)$$

ここで、 $S_t：S_1 + S_2 \times 0.75 + S_3 \times 0.5 + S_4 \times 0.25$

S_0：当該階の床面積

S_1、S_2、S_3、S_4：表 4 の被災程度により区分される床面積

表 4 被災程度と床面積

被災床面積	被 災 程 度 の 区 分
S_1	構造体変質： 火災により非構造材が全焼し、構造体の表面がはぜ割れ等の変質をしたもの
S_2	非構造材全焼： 火災により非構造材が全焼したが、構造体は変質していないもの
S_3	非構造材半焼： 火災により非構造材が半焼したもの
S_4	煙害程度： 火災により煙害または水害程度の被害を受けたもの

判別式　　　$S = 0$ ············1.0

$0 < S < 1$ ············直線補間

$S = 1$ ············0.5

3.2.4 ⓒ立地条件の記入方法

(1) 目的

この欄は耐力度測定を行う建物の立地条件について調べるものである。

(2) 各欄の記入説明

① 地震地域係数

地域区分は建設省告示第 1793 号（最終改正：平成 19 年国土交通省告示第 597 号）第 1 に基づき、該当するものを○で囲む。

② 地盤種別

地盤種別は基礎下の地盤を対象とし建設省告示第 1793 号（最終改正：平成 19 年国土交通省告示第 597 号）第 2 に基づき、該当するものを○で囲む。

③　敷地条件

　当該建物の敷地地盤の状況に基づき、該当するものを〇で囲む。

④　積雪寒冷地域

　積雪寒冷地域は義務教育諸学校等の施設費の国庫負担等に関する法律施行令第7条第5項の規定に基づき、該当する地域区分を〇で囲む。

⑤　海岸からの距離

　当該建物から海岸までの直線距離に該当する区分を〇で囲む。

3.2.5　図面の記入方法

　調査対象建物の平面図、断面図等を記入する。

　建築年が異なる場合は1棟全体を記入し、調査対象の範囲を明示する。

第4章　　耐力度調査票付属説明書の解説

■耐力度調査の特徴及び耐震診断との関係

　今回の改定では、RC造の耐力度測定方法は、基本的に構造耐力に耐震診断結果を利用することとしている。耐震診断は当該建物が地震に対してどの程度耐え得る力を有しているかについて、構造力学上から診断するものであり、公立学校施設においても耐震診断を実施し、構造耐震指標 I_S 等を求め、これらによって耐震補強・改築の判断が行われている。そのため、耐震診断は構造耐力、特に耐震性能が不足している建物に用いると低い評価が得られる。一方、耐力度調査では当該建物の耐震性能を構造耐力で評価することに加え、耐力低下及び機能面に関する老朽化の程度を健全度で調査し、さらに将来にわたって構造耐力と健全度に影響すると思われる環境要因を立地条件として加味して改築かどうかを総合的に判断する。特に、健全度のウエイトが高くなっていることが耐力度調査の特徴であり、構造耐力のほか、健全度や立地条件に問題がある場合にも低い評価となる。

　耐震診断は地震に対する安全性の高い建物の発見（すなわち、評価の高いものの発見）を目的としている。このことは、耐力度調査が構造上の危険性に主眼を置いた老朽化建物の発見（すなわち、評価の低い建物の発見）を目的としていることと好対照をなしている。

　耐震診断では、まず低次の診断で多数の建物の中から耐震安全性が確実に高いものを選んで取り分け、残った建物をより精度の高い高次の診断にかけていく。健康診断における集団検診と精密検査との関係と似ている。低次の診断で出てくる評点は一般に低めであり、高次の診断を行うと評点が上るような仕組みになっている。そこで、評点の高いものは確実に安全だと言えるが、低いものが直ちに危険だというわけではない。

　これに対して、耐力度測定は、多数の建物の中から危険性と老朽化度の高い建物を選ぶことを目的にしている。このため十分な調査を行わずに予備的な測定だけで簡単にやると一般に高めの評点が得られ、より詳細な測定項目を加えて手間をかけて耐力度測定を行うと、次第に評点が下っていくように作られている。したがって、耐力度の低いものが危険あるいは老朽化が著しいと言うことはできるが、高いものが安全あるいは老朽化していないとは必ずしも言えない。

■耐震診断のこれまでの動向

　はじめに本耐力度測定方法と関係深い耐震設計法、耐震診断法のこれまでの動向を整理する。耐震診断の必要性が本格的に認識され始めたのは、昭和43年十勝沖地震により、北海道や青森県地方のRC造建物が予想外の被害を受けたことがきっかけになったと言ってよいであろう。もっとも耐震的な建築であるとされていたRC造建物に被害が生じ、とくに学童を預かり、災害時の避難場所と考えられていた学校校舎に被害が多く生じたことが、社会でも、また、建築の分野でも重要視された。

　この地震だけに限ったことではないが、とくに昭和43年十勝沖地震の後には、被害原因の究明、あるいは、RC造建物の耐震性能に関する調査研究が促進され、多くの成果が発表さ

れた[1, 2]。個々の被害建物の直接の原因は様々であったが、無被害の建物の調査結果をも含めて、昭和 43 年十勝沖地震からは多くの教訓が得られた。それらの中で耐震設計の理念に関するもっとも重要な教訓は、「同じように建築基準法、同施行令、日本建築学会の鉄筋コンクリート構造計算規準などの規定に従って設計された建物でも、その耐震性能は様々で、通常予想される程度の地震では被害をうけるものも含まれている。」[3] という点であろう。

　同地震の後で行われた建築基準法施行令の改正（昭和 45 年）、日本建築学会「鉄筋コンクリート構造計算規準」の改定（昭和 46 年）、新しい耐震設計法の提案[4~10]、あるいは既存建物の耐震診断法の提案[11~16]などの動きは全てこの教訓によるもので、昭和 53 年の宮城県沖地震などでもこの教訓が再確認され、昭和 56 年の建築基準法施行令の全面的な改正（以下、「新耐震設計基準」という）につながった。これらの耐震設計法あるいは耐震診断法に関する多くの提案に共通した目標は「建物の耐震性能を正しく評価すること」であると言えよう。新しい建物の設計の際には出来上る建物の耐震性能を正しく評価し、地震を受けた時にはどのような挙動をするかを明確にすることであり、既存建物にあっても耐震性能を評価し、同じく地震を受けたときの建物の挙動を把握し、必要があれば地震を受ける前に補強しておこうという動きである。「耐震診断」の必要性はこのような背景から生まれたものであり、当然のことながら「耐震設計」と表裏一体のものである。

　また、平成 7 年の兵庫県南部地震では、学校建築を含む多数の既存建物に被害が生じ、同年 12 月に「建築物の耐震改修の促進に関する法律」が、7 月には「地震防災対策特別措置法」が施行され、平成 8 年度を初年度とする「地震防災緊急事業 5 箇年計画」が策定され、公立学校施設整備を中心に既存建物の耐震改修が全国的規模で展開されるに至った。さらに平成 25 年 11 月には「建築物の耐震改修の促進に関する法律」が改正され、不特定多数が利用する建築物などについて耐震診断の実施及び報告が義務付けられた。これらの耐震改修計画においては以下に紹介する耐震診断法が広く適用されている。

■耐震診断法、新耐震設計基準の概略

(1)　耐震診断と耐力度調査の関係

　「既存鉄筋コンクリート造建築物の耐震診断基準」[16]（以下、「RC 診断基準」という）によれば、構造体の耐震性能は、建物の各階・各方向ごとに構造耐震指標 I_S で表わされ、

$$I_S = E_0 \cdot S_D \cdot T \quad\cdots\cdots\cdots\cdots\cdots\cdots\cdots\cdots\cdots\cdots\cdots\cdots\cdots(4.1)$$

となる。I_S 指標は、本耐力度測定方法の q_X、q_Y の算定で利用するものである。

　E_0 は保有耐震性能を表わす基本指標で保有性能基本指標と呼ばれ、S_D、T はいずれも 1.0 を標準として E_0 指標を修正する値である。

　すなわち、S_D：形状指標または構造計画指標と呼ばれ、略算では考慮するのが困難な建物の平面・立面形状、剛性の分布などの耐震性能に及ぼす影響をチェックリ

　　　　　　　　　スト方式により考慮しようとするものである。標準を 1.0 とし、構造的に
　　　　　　　　　複雑だと数値が低くなる。ただし、地下室がある建物では 1.2 が標準とな
　　　　　　　　　る。

　　　　　　T：経年指標と呼ばれ、経年変化により建物の耐震性能が劣化している場合に
　　　　　　　　　は 1.0 より小さな値となる。

　したがって、耐震診断結果を利用する場合、$E_0 \cdot S_D$ を本耐力度測定方法の保有耐力の評点
として用い、T 指標に対応する健全度を別途評価する。さらに本耐力度測定方法では、耐震
診断法にはない立地条件の測定項目で、将来にわたって構造耐力と健全度に影響すると考えら
れる要因による評価が加味される。

　このようなことから、耐震診断の項目と耐力度調査の項目を比較すると、

　　　　　　Ⓐ構造耐力———$E_0 \times S_D$

　　　　　　Ⓑ健　全　度———T

　　　　　　Ⓒ立地条件

という対応関係がほぼ成立する。

(2)　耐震診断の考え方

　ここで、I_S の基本となっている E_0 指標について少し詳細に触れることにする。

　E_0 の算定方法は二つあり、一番目の考え方は、

$$E_0 = \frac{n+1}{n+i} \times C \,(強さの尺度) \times F \,(ねばりの尺度) \quad\cdots\cdots\cdots\cdots\cdots\cdots\cdots\cdots(4.2)$$

であり、C は強度指標、F は靭性指標と呼ばれ、$(n+1)/(n+i)$ は後述するように新耐震設
計基準の A_i 分布の逆数に対応するものである。ここで靭性指標 F の概念を図 4.1 によって説
明を行う。ある地震動に対して建物 A の地震応答変位が部材角にして 1/250 になったとする。
この場合、建物 A の E_0 指標を $E_{0A} = C_A \times 1.0$ とする。同じ地震動を建物 B のようにさらに
変形能力に富んだ建物に作用させ、地震応答変位がちょうど建物の変形限界 R_B に達するよう
にするために、この種の建物に必要とされる強度 C_B を求める。もし建物の強度が C_B であれ
ば、この建物の E_0 指標は建物 A と同じであると定める。すなわち、

$$E_{0B} = E_{0A} = C_A \times 1.0 = C_B \times F_B \cdots\cdots\cdots\cdots\cdots\cdots\cdots\cdots\cdots\cdots\cdots\cdots\cdots\cdots(4.3)$$

となる。したがって建物 B の靭性指標 F_B は

$$F = F_B = C_A/C_B \quad\cdots\cdots\cdots\cdots\cdots\cdots\cdots\cdots\cdots\cdots\cdots\cdots\cdots\cdots\cdots\cdots\cdots\cdots(4.4)$$

と定義される[17]。この手順は建物 B が建物 A より変形能力で劣る場合にも適用される。一
方、RC 診断基準で想定している水平力と変位の関係は図 4.2 に示す関係にあるので、想定す
る破壊点の耐力と靭性指標が決まれば E_0 指標が求まる。例えば、部材角 1/500 では靭性指標

は 0.8 なので、

$$E_0 = \frac{n+1}{n+i} \times (C_{SC} + 0.7C_S + 0.5C_C) \times 0.8 \cdots\cdots\cdots\cdots\cdots\cdots\cdots (4.5)$$

部材角 1/250 では靭性指標は 1.0 であり、既に C_{SC} 材は破壊されているので（C_{SC} 材がなくても同様である）、

$$E_0 = \frac{n+1}{n+i} \times (C_S + 0.7C_C) \times 1.0 \cdots\cdots\cdots\cdots\cdots\cdots\cdots\cdots (4.6)$$

となる。

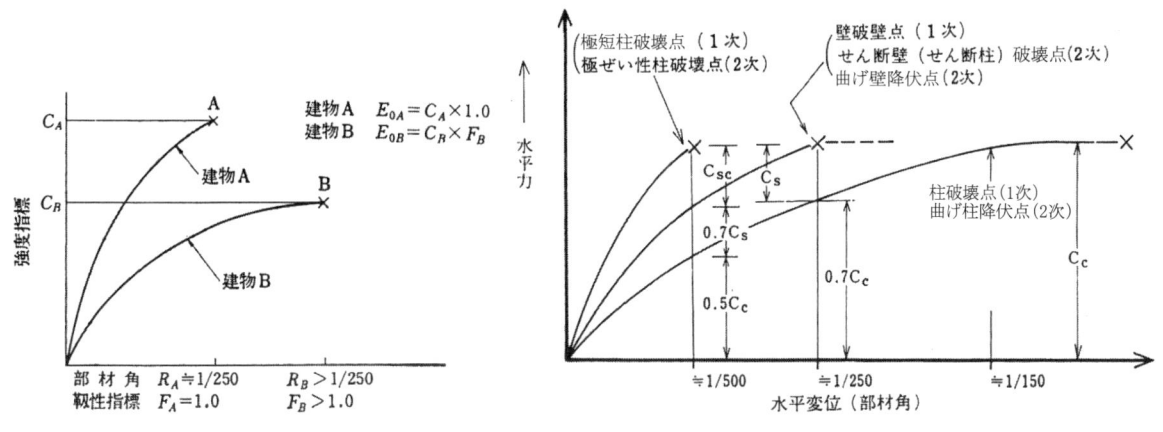

図 4.1　E_0 指標値の求め方[17]　　　　図 4.2　RC 診断基準で想定している水平力・変位関係[16]

　二番目の考え方は、第 2 次診断法、第 3 次診断法に使われるもので、

$$E_0 = \frac{n+1}{n+i} \times \sqrt{E_1^2 + E_2^2 + E_3^2} \cdots\cdots\cdots\cdots\cdots\cdots\cdots\cdots (4.7)$$

　ここに、$E_i = C_i \cdot F_i \ (i = 1, 2, 3)$ である。この考え方はそれぞれのグループの 2 乗和の平方根を E_0 指標とすることであり、それぞれ単一のグループで構成されているより耐震性能は高いが、それらの単純和よりも低いということである。すなわち E_0 指標値は、第 2 種構造要素（その部材の破壊によりそれまでその部材が保持していた鉛直力を代わって支持できる部材がその部材の周囲にない鉛直部材または架構を指し、その部材の破壊により建物全部もしくは一部が崩壊することを意味する）の有無にもよるが、式 (4.5)、(4.6) 及び (4.7) のうち大きな値をとると定められているので、式 (4.7) で値が決まる場合は E_3 の値が大きい場合である。E_1、E_2 に対応する部材が破壊する過程においてエネルギーを吸収し、E_3 に対応する部材が単独で破壊点に達するのに比べて破壊点に達しづらくなるという意味合いをもっている。

　この RC 診断基準にはこれまで述べてきた構造耐震指標 I_S とともに非構造部材耐震指標 I_N がある。非構造部材耐震指標 I_N は、地震時に非構造部材の外壁に破壊が起こり、それらの落下等による人命の危険に対する安全性を診断するための指標であり、本耐力度測定方法の層間変形角の検討に対応するとも言えよう。

(3)　耐震診断と新耐震設計基準の関係

　最後に新耐震設計基準を RC 診断基準と対比して説明を行う。

　新耐震設計基準の大地震時における必要保有水平耐力 Q_{un} と保有水平耐力 Q_u の関係は

$$\left.\begin{aligned} Q_u &\geqq Q_{un} = D_s \cdot F_{es} \cdot Q_{ud} \\ Q_{ud} &= Z \cdot R_t \cdot A_i \cdot C_0 \cdot W \\ C_0 &\geqq 1.0 \end{aligned}\right\} \quad \cdots\cdots (4.8)$$

であり、$Q_u/W = C$ とおき、$Z = 1.0$ として式を変形すれば、

$$R_t \cdot C_0 \leqq \frac{1}{A_i} \cdot \frac{1}{F_{es}} \cdot \frac{1}{D_S} \cdot C \quad \cdots\cdots (4.9)$$

となる。

　RC 診断基準において耐震判定指標値を I_{S0} とおけば、第 2 次、第 3 次診断の判定は、

$$I_{S0} \leqq I_S = E_0 \cdot S_D \cdot T \quad \cdots\cdots (4.10)$$

となる。ここで、

$$E_0 = \frac{n+1}{n+i} \times C \times F \quad \cdots\cdots (4.11)$$

とし、経年指標 $T = 1.0$ として式 (4.10) に代入して変形すると

$$I_{S0} \leqq I_S = \frac{n+1}{n+i} \times S_D \times F \times C \quad \cdots\cdots (4.12)$$

となる。

　したがって、

　　① 　$R_t \cdot C_0$ が I_{S0} と対応し、

　　② 　$1/A_i$ と $(n+1)/(n+i)$ が対応し、

　　③ 　$1/F_{es}$ が S_D と対応し、

　　④ 　$1/D_S$ と F が対応する

ことになる。

　本耐力度測定方法において、新耐震設計基準による建物の大地震時における層間変形角 θ を算定するときの F_u を考える場合に、上記の④の関係を用いた算出方法としている。

　以上の予備知識を示した上で各項目の解説を行うことにする。

4.1 構 造 耐 力

耐力度測定する建物が構造耐力上どの程度の性能があるかを評価するものであり、その性能を保有耐力、層間変形角、基礎構造、地震による被災履歴に基づいて評価する。このうち、保有耐力や地震による被災履歴などは構造耐震指標 I_S と直接的に関連し、層間変形角は被害程度に関連するほか、非構造部材耐震指標 I_N とも関連する。基礎構造はこれまでの診断基準にないものであるが、重要な項目であるので、地震時における被害発生の可能性を評価する項目として本耐力度測定方法に取り入れたものである。これらの項目の配点は、保有耐力 50 点、層間変形角 20 点、基礎構造 30 点で、これらの合計点に過去の地震被災履歴による構造耐力の低減係数 0.9〜1.0 を考慮する。

4.1.1 保 有 耐 力

前述した RC 診断基準の第 2 次診断法による結果を取り入れて保有耐力の評点を算定する。保有耐力の評点は水平耐力とコンクリート強度から求められる係数の積として与えられる。

⑴ 水平耐力

---

① 保有耐力

(a) 水平耐力：q

各階の水平耐力 q（RC 診断基準の第 2 次診断法により求められる構造耐震指標 I_S に基づく水平耐力に関する性能値）を下式によって算定し、水平耐力 q の評点⑦が最小となる階について評価する。

$$q = q_X \times q_Y \cdots\cdots\cdots\cdots\cdots\cdots\cdots\cdots\cdots\cdots\cdots\cdots\cdots\cdots (1)$$

ここで、　$q_X = \dfrac{(I_{SX}/T)}{0.7}$

$q_Y = \dfrac{(I_{SY}/T)}{0.7}$

ただし、q_X、q_Y が、それぞれ 1 以上の場合は、1 を限度とする。

I_{SX}、I_{SY}：X 方向、Y 方向について RC 診断基準の第 2 次診断法により算定された I_S（耐震補強を実施している場合は耐震補強後の I_S）を、それぞれ I_{SX}、I_{SY} とする。なお、I_S 算定時に地域係数を考慮している場合には、$Z = 1.0$ として計算した値とする。

T：RC 診断基準の第 2 次診断法により算定された経年指標

判別式　　1.0 ≦ q　　　…………1.0

　　　　　　0.5 < q < 1.0…………直線補間

　　　　　　q ≦ 0.5…………0.3

　なお、新耐震設計基準で設計された建物については、水平耐力の評点を 1.0 と評価する。

　また、新耐震設計基準の建物も含め、RC 架構の上に鉄骨屋根を載せた R タイプと呼ばれる屋内運動場については、鉄骨屋根の RC 架構への定着部（接合部）について、地震力によって定着部に作用する応力に対する定着部の耐力の比を算定し、その最小値に基づく係数 $_r\alpha$ を式 (1) の右辺に乗じて得られる q により評価する。なお、応力に対する耐力の比が、定着部の大部分で低い場合には、応力に対する耐力の比の平均値に基づいて係数 $_r\alpha$ を評価する。その際、式 (2) の下限値の 0.7 を 0.5 と読み替える。

$$_r\alpha = \min(_{m1}\alpha,\ _{m2}\alpha,\ _{q1}\alpha,\ _{q2}\alpha) \geqq 0.7 \quad\cdots\cdots\cdots\cdots\cdots\cdots\cdots\cdots\cdots\cdots(2)$$

ここで、　　$_{m1}\alpha$：地震力によって定着部に作用するモーメントに対する定着部の曲げ耐
　　　　　　　　　力（最大耐力）の比を 1.2 で割った値であり、桁行方向の応力に対し
　　　　　　　　　て各定着部について算定した最低値（1.0 を上限とする）

　　　　　　$_{m2}\alpha$：張間方向の応力に対して、前記 $_{m1}\alpha$ と同様に算定した値

　　　　　　$_{q1}\alpha$：地震力によって定着部に作用するせん断力に対する定着部のせん断耐
　　　　　　　　　力（最大耐力）の比を 1.2 で割った値であり、桁行方向の応力に対し
　　　　　　　　　て各定着部について算定した最低値（1.0 を上限とする）

　　　　　　$_{q2}\alpha$：張間方向の応力に対して、前記 $_{q1}\alpha$ と同様に算定した値

(a)　q_X、q_Y について

　q_X、q_Y は RC 診断基準の第 2 次診断法（現行版以前の基準でもよい）で算定された I_S を使用することを原則とする。このとき、ひび割れ等の躯体の劣化による影響は健全度で考慮しているため、I_S を経年指標 T で除した値を q_X、q_Y とする。なお、経年指標が不明の場合には $T = 1.0$ として計算してもよい。

　RC 診断基準では I_S 算定時に地域係数 Z を考慮することにはなっていないが、学校施設の耐震診断において I_S 算定時に地域係数 Z を考慮して判定している場合がある。耐力度調査では地域係数の影響は立地条件で考慮するため、この場合には q_X、q_Y 算定時に使用する I_S は地域係数を $Z = 1.0$ として計算される値とする必要がある。

　学校施設の耐震化においては、RC 診断基準の第 2 次診断法が適用され、その判定値は 0.7 とされている。そこで、q_X、q_Y は q の算定で両方向の積とすることや他の診断次数での運用も考慮して、耐震診断で算定された I_S をこの判定値 0.7 で除し、検定値の形で表すこととした。

　前述のように、q_X、q_Y の算定では第2次診断法による診断結果の使用を原則とするが、第3次診断法が適用されている場合には、その診断結果を用いてよい。また、RC造壁式構造に限っては、分母の0.7を第1次診断法の判定値に相当する0.9として算定することを条件に、第1次診断法による耐震診断結果を用いることができる。

(b)　q_X、q_Y の積について

　保有耐力の評点 q は、同一階の X、Y それぞれの方向について求められた q_X、q_Y の積として算出される。これは、RC診断基準の構造耐震指標 I_S と被害の関係（十勝沖地震（昭和43年）、宮城県沖地震（昭和53年）、伊豆大島近海地震（昭和53年）の結果）[18] を示した図 4.3 にもその傾向がうかがわれるように、二方向とも耐震性能が劣る場合に被害が大きくなる傾向があることを取り入れるためである。一方でこれは、ある方向の耐震性能が低くても、他の方向の性能が高ければ被害は軽減される傾向にあることをも意味するが、両方向の評点に極端な開きがある場合にこの考えを適用すると、ある方向の性能のみが極端に低い建物を見落す危険性があるので、q_X、q_Y それぞれについて、1.0 を上限にすることとした。

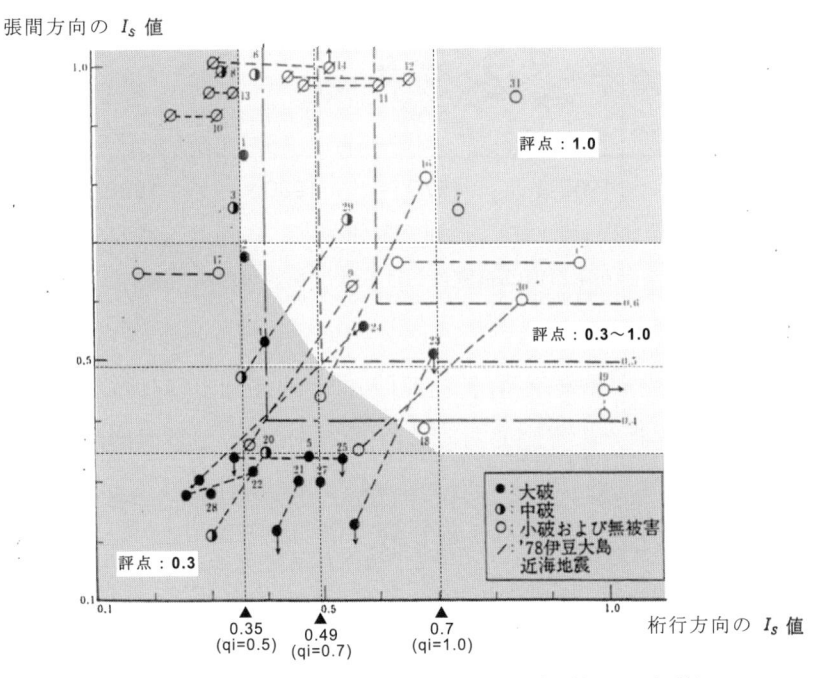

図 4.3　第2次診断用 I_S 指標値と震害（文献18に加筆）

(c)　評点と配点について

　RC診断基準の構造耐震指標 I_S と被害の関係を示した図 4.3 より、I_S 値が 0.6 を上まわると無被害の領域に入ることがわかる。一方で、両方向の q_i の積が 0.5 以下となる範囲で大破した建物が多くなり、このことを考慮して判別式の境界値 0.5 を定めた。また、q が0.5 のとき、ある方向の q_i が 1.0 であれば、他方向の q_i は 0.5 となるが、これは I_S 値で0.35 に相当し、耐力度測定の対象となる学校建物の I_S 値は通常 0.3 を上回っていると考えていることとも整合する。

　一方、平成7年兵庫県南部地震を経験した学校建物のうち、74棟を対象に第2次診断を

実施し、その I_S 値と被害程度の関係を示したものが図 4.4 である。図 4.4 から、建設年が古くなるに従い I_S 値は低くなるとともに被害程度が大きい建物の割合が増加する傾向にあること、若干の例外は認められるものの概ね I_S 値が 0.6 を上回ると、崩壊、大破等の深刻な被害の割合は低くなっていることがわかる。しかし、I_S 値が大きな建物についても大破の被害が見られるが、これらは靭性型建物であることが判明している。このような靭性型建物では大きな変形によって構造体への悪影響が考えられるほか、非構造部材や設備の被害も予想される。この影響については、②層間変形角で考慮することとしている。

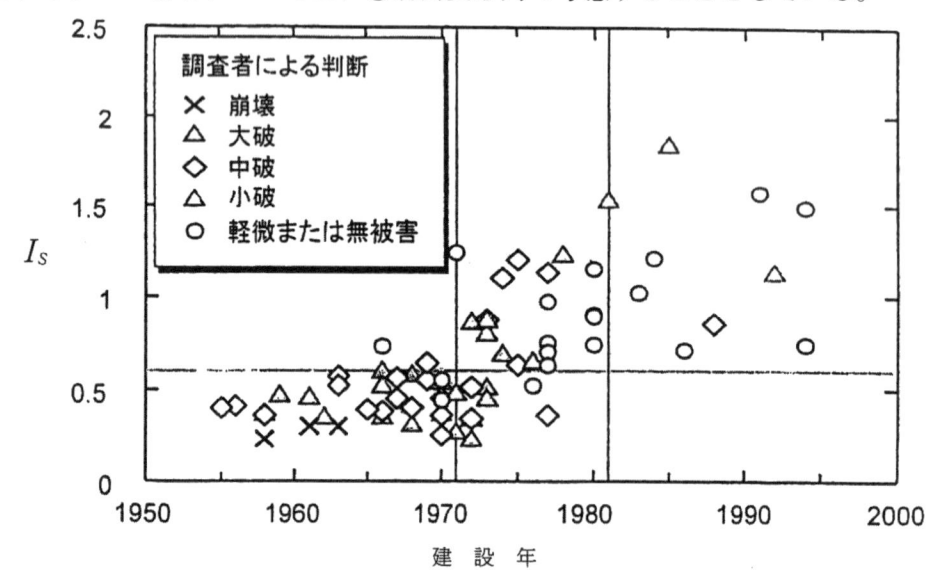

図 4.4 平成 7 年兵庫県南部地震における第 2 次診断用 I_S 指標値と震害[19]

(d) 耐震診断を実施していない場合

昭和 56 年に施行されたいわゆる新耐震設計基準と呼ばれる現行の耐震基準以前の基準で建てられた建物で耐震診断が未実施であるものについては、耐震診断の手法を用いて水平耐力 q を算定する。

(e) 新耐震設計基準で設計された建物の取り扱い

現行の耐震基準（新耐震設計基準）に従って建てられた建物については、基本的に耐震診断結果に基づく評価法による評価とするが、これまでの地震被害状況から当該建物には十分な耐震性能が備わっていると考え、後述する構造耐力上の問題点等がなければ RC 診断基準の第 2 次診断法による構造耐震指標 I_S を算定することなく、水平耐力 q の評点は満点とする。ただし、当該建物が R タイプ屋内運動場である場合には、次の (f) に示す通り定着部の耐力に基づく係数 $_r\alpha$ を考慮して q を評価しなければならない。すなわち、定着部を考慮しない水平耐力（満点）に係数 $_r\alpha$ を乗ずるため、$q = {}_r\alpha$ となる。また、次項に示すコンクリート圧縮強度 k については必ずコア抜き取りによる強度試験を行い、その結果を評価に反映する。

建築後の状態の変化があり構造耐力などが設計時の想定とは異なると考えられる場合や、新耐震設計基準の施行後にわかった新たな知見を踏まえると構造耐力などが設計時の想定

とは異なると考えられる場合については、耐震診断基準の手法または保有水平耐力計算の手法を用いて現状を反映した水平耐力 q を算定し、その結果に基づき評価する。なお、保有水平耐力計算による場合には、q_X、q_Y を当該階各方向の保有水平耐力と必要保有水平耐力との比（Q_u/Q_{un}）とする。このとき、耐震診断結果に基づく場合と同様、地域係数を $Z = 1.0$ として計算する。

⒡ R タイプ屋内運動場の定着部における荷重伝達能力の検討

　RC 架構の上に鉄骨屋根を載せた R タイプと呼ばれる屋内運動場における鉄骨屋根の RC 造への定着部（接合部）は、新耐震設計基準の体育館も含め、東日本大震災でも大きな地震被害が多く発生した箇所である[20, 21]。代表的な被害の例は、図 4.5 に示すせん断力作用位置がずれることで作用する曲げによるアンカーボルトの破断と、せん断力によるコンクリートの側方破壊（写真 4.1 にも示す）である。前者は、平成 7 年以前に一般的に行われていた柱脚をピンと仮定して設計された建物で起こりやすい被害である。また、後者はアンカーボルトのへりあきが不足している場合に起こる被害であり、設計式が日本建築学会「各種合成構造設計指針・同解説」[22]にしか記述されてこなかったことから、多くの場合設計時に見落とされている。特にコンクリートの側方破壊が起こると、高い位置から重量のあるコンクリート塊が落下し非常に危険であることから、RC 架構の上に載せられた鉄骨屋根の RC 造への定着部（接合部）は、新耐震設計基準の体育館も含め検討を行うこととした。

　水平耐力 q の算定では、検討結果の最低値に基づく係数を $_r\alpha$ で表し、I_S に基づいて算定された（$q_x \times q_y$）に乗ずることとしているが、構造耐力への影響度を勘案して $_r\alpha$ の下限値を 0.7 とした。ただし、鉄筋コンクリート構造の耐力が十分でも鉄骨屋根との定着部のほとんどが耐力不足であり、定着部の補強を実施しないまま使用されている施設は、地震時におけるコンクリート塊落下による危険性が特に高い建物と判断される。このような場合には、式 (2) による最低値に基づく $_r\alpha$ に換えて下式による平均値に基づく $_r\alpha$ を使用して水平耐力 q を算定することができる。下式の平均値に基づく $_r\alpha$ を算定する場合には、定着部全数の耐力を算定してその平均値を計算することとする。下式で算定された $_r\alpha$ が小さな値となる場合には、複数の定着部でコンクリート塊が落下する危険性が特に高いと判断されるため、その影響度を考慮して $_r\alpha$ の下限値を 0.5 としている。

$$_r\alpha = \min(_{m1}\overline{\alpha},\ _{m2}\overline{\alpha},\ _{q1}\overline{\alpha},\ _{q2}\overline{\alpha}) \geqq 0.5$$

ここで、　$_{m1}\overline{\alpha}$：地震力によって定着部に作用するモーメントに対する定着部の曲げ耐力（最大耐力）の比を 1.2 で割った値であり、桁行方向の応力に対して各定着部について算定した平均値（1.0 を上限とする）

　　　　　$_{m2}\overline{\alpha}$：張間方向の応力に対して、前記 $_{m1}\alpha$ と同様に算定した値

　　　　　$_{q1}\overline{\alpha}$：地震力によって定着部に作用するせん断力に対する定着部のせん断耐力（最大耐力）の比を 1.2 で割った値であり、桁行方向の応力に対して各定

着部について算定した平均値（1.0を上限とする）

$_{q2}\overline{\alpha}$：張間方向の応力に対して、前記 $_{q1}\alpha$ と同様に算定した値

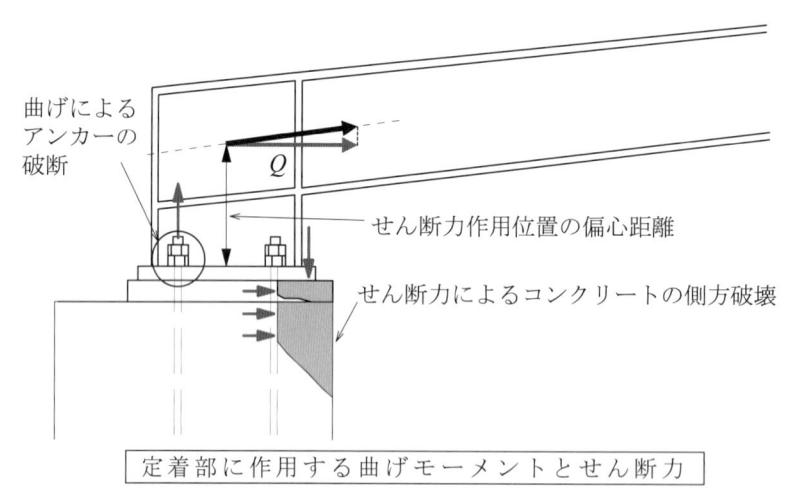

曲げによる
アンカーの
破断

Q

せん断力作用位置の偏心距離

せん断力によるコンクリートの側方破壊

定着部に作用する曲げモーメントとせん断力

図 4.5　定着部における被害の例

写真 4.1　定着部における側方破壊の例

　定着部に作用する応力は、「屋内運動場等の耐震性能診断基準」[23]に従い架構間の応力伝達を考慮して算定する。張間方向に地震力が作用する場合を例に、応力の算定方法を図 4.5及び図 4.6(a)、(b) に示す。まず、図 4.6(a) のように屋根構面をモデル化し、各質点に地震力を作用させる。図 4.6(b) のように、隣接する構面から屋根面ブレースを介して伝達する水平力を考慮して定着部に作用する水平力 Q を求め、図 4.5 のように Q によって定着部に作用するモーメントとせん断力を求める。

　一方、定着部の耐力について、曲げに対する最大耐力とせん断力に対するアンカーボルトの最大耐力は、日本建築学会「鋼構造接合部設計指針」[24]により算出し、せん断力に対するコンクリートの最大耐力は、日本建築学会「各種合成構造設計指針・同解説」[22]により算出する。

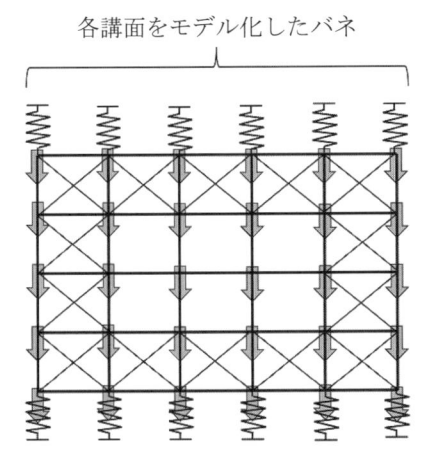

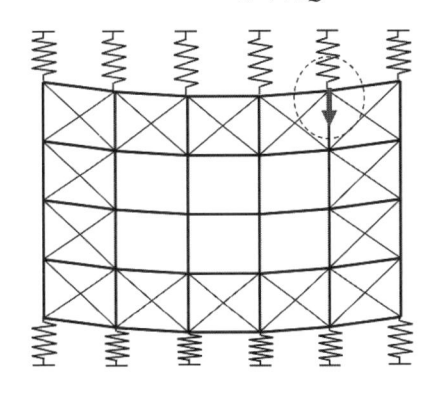

(a) 力学モデル
(b) 定着部に作用する水平力

図 4.6 定着部の応力算定方法

なお、定着部に作用するモーメント並びにせん断力に対する終局耐力の比を 1.2 で割った値をとるのは、材料強度のばらつきも踏まえたことによる。

せん断力に対するコンクリートの最大耐力の計算例を以下に示す。図 4.7 に示すように、2 本のアンカーボルトが 2 列並んで配置されており、へりあき（c）が 80 mm、はしあきがへりあき（この場合 80 mm）より長く、アンカーボルト間隔がへりあきの 2 倍（この場合 160 mm）以上あり、コンクリート強度は $F_c = 18\,(\mathrm{N/mm^2})$ とする。日本建築学会「各種合成構造設計指針・同解説」[22]によると、コンクリートの側方破壊耐力は下式で与えられる。

$$Q_c = 0.31\sqrt{F_c} \cdot A_{ac}$$

ここで、　F_c：コンクリートの強度

　　　　　A_{ac}：側方のコーン状破壊に対する有効投影面積[22]

　　　　　　　（有効投影面積については「各種合成構造設計指針・同解説」[22]を参照すること）

この場合、側方のコーン状破壊に対する有効投影面積 A_{ac} は、$0.5\pi \cdot c^2$ となることから、アンカーボルト 2 本に押されるコンクリートの側方破壊耐力は

$$Q_r = 2 \times 0.31\sqrt{F_c} \cdot A_{ac} = 0.62\sqrt{18} \times 0.5 \times 3.14 \times 80^2 = 2.6 \times 10^4\,(\mathrm{N}) = 26\,(\mathrm{kN})$$

となる。定着部としては、アンカーが 4 本あることから、$2Q_r = 52\,(\mathrm{kN})$ がコンクリートの側方破壊で決まる場合の定着部のせん断耐力（最大耐力）となる。

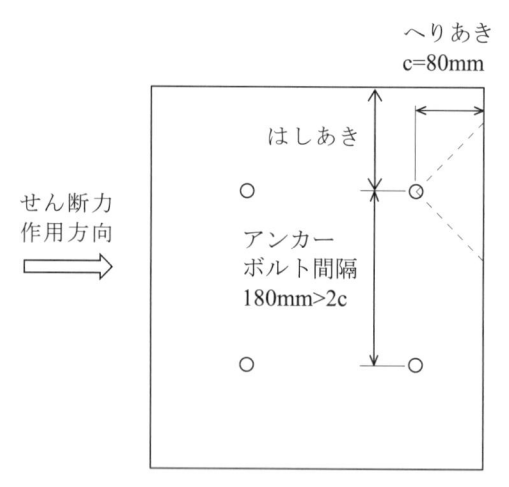

図 4.7 定着部におけるアンカー配置の例

(2) コンクリート圧縮強度

(b) コンクリート圧縮強度：k

　構造上主要な部分である梁、壁のうち健全に施工された部分について建築年が異なるごとに、各階1箇所以上かつ合計3箇所以上で採取したコアによるコンクリート圧縮強度試験を行い、その平均値によりコンクリート圧縮強度を評価する。

$$k = F_c/20 \cdots\cdots\cdots (3)$$

ここで、　F_c：コンクリート圧縮強度（単位：N/mm²）

判別式　　$1.0 \leqq k$　　　$\cdots\cdots\cdots 1.0$

　　　　　$0.5 < k < 1.0$　$\cdots\cdots$ 直線補間

　　　　　　$k \leqq 0.5$　$\cdots\cdots\cdots 0.5$

　新耐震設計基準の建物及び耐震診断未実施の建物については、圧縮強度は各階1箇所以上かつ合計3箇所以上のコア試験による値であること。採取コアの直径は10 cm、高さは20 cmを標準とし、試験は原則として、公的試験所等で行うこととする。

　耐震診断実施済みの建物については、採取したコアによるコンクリート圧縮強度を耐震診断で考慮していれば $k = 1.0$ とし、診断時に実施したコア試験の結果について最も平均値が低い階の結果を調査票に記入する（コンクリート強度を耐震診断で考慮していない場合、新たに採取したコアのコンクリート強度試験の結果を評点に反映してもよい）。

　なお、コンクリート圧縮強度が著しく低く（コンクリート圧縮強度が13.5 N/mm²未満の場合）、当該建物の同一階で6本以上のコンクリートコアの圧縮強度の平均値が13.5 N/mm²未満の場合は、Ⓑ健全度―⑥コンクリート圧縮強度においても評価する。

　本耐力度調査の対象となる一般的なRC校舎に使用されるコンクリートの設計基準強度が18〜21 N/mm²程度であることを考慮し、RC診断基準を参考にコンクリート強度が20

N/mm^2 を下回る場合に強度の比率に応じて水平耐力を低減する。ただし、既に耐震診断時にコンクリート強度の影響が考慮されている場合は、$k = 1.0$ とする。また、新耐震設計基準による建物の場合には、基本的に水平耐力の q 値は 1.0 とするが、本項目の k 値については必ずコアによるコンクリート圧縮強度を実施して、q 値への影響を評価する必要がある。

コアの採取箇所数（本数）については、耐震診断実施済みの建物では通常各階 3 本のコアによるコンクリート圧縮強度試験が実施されており、耐力度調査時に改めてコアの採取を行うことはないと考えられ、今後本項目の主な対象が新耐震設計基準による建物となることを考慮して、今回の改定で必要十分と考えられる数（各階 1 箇所以上かつ合計 3 箇所以上）に変更することとした。

なお、コンクリート圧縮強度が著しく低く当該建物の同一階で 6 本以上のコンクリートコアの圧縮強度の平均値が 13.5 N/mm^2 未満の場合は、RC 診断基準の適用範囲を超えているため、Ⓑ健全度—⑥コンクリート圧縮強度によっても評価することとした。

4.1.2 層間変形角

② 層間変形角：θ

建物の地上部分の各階について、張間・桁行両方向の層間変形角 θ（大地震時において各階に生ずる水平方向の層間変位の当該各階の高さに対する割合）を下式によって算出される F_r から表 1 との対応で求め、その最大値によって評価する。

$$F_r = F_u \cdot \frac{0.7}{(I_S/T)} \quad \dotsb (4)$$

ここで、　I_S：当該階・当該方向の構造耐震指標（RC 診断基準の第 2 次診断法による値で、I_S 算定時に地域係数を考慮している場合には、$Z = 1.0$ として計算した値とする）

　　　　　T：RC 診断基準の第 2 次診断法により算定された経年指標

　　　　　F_u：I_S 算定時の終局限界時靱性指標

表 1　F_r と θ の対応関係

F_r	1.0	1.27	1.6	2.0	2.6	3.2
θ	1/250	1/150	1/115	1/80	1/50	1/30

※中間は線形補間によってよい。$F_r \geqq 3.2$ の場合は 3.2 とする。

なお、F_u が 1 以下の時は、$\theta = 1/250$ としてよい。また、水平耐力算定時に求めた各階の q_i 値のうちいずれかが 0.85 を下回る場合、層間変形角の評点㋮は F_r の算出式 (4) によらず 0.5 とする。

判別式 　　　　　　　$\theta \leqq 1/200$ または計算しない場合 …………1.0

　　　　　　　　　　$1/200 < \theta < 1/120$ 　　　　　………直線補間

　　　　　　　　　　$1/120 \leqq \theta$ 　　　　　　　　………0.5

　地震時に発生する層間変形量は、概ね構造体の被害程度に対応すると考えられ、大きな変形によって構造体に有害な影響が出る場合がある。また、各層の変形は、強制変形として帳壁、内外装材、設備等に被害を及ぼす。大地震時における層間変形角の測定方法は、文献25と同様に、C_T－F 曲線を耐力スペクトル、C_T－F グラフ上に描いた判定値曲線（$I_{S0} = 0.7$）を要求スペクトルとした時の交点を応答変位とする考え方を基本としている（図4.8参照）。しかし実用面と耐力度調査における評価という面を考慮し、式 (4) のように F_u に判定指標と I_S /T との比を乗ずる簡便な算定方法を用いて、地震時の変形量（応答変位）に対応する靱性指標の換算値 F_r を算定することとした。なお F_u が1以下の場合には、明らかに大地震時の応答量が $1/200$ になるであろうことを考慮して、式 (4) によらず $\theta = 1/250$ としてよいとした。

　式 (4) で使用する I_S 値については、水平耐力 q と同様、I_S 算定時に地域係数 Z を考慮している場合には地域係数を $Z = 1.0$ として計算される値を用いることとする。また、診断結果において F_u が不明の場合には、便宜的に下式で F_u を求めてもよい。

$$F_u = \frac{I_S/T}{C_{TU} \cdot S_D}$$

　なお、いずれかの方向で q_i 値が 0.85 未満となる階が一つでもある場合（$I_S < 0.6$ の場合）には、図4.3の I_S 値と震害の関係から耐震性能不足による被害（地震時の大きな変形）が予測されるので、θ の算定結果によらず層間変形角による評価を 0.5 とする。

　壁式構造で第1次診断法による診断が実施されており、全ての階で各方向の q_i 値が概ね 1.0 以上となる場合には、層間変形角の評価を 1.0 としてよい。

　新耐震設計基準による建物の場合には、本章の冒頭で示した新耐震設計基準と RC 診断基準との対比における構造特性係数 D_S と靱性指標 F との対応関係から F_u 値を設定し、耐震診断時の判定値（$I_{S0} = 0.7$）と必要保有水平耐力算定時における想定地震動レベル（$C_0 = 1.0$）の違いを考慮することで下式により F_r を算定することができる。

$$F_r = \frac{1}{D_S} \cdot \frac{0.7Q_{un}}{Q_u}$$

　なお、F_r を算定しない場合、あるいはルート1、2等の設計で D_S 値が不明または適切に算定できない場合には、層間変形角による評価を 1.0 としてよい。

　判別式にみられる数値 $1/200$、$1/120$ は新耐震設計基準に示されている数値である（p.58資料1参照）。この制限は、地震時に帳壁、内外装材、設備等に被害が出たり、構造体に有害な影響が出るのを防いでいるものであり、RC 診断基準の非構造部材耐震指標 I_N と対応するとも言える。前出の図4.4において述べたように、I_S 値が大きい場合でも靱性型建物について

は大破の被害が見られ、地震時の大きな変形によって構造体への悪影響が考えられるほか、非構造部材や設備の被害も予想されることから、今回の改定において配点を 20 点と高くした。

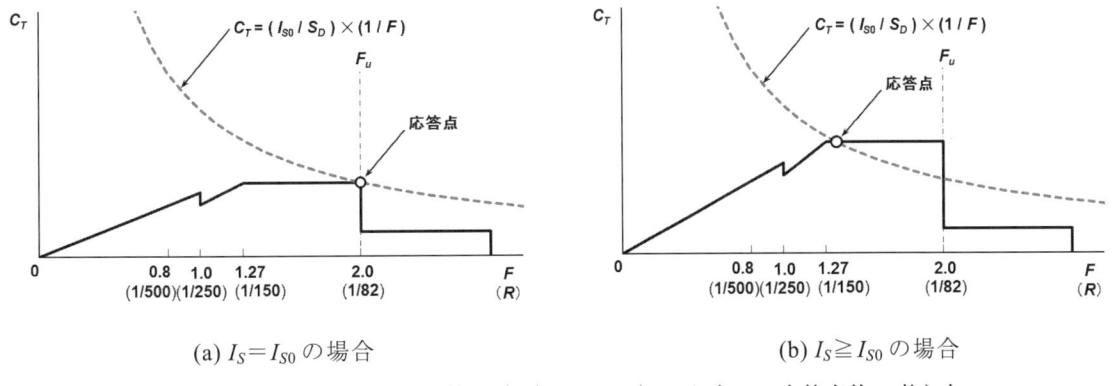

(a) $I_S = I_{S0}$ の場合 　　　　　　　　　(b) $I_S \geqq I_{S0}$ の場合

図 4.8　C_T-F 曲線と判定値曲線（$I_{S0} = 0.7$）から求める応答変位の考え方

4.1.3　基礎構造

③　基礎構造：β

当該建物の基礎及び敷地地盤について、建築年が異なるごとに基礎構造の地震被害に関する指標 β を下式により算出して評価する。

$$\beta = u \cdot p \quad\cdots\cdots\cdots\cdots\cdots\cdots\cdots\cdots\cdots\cdots\cdots\cdots\cdots\cdots(5)$$

ここで、　u：当該基礎の種類に応じた下記の値

木杭基礎 $\cdots\cdots\cdots\cdots\cdots\cdots\cdots\cdots\cdots\cdots$ 0.8

RC 杭、ペデスタル杭基礎 $\cdots\cdots\cdots\cdots\cdots\cdots\cdots$ 0.9

上記以外の基礎 $\cdots\cdots\cdots\cdots\cdots\cdots\cdots\cdots\cdots$ 1.0

p：基礎の被害予測に関する下記の項目のうち、該当する最小の値とする。

敷地地盤で液状化が予想される $\cdots\cdots\cdots\cdots\cdots\cdots$ 0.8

杭基礎でアスペクト比が 2.5 以上の建物 $\cdots\cdots\cdots$ 0.9

上記に該当しない場合 $\cdots\cdots\cdots\cdots\cdots\cdots\cdots$ 1.0

判別式　　$1.0 \leqq \beta$ または測定しない場合 $\cdots\cdots\cdots\cdots$ 1.0

$0.5 < \beta < 1.0$ 　　　　　$\cdots\cdots\cdots\cdots$ 直線補間

$\beta \leqq 0.5$ 　　　　　　$\cdots\cdots\cdots\cdots$ 0.5

なお、柱が RC 造の屋内運動場で、地中梁が桁行方向と張間方向のいずれか一方向しか設けられていない場合は、式 (5) の右辺に 0.75 を乗じて β を算定する。

また、式 (5) に基づく評価よりも詳細な評価として、新耐震設計基準に準じた基礎の耐震計算を行い、杭基礎における水平力に対する検討から得られる検定結果（許容値／作用値）の最小値を β としてもよい。

　建築の基礎は建物に作用する荷重及び外力を安全に地盤に伝え、かつ、地盤の沈下または変形に対して安全とすべきものであり、近年の地震によっても基礎の損傷に起因するとみられるRC造校舎の沈下被害が発生しており、その重要性は高い。なお、最初に本項目が設けられたのは、新潟地震の被災経験からであり、今回の改定においては、平成7年兵庫県南部地震による被害経験を踏まえて取りまとめられた下記1)〜3)の「基礎の被害が予測される建物の条件」[26]を参考にして式(5)中のpを設定した。基礎の種類で示すRC杭は1930年代に開発された既製コンクリート杭を指し、現在用いられているPC杭、PHC杭及び場所打ちコンクリート杭は「上記以外の基礎」と評価する。下記の条件は地震を経験した建物について適用される条件であり、そのままを本耐力度調査の項目として取り入れることはできないため、相応の表現に変更してある。なお、下記の2)及び3)の震度に関する部分については、立地条件で考慮される項目であるので、ここではそれ以外について評価することとした。

【基礎の被害が予測される建物の条件】

　　1) 斜面地の移動や液状化による地盤流動が認められた地域にある建物

　　2) 自ら被災していなくても、震度Ⅵ+以上の地域にあって周辺の建物の被害が大きい建物

　　3) 震度Ⅴ+以上の地域にあって、アスペクト比が2.5以上の建物

　当該敷地における液状化の可能性については、各自治体等から発行される液状化マップが一つの判断基準となる。また、当該敷地の地盤調査結果を用いて液状化危険度予測の方法（PL値）により液状化判定を行うのも一つの方法と考えられる。PL値による液状化判定を行う場合には、PL値が5を超えるときに液状化が予想されると判定する。

　アスペクト比（建物高さHと建物の幅（張間）Bの比：H/B）が2.5以上の建物はそれほど多くはないと思われるが、部分的にアスペクト比が2.5以上となるような建物では、その部分が全体に及ぼす影響等を考慮して判断すればよい。

　基礎構造に問題がある場合には、改修により改善することが困難であり、建物を支える根幹部分を評価する重要な項目であるため、今回の改定において他の項目の見直しの関係からも、本項目の配点を旧手法の20点から30点に引き上げた。

4.1.4　地震による被災履歴

④　地震による被災履歴：E

　当該建物が現在までに受けた被害のうち、被災度が最大のもので評価する。なお、ここでの被災度は、日本建築防災協会「震災建築物の被災度区分判定基準および復旧技術指針」により定義されるものである。

無被害〜小破…………………………1.0
中破…………………………………0.95
大破…………………………………0.9

　過去の地震により被災した建物は、その被害の大小に応じて構造耐力を低減させる。これは、被災度の大きさによっては、建物の損傷個所に適切な補修を施したとしても被災以前の状況ほどには構造耐力が回復しないと思われること、また、補修により原形復旧がなされたとしても、その後発生する地震により繰り返し同様の被害が生じる可能性が高いこと等を考慮したものである。各被災度に対応する値は、地震により被災し、ある被災度となった建物が適切に補修されているという前提のもと、補修によりどの程度まで構造耐力が回復しているかを表しており、上記の「震災建築物の被災度区分判定基準および復旧技術指針」に記載されている「耐力回復係数」をもとに決定されている。

　なお、特殊なケースとして、

1) 複数回中破程度以上の被害を経験した建物

2) 小破程度の被害を生じているが明らかに未補修である建物

などが考えられるが、1) については過去に受けた最大の被害に対する評点を用いて耐力度を調査することとする。2) については上記の「震災建築物の被災度区分判定基準および復旧技術指針」[27]に記載の方法を用いて算出した被災後の耐震性能を使って「保有耐力」を評価してもよい。

　地震による被災は、建物全体の性能に影響を与え得ると考えられるので、①から③までの点数の総和にこの係数 E を乗じる。

4.2　健　全　度

4.2.1　健全度測定の考え方

　健全度の測定は、対象建物が建築時以降に老朽化した度合を調べ、構造体の劣化を調査するものである。優れた耐久性をもつ RC 造建物も建てられてから年数が経過するにつれ次第に老朽化が進行する。建物は自然現象や継続的使用により劣化し、偶発的な地震や暴風、火災や爆発などによっても損傷を受ける。このように建物の経年的な劣化は、人為的、自然的、偶発的な要因が複雑に組み合わさって進行する。これらの劣化は、建物の構造部分、非構造部分、設備部分において生じる。

　この調査は公立学校施設の老朽化の程度を評価するための調査であり、危険改築の対象建物として、鉄筋腐食が進行した状態、躯体の状態が健全でない RC 造で改修により躯体の健全度を回復させることが難しい建物を想定している。

　このため、公立学校施設の耐震化が進んだことにより構造耐力の評価が高くても、躯体の経年劣化が著しい、または多くの測定項目で躯体健全性に問題がある建物が、適正に耐力度点数に反映されて改築事業の国庫補助の対象となるように配慮している。

　一方、建築時から 40〜50 年経過した RC 造建物でも鉄筋腐食の著しい進展がなく、かぶりコンクリートの著しい変質・変状もなく、健全に躯体施工が行われた建物であれば、必要な補修及び劣化に対する保護を図ることで、今後の長期の供用に耐えられるものと判断される。

4.2.2　健全度測定項目と配点の考え方

　RC 造建物の一般的な経年劣化は、

$\boxed{\text{コンクリートの中性化}} \rightarrow \boxed{\text{水（塩分）の侵入}} \rightarrow \boxed{\text{鉄筋の発錆、膨張}}$

$\rightarrow \boxed{\text{コンクリートのひび割れ}} \rightarrow \boxed{\text{コンクリートの耐力低下}}$

$\rightarrow \boxed{\text{コンクリートの部分的剥落}} \rightarrow \boxed{\text{鉄筋の断面欠損}}$

と進行していく。

　ひび割れの少ない正常なかぶり厚さをもつ鉄筋がコンクリートの中性化によって発錆することは、後述するように相当の期間が必要である。しかしながら、施工時における欠陥、不同沈下、地盤振動、火災、凍害などによりコンクリートにひび割れが生じた場合、その部分に空気や水分が侵入してコンクリートの中性化が進み、鉄筋をさびさせることが多い。一度鉄筋が発錆するとさびの膨張力によりコンクリートにひび割れが生じ、その部分から水分が侵入し、よりさびの成長が早くなってコンクリートの欠陥を大きくする。コンクリートのひび割れと鉄筋の発錆は劣化を互いに助長し、悪循環を繰返し、局部的な劣化が建物全体に及ぶ。

　したがって、RC 造建物の耐力度測定方法では、下記の 7 項目で健全度を測定することにした。

① 経年変化

② 鉄筋腐食度

③ コンクリート中性化深さ等及び鉄筋かぶり厚さ

    (a) コンクリート中性化深さ等

    (b) 鉄筋かぶり厚さ

④ 躯体の状態

⑤ 不同沈下量

⑥ コンクリート圧縮強度

⑦ 火災による疲弊度

次に、RC 造建物の劣化を総合的に評価するために、上記 7 項目について次のような考え方で配点した。

① 経年変化

RC 造建物を構成する各部材の経年劣化は、前述のように各要因で異なり、新築以降の経過年数では一義的に評価できないが、一般的に建物の劣化は経年に比例すると考えられ、健全度を支配する高い要因であることから配点は 25 点とした。

② 鉄筋腐食度

RC 造建物の損傷は、終局的には鉄筋のさびの膨張力による被覆コンクリートの剥落となって現われ、コンクリート耐力や鉄筋耐力が著しく低下することにある。健全度を支配する高い要因であることから配点は 25 点とした。

③ コンクリートの中性化深さ等及び鉄筋のかぶり厚さ

 (a) コンクリートの中性化深さ等

RC 造建物の健全性はコンクリートの中性化による影響が大きい。コンクリートは圧縮力を受けもつという力学的特性のみでなく、化学的にその組成から強いアルカリ性で鉄筋を保護している。しかし、前述のように空気中の炭酸ガスの浸透によって、経過年数と共にコンクリートの表面から中性化が進行して鉄筋の発錆の原因となる。したがって、健全度を支配する一つの要因であるが、コンクリートの中性化が直ちに鉄筋さびを生じさせるものではなく、①の経年変化に支配されることも考慮して配点は 10 点とした。

なお、コンクリート骨材に塩分（0.1% を超えるもの）を含む砂利、砂が使用されている場合は、鉄筋の不動態皮膜を破壊させ、鉄筋腐食を早めることになるので、中性化と同様に本測定項目で評価できるよう配慮した。

 (b) 鉄筋かぶり厚さ

かぶり厚さは耐久性のみならず耐火性をも支配するものであるが、①経年変化、③(a)コン

クリートの中性化深さ等でも鉄筋腐食に与える影響を間接的に考慮しているので配点は 10 点とした。

④ 躯体の状態

コンクリートに生じるひび割れには、コンクリート打設に起因する種々のひび割れと、外力による構造的ひび割れとがある。ひび割れが増大するとその部分から空気、水分が侵入して、中性化や発錆の原因となる。また、コールドジョイントやジャンカなど施工の善し悪しも経年劣化に影響を与える要因である。

RC 造建物は、健全なものでも年数が経過すればひび割れは避けられず、施工不良によるコールドジョイントやジャンカも劣化を進行させる大きな要因であることから、躯体の状態を測定することとして配点は 20 点とした。

⑤ 不同沈下量

不同沈下は基礎地盤の異常によって生じる。RC 造建物は、S 造建物に較べて重量も大きく変形性能も小さい。不同沈下によって上部構造に生じる応力は極めて大きいが、その応力は内部応力であって、構造体の終局強度には影響を及ぼさないとも考えられる。なお、過大な不同沈下が生じると使用上の障害を起こし、常時に構造ひび割れの発生が予測されるものの、不同沈下によって使用上の支障が生じた RC 造校舎は耐力度調査では想定しておらず、配点は 10 点とした。

以上の項目によって健全度を総合的に評価して、使用コンクリートが著しく低強度である建物及び火災を受けた建物はその程度に応じて⑥、⑦の低減係数を乗じることにしている。

4.2.3 経 年 変 化

① 経年変化：T

当該建物の耐力度測定時における建築時からの経過年数、または長寿命化改良事業を行った時点からの経過年数に応じて経年変化 T を下式により計算する。

1）建築後、長寿命化改良事業実施前

当該建物の耐力度測定時における、建築時からの経過年数 t に応じて、経年変化 T を下式により計算する。ただし、T がゼロ以下の場合は、$T = 0$ とする。

$$T = (40 - t)/40 \quad \cdots\cdots\cdots\cdots\cdots\cdots\cdots\cdots\cdots\cdots\cdots (6)$$

ここで、 t：建築時からの経過年数

2）長寿命化改良事業実施後

当該建物の耐力度測定時における、長寿命化改良事業を行った時点からの経過年数 t_2 に応じて、経年変化 T を下式により計算する。ただし、T がゼロ以下の場合は、$T = 0$ とする。

$$T = (30 - t_2)/40 \cdots\cdots\cdots\cdots\cdots\cdots\cdots\cdots\cdots\cdots\cdots\cdots\cdots (7)$$

ここで、 t_2：長寿命化改良事業実施後の経過年数

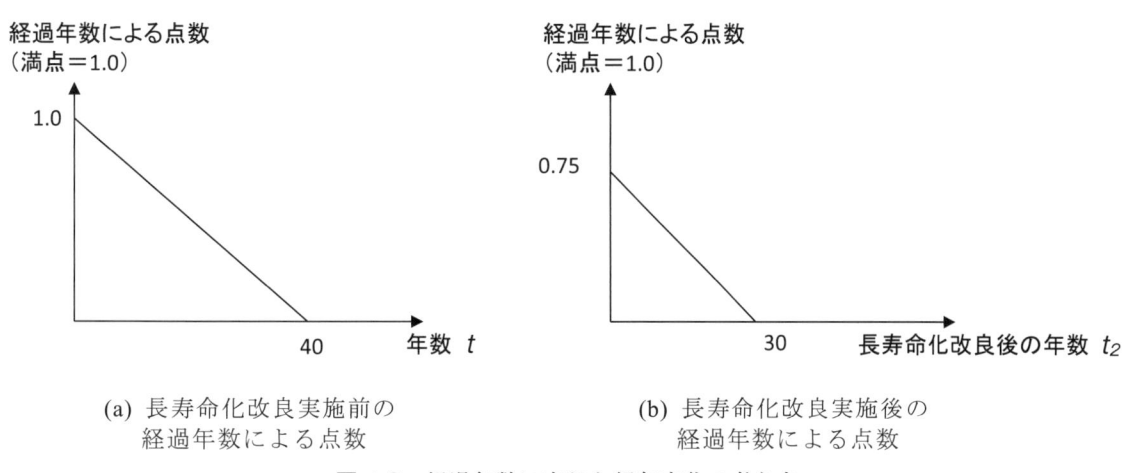

(a) 長寿命化改良実施前の
経過年数による点数

(b) 長寿命化改良実施後の
経過年数による点数

図 4.9 経過年数に応じた経年変化の考え方

建物の経年に伴い、躯体や仕上材、設備を含む機能性は次第に劣化していく。経年に伴う躯体の劣化、具体的には鉄筋の腐食及びこれに影響を及ぼすコンクリートの中性化、躯体のひび割れなどの変質・変状は、健全度の測定項目として実態調査に基づき評価される仕組みとなっている。このため、ここでの経年変化の評価は構造耐力の低下に結びつくような躯体の劣化ではなく、むしろ仕上材、設備を含む機能性の劣化を中心に評価する。

評点は、長寿命化改良事業の補助制度が「建築後 40 年以上経過した建物で、今後 30 年以上使用する予定にあること。」を踏まえ、以下のように評価する（図 4.9 参照）。

建築後 40 年が経過するまでは仕上材、設備を含む機能性の劣化が一様に進むと考える。また、事業の補助制度の観点から、建築後 40 年以上経過した建物は施策を決める岐路となることを踏まえ、経年変化 T をゼロとして評価する。

長寿命化改良事業を実施された場合、建物としての性能は向上するものの建築後 40 年以上経過しており完全に新築時の性能まで回復することは困難であることから、長寿命化改良事業により新築時の 75% まで回復するものとする。長寿命化改良事業の実施後は、その後 30 年以上の建物継続利用を想定して改修が行われるため、その後 30 年を経過すると経年変化 T が再びゼロとなるものとして評価する。

4.2.4　鉄筋腐食度

---

② 鉄筋腐食度：F

　鉄筋かぶり厚さの測定を行った柱、梁についてそれぞれ2箇所以上鉄筋の腐食状態を調べ、表2によって状態に応じたグレードを求め、その最低値Fによって評価する。また、柱、梁、壁、床の外観調査で鉄筋さびの溶け出しや層状さびの膨張力によりかぶりコンクリートを持ち上げているなどの劣化が認められる場合には、表2により状態に応じたグレードを求め、これを評価してよい。

表2　発錆のグレード

鉄　筋　の　発　錆　状　態	グレード
さびがほとんど認められない。 鉄筋さびによる膨張亀裂、鉄筋さびの溶け出しは認められない。	1.0
部分的に点食を認める、または、大部分が赤さびに覆われている。 鉄筋さびの溶け出しが認められる。	0.8
層状さびが認められる。 層状さびの膨張力によりかぶりコンクリートを持ち上げている。	0.5

　F：各部材によるグレードの最低値

　コンクリートは硬化直後、強いアルカリ性を有しているが、経年によりpH値が低下し弱アルカリ性となり中性となる。前述のようにコンクリートの中性化は鉄筋の発錆の原因となり、鉄筋の発錆は、鉄筋断面の不足による引張強度の低下、付着力の低下、ひび割れによるコンクリート強度の低下など、RC造建物の耐力に大きな影響を与える。したがって、鉄筋の発錆状態を三つの発錆ランクに分けて、状態に応じたグレードを求め、その最低値を鉄筋腐食度Fとして評価することとした。

4.2.5　コンクリートの中性化深さ等及び鉄筋かぶり厚さ

(1)　コンクリートの中性化深さ等

---

③ コンクリート中性化深さ等及び鉄筋かぶり厚さ

　(a)　コンクリート中性化深さ等：a

　　当該建物の柱頭1箇所、柱脚1箇所、梁2箇所について測定を行い、その平均値を中性化深さaとする。

　　ただし、柱・梁のそれぞれ1箇所についてはⒶ①―(b)の「コンクリート圧縮強度」において、コア抜取り試験を行った壁または梁の測定値をもってかえることができる（この場合、柱2、梁2の欄に記入する）。なお、耐震診断時のコア抜取り試験の結果が

　ある場合には、それにかえることができる。

　中性化の測定方法は以下による。

　はつり面に、フェノールフタレイン 1% アルコール溶液を噴霧し、赤紫色に着色しない部分の最大深さ（a_i cm）を測定する（図 1 参照）。

　　　a：実測した中性化深さの相加平均値

判別式　　　　　　　　　$a \leqq 1.5\,\text{cm}$…………1.0

　　　　　　　　1.5 cm $< a < 3$　cm…………直線補間

　　　　　　　　3　cm $\leqq a$　　　　…………0.5

　なお、塩分（0.1% を超えるもの）を含む砂利、砂が使用されていることを材料試験によって確認した場合は、平均値 a の欄に塩分濃度を記入し、中性化深さの実測結果によらず判別式の評点㋒を 0.5 に読み替えることとする。

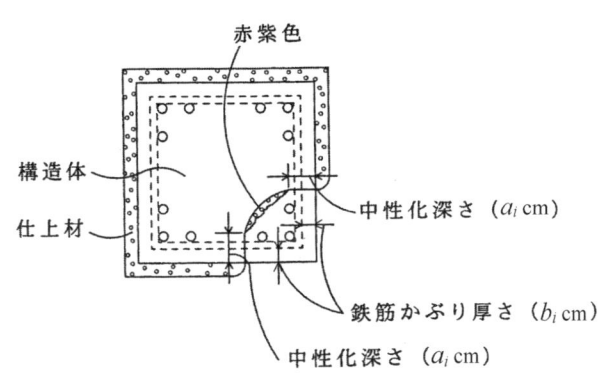

図 1　中性化深さ及び鉄筋かぶり厚さの測定方法

　コンクリートの中性化は、一般的に、空気中の炭酸ガスとコンクリートに含有されている水酸化カルシウムとの化学反応によって生ずる現象である。この反応は常温において進行し、空気中では表面から順次中性化が内部に進行する。

　その化学式は、$Ca(OH)_2 + CO_2 \rightarrow CaCO_3 + H_2$ であり、硬化したコンクリートは、表面から炭酸ガスの作用を受けて徐々に水酸化カルシウムが炭酸カルシウムになっていく。これらを見分ける方法は、コンクリートのはつり面にフェノールフタレイン 1% アルコール溶液を噴霧すると炭酸塩化した部分は全然着色しないが、アルカリ部は赤紫色に着色することで見分けることができる[28]。

　中性化深さ a_i (cm) ははつり面において一様ではないが、最大深さを採ることとした。

　1 箇所の測定値が他に比べて大きく異なるなど、異常な値（例えば測定値が 4.5 cm を超えるなど）となった場合は、別の箇所を調査することが望ましい。ただし、別の箇所を調査することが難しい場合は 4.5 cm を最大とする。

　なお、コンクリート骨材に塩分を多く含んだ海砂が使用されている場合も鉄筋の不動態皮膜を破壊させ、鉄筋腐食を早めることになる。塩分（0.1% を超えるもの）を含む砂利、砂が使

用されていることを材料試験によって確認した場合は、鉄筋コンクリートの耐久性に悪影響を与えるものと考え、中性化深さの実測結果によらず判別式の評点を0.5に読み替えることとする。

(2)　鉄筋のかぶり厚さ

(b)　鉄筋かぶり厚さ；b

　前記③—(a)のコンクリート中性化深さの測定を行った柱頭1箇所、柱脚1箇所、梁2箇所について鉄筋かぶり厚さを測定し、その平均値を鉄筋かぶり厚さbとする（コア抜取り試験を行った梁・壁の測定値は使用しない）。

　鉄筋かぶり厚さの測定方法は以下による。

　仕上材を除いたコンクリート躯体表面から、帯筋またはあばら筋の外側までの垂直距離（b_i cm）を測定する（図1参照）。

　　b：実測した鉄筋かぶり厚さの相加平均値

判別式　　　3 cm $\leqq b$　　　………… 1.0

　　　　　　1.5 cm $< b < 3$ cm………… 直線補間

　　　　　　　　$b \leqq 1.5$ cm………… 0.5

　鉄筋のかぶり厚さをb (cm) とすると前記のコンクリートの中性化深さa (cm) の評点は、aとbの関係から定めてもよいように思われるが、建築基準法施行令には、柱・梁・耐力壁のかぶり厚さが3 cm以上という規定があり、かぶり厚さは耐久性のみならず耐火性をも支配するものであるから、bについてはaと独立に判定することにした。

　なお、柱や梁の一部をはつってかぶり厚さが非常に大きいことが判明したとき（建築基準法施行令第79条に規定する各部位に応じた鉄筋のかぶり厚さを大きく超えるとき等）、そのまま安心してはいられない。コンクリート打ちのとき鉄筋かごが全体に片寄っていることも考えられるので、部材の反対側もはつってみて、表裏いずれか小さい値をかぶり厚さbとして用いる。

4.2.6　躯体の状態

---

④　躯体の状態：D

　当該建物の柱、梁、壁、床について躯体の状態の測定を行い、表3により状態に応じたグレードを求め、その最低値を躯体の状態Dとする。

　躯体のひび割れを評価し、モルタル等の収縮亀裂を評価しないように留意する。なお、コールドジョイントやジャンカなど施工の善し悪しも経年劣化に影響を与える要因であり、表3により状態に応じたグレードを求め、これを評価してよい。

表3 躯体の状態のグレード

躯　体　の　状　態	グレード
・ひび割れがほとんど認められない。 ・コールドジョイントがほとんど認められない。 ・ジャンカがほとんど認められない。	1.0
・幅 0.3 mm 未満のひび割れが多数あるか、または、幅 0.3 mm 以上のひび割れが部分的に認められる。 ・コールドジョイントに沿った仕上面のひび割れがあり、かつ、漏水跡が認められる。 ・ジャンカが部分的に認められる。	0.8
・幅 0.3 mm 以上のひび割れが多数あるか、または、幅 1.0 mm 以上のひび割れが部分的に認められる。 ・表面積 30 cm 角程度のジャンカが多数認められる。	0.5

D：躯体の状態によるグレードの最低値

　測定の対象となるひび割れは構造体に生じているひび割れであり、調査単位全体を対象とし、そこに含まれている柱、梁、壁、床について測定することとした。

　RC 造建物は、健全なものでも、年数が経過すればある程度のひび割れは避けられない。ヘアークラック程度のひび割れは、ひび割れのない部分の空隙と大差ないと考えられるが、それ以上大きなひび割れはより早く中性化及び鉄筋の腐食を進行させる。また、コールドジョイントやジャンカなど施工の善し悪しも経年劣化に影響を与える要因である。

　したがって、躯体の状態を3ランクに分けて、その状態に応じたグレードを求め、その最低値を躯体の状態 D として評価することとした。

4.2.7　不同沈下量

⑤　不同沈下量：ϕ
　各階の張間・桁行両方向について沈下量測定を行い、相対沈下量の最大値により評価する。

　なお、測定マークは構造体に設定することを原則とするが、それが困難な場合は構造体より 1 m の範囲内に設定する（例えば窓台等）。

$$\phi = \varepsilon / L \quad \cdots\cdots\cdots\cdots\cdots\cdots\cdots\cdots\cdots\cdots\cdots\cdots\cdots\cdots\cdots\cdots\cdots\cdots (8)$$

ここで、　ε：各方向の隣り合う柱間の相対沈下量

　　　　　L：隣り合う柱間の距離

判別式　　　　　$\phi \leqq 1/500$ または測定しない場合 $\cdots\cdots$ 1.0

　　　　$1/500 < \phi < 1/200$ 　　　　$\cdots\cdots$ 直線補間

　　　　$1/200 \leqq \phi$ 　　　　　　　　$\cdots\cdots$ 0.5

　全体に等しい沈下が建物に生じた（不同沈下のない）場合は、外部との取合い、設備、配管類に障害を生じることはあるが、構造耐力にはそれ程影響を与えない。それに対して不同沈下が生じた場合は、構造的障害や床の傾斜などの機能的障害が生じやすい。

　不同沈下によって発生するひび割れの例を図 4.10 に示す。正方形のコンクリート板が (a) のようにその左端で不同沈下すると (b) のような応力が生じ、(c) のようなひび割れが生じる。

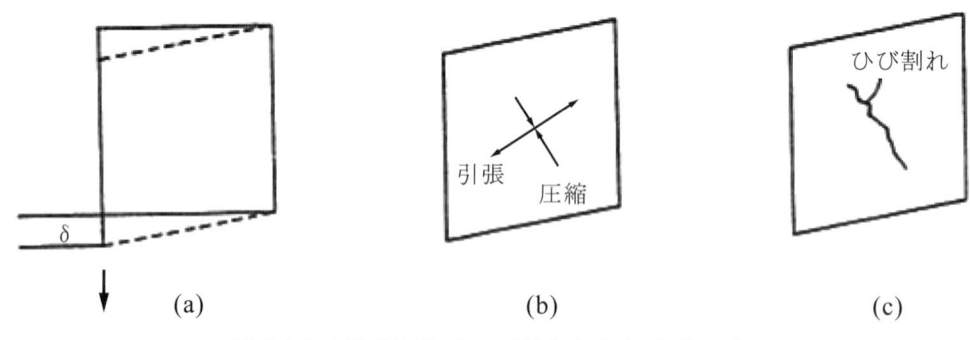

図 4.10　不同沈下によって発生するひび割れの例

　すなわち、不同沈下によるひび割れは、沈下の少ない部分から沈下の大きい部分に向って斜め上方を指す方向に生じる。このことから、実際の壁面に生じているひび割れによってどの方向に大きく沈下しているかを推察することができる。

　躯体にひび割れを伴う不同沈下が生じていない場合は、満点を記入する。

　測定は各階の張間・桁行両方向について 1 スパン当たりの相対沈下量を測定し、1 スパン分の部材角の最大値により評価する。

　不同沈下はサッシュの開閉や排水の状況から推察されることもあるが、目視調査によって不同沈下が生じていないと判断された場合には調査を行う必要はない。不同沈下が生じていると判断された場合には、レベルを使用して床、サッシュ、天井を測定することとなるが、施工誤差を測定してしまう場合もあるので注意する。

　測定は、各階の張間・桁行両方向について 1 スパン当たりの相対沈下量を測定し、1 スパン分の部材角の最大値により評価することになっているが、計測値から各階の変形傾向や各階の沈下量の平均値を観るなどして建物全体の変形を把握することが大切である。

　判別式の 1/500 の数値については、日本建築学会「建築基礎構造規準」に示されている「建物に有害なひび割れが発生する率が極めて高い状態」に対応しており、1/200 の数値については、新潟地震の経験から使用上の障害が起こる可能性のある状態に対応している。

　不同沈下が認められた場合、沈下が進行性か否かの調査も必要である。また、沈下が著しく進行性のような場合には個別鑑定により危険度を判断する場合もある。

4.2.8　コンクリート圧縮強度

⑥　コンクリート圧縮強度：k

Ⓐ構造耐力①保有耐力(b)コンクリート圧縮強度 k の評価で用いたコンクリート圧縮強度が低い場合（コンクリート圧縮強度が 13.5 N/mm² 未満の場合）は、同一階 6 本以上のコンクリートコアの圧縮強度の平均値 σ（N/mm²）より、下記の低減係数 k を求め、健全度全体に乗じる。

判別式　　　 $13.5 \leqq \sigma$ 　　　　…………1.0

　　　　　　 $10 < \sigma < 13.5$ …………直線補間

　　　　　　　　 $\sigma \leqq 10$ 　…………0.8

原則として、採取コアの直径は 10 cm、高さは 20 cm を標準とし、公的試験所等で行うこととする。同一階 6 本以上のコア圧縮強度の平均値 σ が 13.5 N/mm² 以上ならば $k = 1.0$、10 N/mm² 以下ならば 0.8、中間は直線補間とする。コンクリート圧縮強度の平均値が 10 N/mm² 以下ならば健全度は 20% 割り引かれる。耐震診断時に採取したコアの本数が同一階 6 本に満たない場合は、不足分のコアを新たに採取する。

使用コンクリートが著しく低強度であれば、変質、変状、施工時の信頼性の全てに影響があることから、健全度点数全体に乗じる係数として測定項目を設けた。低強度によって健全度点数が引き下げられる対象は、コア圧縮強度試験のばらつきを踏まえ、6 本以上の試験結果による相加平均値が 13.5 N/mm² 未満のものを対象とした。今後、耐力度調査の対象となる公立学校施設の設計基準強度が概ね 18 または 21 N/mm² であることに対し、実建物の強度発現が 75% 以下となるもので施工信頼性に乏しく、かつ、RC 診断基準の適用の範囲外となるためである。

なお、極端な低強度コンクリート建物は少なく、本項目によって危険改築となるものはかなり限定される。

4.2.9　火災による疲弊度

⑦　火災による疲弊度：S

当該建物が耐力度測定時までに火災による被害を受けたことがある場合、その被害の程度が最も大きい階について被災面積を求め、その階の床面積に対する割合をもって評価する。

$$S = S_t / S_0 \cdots\cdots\cdots\cdots\cdots\cdots\cdots\cdots\cdots\cdots\cdots\cdots\cdots\cdots\cdots (9)$$

ここで、　 S_t：$S_1 + S_2 \times 0.75 + S_3 \times 0.5 + S_4 \times 0.25$

　　　　　 S_0：当該階の床面積

　　　　　 S_1、S_2、S_3、S_4：表 4 の被災程度により区分される床面積

表4　被災程度と床面積

被災床面積	被災程度の区分
S_1	構造体変質： 火災により非構造材が全焼し、構造体の表面がはぜ割れ等の変質をしたもの
S_2	非構造材全焼： 火災により非構造材が全焼したが、構造体は変質していないもの
S_3	非構造材半焼： 火災により非構造材が半焼したもの
S_4	煙害程度： 火災により煙害または水害程度の被害を受けたもの

判別式　　　　$S = 0$…………1.0

　　　　　$0 < S < 1$…………直線補間

　　　　　$S = 1$………0.5

　火災を受けたRC造建物はコンクリートの内部の温度分布が不均一となり、骨材と鉄筋との膨張率の違いから付着力が低下する。図4.11によれば約200℃で付着強度は半減する。

　また、火災時の温度上昇によりコンクリート内部の結晶水が蒸発して密度を減じ、多孔質となって中性化の進行が著しくなる。

　調査建物が火災による被害を受けた事がある場合、その被害が最も大きい階について、被災程度と床面積によって被災率Sを定める。内部造作が全焼して構造体の表面がはぜ割れしているような部分の面積は、100%被災面積に算入され、火災の程度が軽微になるほど被災面積を割引いて算出する。こうして算出した被災率Sがゼロならば判定は1.0、Sが1ならば0.5、中間は直線補間とする。要するに全焼なら健全度は50%割り引かれる。

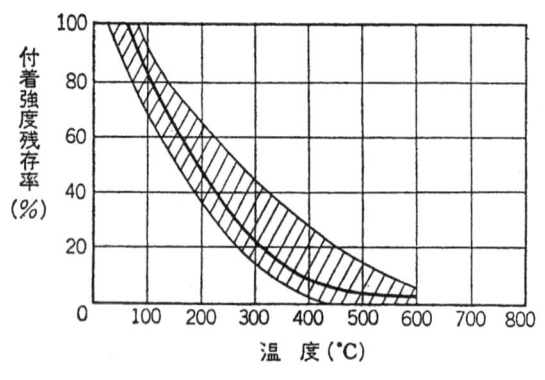

図4.11　加熱による付着強度の低下[29]

4.3 立 地 条 件

4.3.1 地震地域係数

> ① 地震地域係数
>
> 地域区分は建設省告示第 1793 号（最終改正：平成 19 年国土交通省告示第 597 号）第 1 に基づき、該当するものを○で囲む。

入力地震動の大きさの程度を補正するための係数である。

4.3.2 地 盤 種 別

> ② 地盤種別
>
> 地盤種別は基礎下の地盤を対象とし建設省告示第 1793 号（最終改正：平成 19 年国土交通省告示第 597 号）第 2 に基づき、該当するものを○で囲む。

入力地震動及び地盤被害の可能性の大きさの程度を補正するための係数である。

4.3.3 敷 地 条 件

> ③ 敷地条件
>
> 当該建物の敷地地盤の状況に基づき、該当するものを○で囲む。

局所的な入力地震動の大きさの程度を補正するための係数であり、RC 診断基準における構造耐震判定指標の補正係数である地盤指標 G に関する資料を参考に設定した。

これまでの地震被害と地盤との関係から、地盤種別の他に局所的な地形効果や地質構造が地震被害に及ぼす影響が指摘されている。ここでは特に入力地震動の増幅が懸念される「崖地」、「支持地盤が著しく傾斜した敷地（不整形地盤）」、「局所的な高台」について評価することとした。

ここで、「崖地」とは宅地造成等規制法施行令第 1 条第 2 項による「地表面が水平面に対し 30 度を超える角度をなす土地」のことであり、図 4.12 に示すように高さ 5 m 以上の崖地の上端側に建っており、崖の下端から高さの 2 倍の範囲内に建物がかかっているか否か、建物の基礎の一部でも盛土の上にかかっているか否かを評価する。「支持地盤が著しく傾斜した敷地」は不整形な地質構造を評価するものであり、敷地内及び敷地周辺の地盤調査結果などにより支持地盤の著しい傾斜や起伏があるか否かにより評価する。「局所的な高台」についてはいわゆる「小高い丘に建つ校舎」など「崖地」には該当しないが周辺の地盤より高く地形効果による入力地震動の増幅が懸念されるか否かにより評価する。なお、「支持地盤が著しく傾斜した敷

地」及び「局所的な高台」については、地震時に想定される被害等から調査者が該当の有無を判断する。

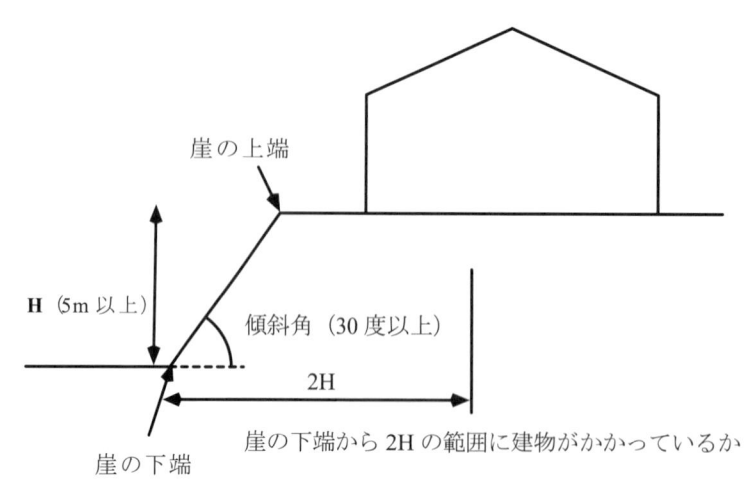

崖の上端

H（5m 以上）

傾斜角（30 度以上）

2H

崖の下端から 2H の範囲に建物がかかっているか

崖の下端

図 4.12　崖地の説明

4.3.4　積雪寒冷地域

④　積雪寒冷地域

　積雪寒冷地域は義務教育諸学校等の施設費の国庫負担等に関する法律施行令第 7 条第 5 項の規定に基づき、該当する地域区分を○で囲む。

積雪や寒冷の影響による建物の劣化の程度を補正するための係数である。

4.3.5　海岸からの距離

⑤　海岸からの距離

　当該建物から海岸までの直線距離に該当する区分を○で囲む。

海岸からの距離に基づき、塩風害の影響による建物の劣化の程度を補正するための係数である。

参考文献

1) 日本建築学会：「1968 年十勝沖地震災害調査報告」、1968 年 12 月
2) 日本建築学会：「1968 年十勝沖地震調査研究論文集」、（日本建築学会論文報告集所載論文 21 編収録）、1971 年 9 月
3) 日本建築学会：「鉄筋コンクリート構造計算規準・同解説（1971）」
4) 異形鉄筋コンクリート設計法研究会：「異形鉄筋コンクリート設計法」、技報堂、1971 年
5) 梅村　魁：「鉄筋コンクリート建物の動的耐震設計法」、技報堂、1973 年
6) 日本建築学会：「学校建築計画」、1971 年
7) 山田　稔、河村　広：「鉄筋コンクリート構造物の耐震安全性」、技報堂、1976 年
8) 日本建築学会：「地震荷重と建築構造の耐震性」、1977 年
9) 北村　弘、宮沢正躬：「鉄筋コンクリート造の耐震設計法に関する一試案」、季刊カラム、No.16、1976 年

10)　梅村　魁：「構造物の耐震設計―木造から超高層まで」、鋼材倶楽部、1977 年

11)　広沢雅也：「既存鉄筋コンクリート造建物の耐震性判定基準 建設省建築研究所案」、建築技術、1973 年 11 月

12)　日本建築学会：「鉄筋コンクリート造校舎の耐震診断方法および補強方法」、1975 年

13)　Okada, T and Bresler, B: Strength Ductility Evaluation of Existing Low-Rise Reinforced Concrete Buildings-Screening Method; EERC Report, No.76-1, Univ. of California, Berkeley Calif., Jan, 1976（要旨訳：コンクリート工学、1975.12）

14)　大成 ERP 研究会報告書：「既存鉄筋コンクリート造建物の耐震診断及び補強法―大成 ERP 法」、1976 年

15)　清水建設（株）研究所編著：「既存建物の構造診断法」、技報堂、1976 年

16)　日本建築防災協会：「既存鉄筋コンクリート造建物の耐震診断基準」、1977 年 3 月（1990 年、2001 年、2017 年改）

17)　梅村　魁：「鉄筋コンクリート建物の動的耐震設計法・続（中層編）」、技報堂、1982 年

18)　梅村　魁、岡田恒男、村上雅也：「鉄筋コンクリート造建物の耐震診断基準のための耐震判定指標について」、日本建築学会大会学術講演梗概集、1980 年 9 月

19)　日本建築学会：「1995 年兵庫県南部地震 鉄筋コンクリート造建築物の被害調査報告書 第 I II 編学校建築」、1997 年 3 月

20)　山田　哲、松本由香、伊山　潤、五十子幸樹、吉敷祥一、池永昌容、島田侑子、小山　毅、見波　進、浅田勇人：「東北地方太平洋沖地震等で被災した鉄骨造文教施設の調査―調査の概要―」、日本建築学会技術報告集 第 40 号、pp.935-940、2012 年 10 月

21)　山田　哲、伊山　潤、島田侑子、松本由香、長谷川　隆、清家　剛、中野達也、吉敷祥一：「東北地方太平洋沖地震および余震による学校体育館の構造被害」、日本建築学会技術報告集 第 44 号、pp.133-138、2014 年 2 月

22)　日本建築学会：「各種合成構造設計指針・同解説」、2010 年 11 月

23)　文部科学省大臣官房文教施設企画部：「屋内運動場等の耐震性能診断基準（平成 18 年版）第 2 刷」、2008 年 7 月

24)　日本建築学会：「鋼構造接合部設計指針」、2012 年 3 月

25)　日本建築防災協会：「2001 年改定版 既存鉄筋コンクリート造建築物の耐震診断基準 適用の手引」、pp.156-158、2001 年 10 月

26)　田村昌仁：「建築基礎の健全性調査、修復・補強、耐震診断と耐震性能向上技術」、独立行政法人建築研究所 国際地震工学センター、2004 年 11 月

27)　日本建築防災協会：「再使用の可能性を判定し、復旧するための震災建築物の被災度区分判定基準および復旧技術指針（2015 年改訂版）」、2016 年

28)　下出国雄：「建物の耐久設計・2」、日本建築学会設計計画パンフレット No.9、1961 年 7 月

29)　原田　有：「建築耐火構法」、工業調査会、1973 年 8 月

資料1　建築基準法施行令の抜粋

（層間変形角）

第82条の2　建築物の地上部分については、第88条第1項に規定する地震力（以下この款において「地震力」という。）によつて各階に生ずる水平方向の層間変位を国土交通大臣が定める方法により計算し、当該層間変位の当該各階の高さに対する割合（第82条の6第2号イ及び第109条の2の2において「層間変形角」という。）が200分の1（地震力による構造耐力上主要な部分の変形によつて建築物の部分に著しい損傷が生ずるおそれのない場合にあつては、120分の1）以内であることを確かめなければならない。

資料2　複合構造の2質点系による検討

RC造校舎の上にS造の屋内運動場を載せた複合構造の場合については、上層のS造部分と下層のRC造部分とで質量及び剛性が急変する場合が多いことを考慮し、弾性振動解析を行った結果、下記のような便宜的な方法で算定した A_i 分布を用いることができると考えられる。

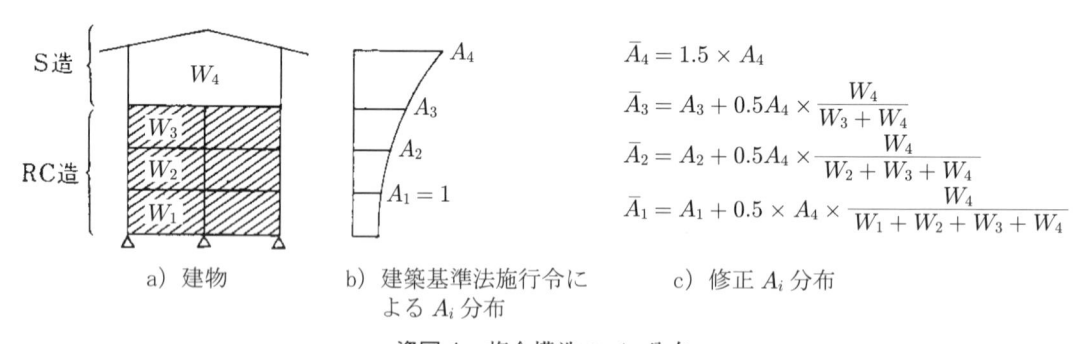

$$\overline{A_4} = 1.5 \times A_4$$
$$\overline{A_3} = A_3 + 0.5A_4 \times \frac{W_4}{W_3 + W_4}$$
$$\overline{A_2} = A_2 + 0.5A_4 \times \frac{W_4}{W_2 + W_3 + W_4}$$
$$\overline{A_1} = A_1 + 0.5 \times A_4 \times \frac{W_4}{W_1 + W_2 + W_3 + W_4}$$

a）建物　　　　b）建築基準法施行令による A_i 分布　　　　c）修正 A_i 分布

資図1　複合構造の A_i 分布

すなわち、資図1に示すように、最上階のS造部分に作用するせん断力が建築基準法施行令の A_i 分布による値の1.5倍であるとし、下層のせん断力係数については次式で修正する。

$$\overline{A_i} = A_i + 0.5 \times A_n \times \frac{W_n}{\sum_{j=i}^{n} W_j} \quad\text{(資1)}$$

ここで、　$\overline{A_i}$：i 層の修正されたせん断力係数の分布係数

　　　　　A_i：建築基準法施行令による i 層のせん断力係数の分布係数

　　　　　W_i：i 層の重量

　　　　　n　：RC造部分とS造部分を合せた階数

なお、この方法は極めて大まかなものであるから、詳細に検討する場合には、弾性振動解析等を行ってせん断力係数の分布係数を求めることが望ましい。この場合は以下に示す検討方法を参考にするとよい。

まず、資図2に示すように、複合構造物を2質点系に置換する。この置換の方法について

は後述する。

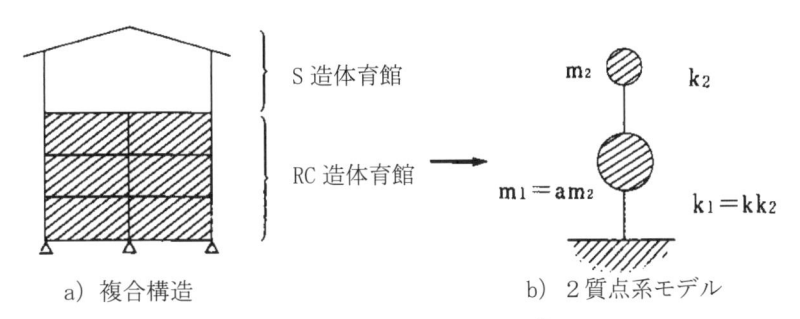

a) 複合構造　　　　　　　　　b) 2質点系モデル

資図 2　複合構造のモデル化

この 2 質点系が非減衰自由振動をしている場合の運動方程式は、各質点の変化を x_1、x_2 として、次のように表される。

$$\left.\begin{array}{l} m_1 x_1 + (k_1 + k_2)x_1 - k_2 x_2 = 0 \\ m_2 x_2 - k_2 x_1 + k_2 x_2 = 0 \end{array}\right\} \qquad\qquad (資2)$$

資図 2 に示すパラメーター $a = m_1/m_2$、$k = k_1/k_2$ を用い、さらに $\omega_U^2 = k_2/m_2$ （ω_U は上部質点のみの円振動数）とすると、式 (資 2) は次のように書き直される。

$$\left.\begin{array}{l} a x_1 + (1+k)\omega_U{}^2 x_1 - \omega_U{}^2 x_2 = 0 \\ x_2 - \omega_U{}^2 x_1 + \omega_U{}^2 x_2 = 0 \end{array}\right\} \qquad\qquad (資3)$$

この 2 質点系について 1 次モードの円振動数 $_1\omega$ と刺激関数 $_1\beta \cdot_1 u_1$、$_1\beta \cdot_1 u_2$ を通常の振動理論で計算すると、次のようになる。

$$_1\omega^2 = \frac{(a+k+1) - \sqrt{(a+k+1)^2 - 4ak}}{2a}\omega_U^2 \qquad\qquad (資4)$$

$$_1\beta \cdot_1 u_1 = \frac{(a-k+1)\sqrt{(a+k+1)^2 - 4ak}}{2\sqrt{(a+k+1)^2 - 4ak}} \qquad\qquad (資5)$$

$$_1\beta \cdot_1 u_2 = \frac{(a-k+1)\sqrt{(a+k+1)^2 - 4ak}}{2\sqrt{(a+k+1)^2 - 4ak}} \qquad\qquad (資6)$$

いま、建物が 1 次モードで振動しているとすれば、各層のせん断力の最大値は、

$$Q_1 = (m_1 \cdot_1 u_1 + m_2 \cdot_1 u_2)_1\omega^2 = (a \cdot_1 u_1 +_1 u_2)m_2 \cdot_1 \omega^2$$

$$Q_2 = m_2 \cdot_1 u_2 \cdot_1 \omega^2$$

であり、各層のせん断力係数は

$$C_1 = \frac{Q_1}{m_1 g + m_2 g} = \frac{Q_1}{(a+1)m_2 g}$$

$$C_2 = \frac{Q_2}{m_2 g}$$

であるから、下層に対する上層のせん断力の分布係数は、次のように表される。

$$\frac{C_2}{C_1} = \frac{(a+1)Q_2}{Q_1} = \frac{(a+1)\cdot {}_1u_2}{a\cdot {}_1u_1 + {}_1u_2} \quad\text{……………………………………(資7)}$$

式 (資7) に式 (資5)、(資6) を代入して整理すると次のようになる。

$$\frac{C_2}{C_1} = \frac{2(a+1)}{(a-k+1)+\sqrt{(a+k+1)^2-4ak}} \quad\text{……………………………(資8)}$$

さらに、上層と下層をそれぞれ単独としたときの固有周期を T_U、T_L とすると、

$$T_U = \frac{2\pi}{\omega_U} = 2\pi\sqrt{\frac{m_2}{k_2}}$$

$$T_L = 2\pi\sqrt{\frac{m_1}{k_1}} = 2\pi\sqrt{\frac{am_1}{kk_1}} = 2\pi\sqrt{\frac{a}{k}}T_U$$

である。上層と下層の周期比の2乗を r と書くことにすると、

$$r = \left(\frac{T_U}{T_L}\right)^2 = \frac{k}{a} \quad\text{………………………………………………(資9)}$$

となる。これを用いれば式 (資8) は次のように書くこともできる。

$$\frac{C_2}{C_1} = \frac{2(a+1)}{(a-ar+1)+\sqrt{(a+ar+1)^2-4a^2r}} \quad\text{………………………(資10)}$$

すなわち、複合構造物のせん断力分布係数は、式 (資10) に示したように、質量比 a 及び周期比の2乗の r により求めることができる。

さて、以上は下層の RC 部分を1質点系とみなした場合である。実際には下層は多質点系であるから、これを1質点系に置換する必要がある。

下層の RC 部分が周期 T_L で1次モード形で振動するものとし、その刺激関数を $\{\beta_u\}$ で表すと、これを1質点系に置換したときの有効質量は次式で表される。

$$m_1 = \{\beta_u\}^t[m]\{\beta_u\} \quad\text{………………………………………………(資11)}$$

いま、RC 部分が $n'=n-1$ 層で、各層の質量は等しく m_0 であり、1次モードが逆三角形（直線）であると仮定すると、i 層の刺激関数 β_{ui} は

$$\beta_{ui} = \frac{3}{2n'+1}i = \frac{3}{2n-1}i \quad\text{…………………………………………(資12)}$$

と表されるから、有効質量は次のようになる。

$$m_1 = \frac{3(n'+1)}{2(2n'+1)}n'\cdot m_0 = \frac{3n}{2(2n-1)}(n-1)m_0 \quad\text{……………………(資13)}$$

したがって、式 (資10) における質量比 a としては次の値を用いればよい。

$$a = \frac{3(n'+1)}{2(2n'+1)}\frac{n'\cdot m_0}{m_2} = \frac{3n}{2(2n-1)}\frac{(n-1)m_0}{m_2} \quad\text{……………………(資14)}$$

〔数値計算例〕

　RC 部分の層数 n' が 1 層、2 層、3 層（RC 部分と S 部分を含めた n は 2、3、4）の場合について、式 (資 10) による C_2/C_1、すなわち S 部分の A_n の値と、建築基準法施行令による A_i 分布とを比較してみる。

　ただし、ここでは以下の仮定を用いる。

(1)　周期 $T = (0.02 + 0.01\alpha)h$　　(sec)

　　ここで、　h：建物の高さ、RC 部分は各層 4 m、S 部分は 8 m と仮定

$$h = 4n' + 8$$

　　　　α：建物の高さのうち、S 部分の比率

$$\alpha = 8/h$$

　以上より　$T = 0.02 \times 4n' + 0.03 \times 8 = 0.08n' + 0.24$

　この第 1 項が T_L、第 2 項が T_U に相当する。

$$r = \left(\frac{T_U}{T_L}\right)^2 = \left(\frac{0.24}{0.08n'}\right)^2 = \left(\frac{3}{n'}\right)^2$$

(2)　重量：RC 部分 1.2 t/m²

　　　　　　S 部分 0.4 t/m²

　　式 (資 14) より質量比は

$$a = \frac{3(n' + 1)}{2(2n' + 1)} \frac{1.2n'}{0.4} = \frac{3(n' + 1)}{2(2n' + 1)} 3n'$$

　以上により、式 (資 10) から算出した C_2/C_1 の値と、建築基準法施行令による A_i とを比較して資表 1 に示す。

資表 1　せん断力分布の比較

RC 部分の層 数 n'	質量比 a	周 期 (sec)		周期比の 2 乗 r	C_2/C_1		式 (資 10)
		RC 部	S 部		式 (資 10)	施行令	施行令
1	3	0.08	0.24	9	3.57	1.57	2.3
2	5.4	0.16	0.24	2.25	3.89	1.91	2.0
3	7.71	0.24	0.24	1	2.62	2.21	1.2

　資表 1 に示したように、式 (資 10) により求められる値と建築基準法施行令による A_i 分布との比は、質量比及び周期比によって変動する。耐力度測定方法や耐震診断法での適用に当たっては、実用を考えて、前述した式 (資 1) により、S 部分に作用するせん断力を建築基準法施行令による値の 1.5 倍であると仮定し、RC 部分についても、この S 部分でのせん断力の割

増し分、すなわち $0.5A_nW_n$ をそのまま各層のせん断力の増加分と考えてもよかろう。しかしこれは、資表 1 にみられるように、極めて大まかな考え方である。詳細に検討する場合には、理論式である式 (資 10) にもどって、せん断力分布係数を求めることが望ましい。

第5章　耐力度調査票作成上の留意事項

5.1　一 般 事 項

5.1.1　調 査 責 任 者

　耐力度の測定は、原則として当該建物の設置者である市町村教育委員会及び都道府県教育委員会の施設担当者（一級建築士資格を有する者）が調査する。

　なお、調査はかなり専門的な試験機器を必要とするものもあり、また、複雑な構造計算や耐震診断の知識が必要となる場合もあるので、この測定方法に習熟した建築構造設計事務所や建築設計事務所等に予備調査等を行わせ、当該市町村教育委員会及び都道府県教育委員会等の職員である設置者が現地で確認する方法も認められる。

5.1.2　調査対象建物

　この調査票の対象とする建物は校舎、屋内運動場及び寄宿舎である。S造との混合構造及び複合構造の場合は、S造の部分はS造の調査票で、RC造の部分はRC造の調査票で評価し、評点の低い方の値を採用することになっている。ただし、柱の中間のギャラリーから下がRC造で、それより上部がS造の屋内運動場（RSタイプ）については、S造の調査票のみを作成して評価するため、RC造の調査票は不要である。また、軒までがRC造で、屋根のみS造の屋内運動場（Rタイプ）については、RC造の調査票のみを作成して評価するため、S造の調査票は不要である。

　なお、この調査票を使用することが不適当と認められる特殊な構造型式の建物については、大学教授等の専門家の個別鑑定によって当該建物の危険度を判断するものとする。

5.1.3　調 査 単 位

　調査単位は、校舎、屋内運動場及び寄宿舎の別に棟単位で行うものとするが、エキスパンションジョイントで区分されている場合は別棟で取り扱うものとする。ただし、建築年が同一で、月が異なる構造的に一体として建てられている建物は1棟として取り扱う。なお、調査に耐震診断結果を用いる場合には、診断時の建物区分・算定範囲等に準ずる。

　また、構造的に一体として増築されている場合は、Ⓐ—①保有耐力—(a) 水平耐力、Ⓐ—②層間変形角については、棟全体で評価することとなっている。前記以外の項目については、建築年が異なる調査単位ごとに測定して評価することになっているが、増築の状況に応じ、以下によることができる。

1) 上増築の場合には、最も下層の調査単位と同点数とできる。

2) 横増築の場合で、増築の部分の面積が極めて小さいとき（概ね200 m² 以下）、あるいは増築部分の用途が附属的なものであるときは、主体部分と同点数とできる。

3) ピロティ部分に後で室を設けた場合は、主体部分と同点数とできる。

4) 下記の健全度の項目については、増築部分が極めて小さいもの、附属的なものを除いた最も経過年数の少ない調査単位の調査結果を各調査単位の値として採用してよい。

  a) 鉄筋腐食度

  b) コンクリートの中性化深さ等及び鉄筋かぶり厚さ

  c) 躯体の状態

なお、コンクリート圧縮強度については調査単位ごとに測定することとなっているが、最も強度の低い建築年の調査単位の値を採用してよい。

耐力度調査票は建築年が異なるごとに別葉とする。

なお、1棟のうち一部が危険建物となる場合は、その部分を取壊したものとして残りの部分の保有耐力等を再計算して評価してもよい。

5.1.4 測 定 項 目

RC造建物の耐力度測定は、構造耐力、健全度、立地条件について行うことになっているが、各測定項目のうち必ず測定することになっている項目と、必ずしも測定しなくてもよい項目がある（表 5.1 参照）。ただし、測定をしない項目の評点については満点を与えることになっている。

構造耐力については、①いわゆる旧耐震設計基準に基づき設計された建物のうち耐震診断実施済みである建物、②いわゆる新耐震設計基準で設計された建物、③いわゆる旧耐震設計基準に基づき設計された建物のうち耐震診断未実施である建物、で必ず測定しなければならない項目が若干異なる点には留意されたい。

①の建物（旧耐震設計基準・耐震診断実施済み）では、耐震診断実施時にコア抜取りによるコンクリート圧縮強度試験が行われており、その結果に基づいて耐震診断が行われていれば、コンクリート圧縮強度の項目を省略することができる。

②の建物（新耐震設計基準）は、原則として水平耐力を満点として評価するため省略可能であるが、コア抜取りによるコンクリート圧縮強度試験は必ず行う必要がある。なお、建築後の状態に変化があり設計時の想定とは異なる場合や、新耐震設計基準の施行後にわかった新たな知見を踏まえると実際の耐震性能が設計時の想定とは異なると考えられる場合については、耐震診断基準の手法または保有水平耐力計算の手法を用いて現状を反映した水平耐力を算定し、その結果に基づき評価してもよい。

③の建物（旧耐震・耐震診断未実施）では、耐震診断基準の手法を用いて水平耐力を算定し、コア抜取りによるコンクリート圧縮強度試験も必ず行う必要がある。

①と③の建物では基礎構造は原則調査するが、設計図書がない場合または有効なボーリングデータがない場合は調査を省略することができる。

健全度については、①から③の建物共通で不同沈下量の項目が省略可能であるほか、コンクリート圧縮強度の平均値が $13.5\,\mathrm{N/mm^2}$ 以上、いわゆる低強度コンクリートとならない場合

には躯体の状態の項目も省略可能となる。

　立地条件については、全項目が必須項目である。

表 5.1　測定項目の分類

区分	必ず測定しなければならない項目	測定を省略することができる項目
構造耐力 （①旧耐震・耐震診断実施済み）	水平耐力	コンクリート圧縮強度 層間変形角 基礎構造 地震による被災履歴
構造耐力 （②新耐震）	コンクリート圧縮強度	水平耐力 層間変形角 基礎構造 地震による被災履歴
構造耐力 （③旧耐震・耐震診断未実施）	水平耐力 コンクリート圧縮強度	基礎構造 層間変形角 地震による被災履歴
健全度	経年変化 鉄筋腐食度 コンクリートの中性化深さ等 鉄筋のかぶり厚さ 躯体の状態 コンクリート圧縮強度※ 火災による疲弊度	不同沈下量（不同沈下による主要構造体のひび割れが認められた場合以外は省略する。）
立地条件	全項目	―

※構造耐力におけるコンクリート圧縮強度の平均値が 13.5 N/mm² を下回った場合に必須
　となり、そうでない場合は省略可能。

5.2 留 意 事 項

5.2.1 一般的留意事項

⑴ 設計図書等の確認

　耐力度測定に先だち、当該建物の設計図書、あるいは耐震診断時・補強時の設計図書の有無を確認しなければならない。

　設計図書等がない場合には現地調査し、伏図・軸組図等を作成する。

　設計図書等がある場合にあっても当該設計図書等と建物の状況を照合し、所要の修正を加えた伏図・軸組図等を作成する必要がある。

　また、設計時の構造計算書等を用いる場合には固定荷重や積載荷重が、実状に即したものとなるよう配慮する必要がある。

⑵ 建築年の確認

　調査建物の経過年数を知るためには、当該建物の建築年月を確認する必要がある。

　建物の建築時期は、通常、「公立学校施設台帳」に建築年月が記載されている。

　しかし、当該建物が買収または譲渡されたものである場合には、必ずしも建築当初の建築年月が記載されているとは限らない。この様な場合にあっては、建物の登記簿や学校要覧等によって建築年月を確認する必要がある。

　また、その場合には当該確認調書の写しを関係資料として添付する必要がある。

⑶ 過去の災害及び補修の記録

　調査建物が建築時以降に構造上の被害を受けた場合、その年月と被災程度を記載する。

　また、被災後軸組を取替えたり、壁の増設や補強等を行ったりした場合には、その年月と内容を記録する。このことは当該建物の構造耐力や健全度の測定に際し十分配慮する必要がある。

5.2.2 構造耐力測定上の留意事項

⑴ 保有耐力及び層間変形角

　①いわゆる旧耐震設計基準に基づき設計された建物のうち耐震診断実施済みである建物、②いわゆる新耐震設計基準で設計された建物、③いわゆる旧耐震設計基準に基づき設計された建物のうち耐震診断未実施である建物について、それぞれの留意事項を以下に示す。

①いわゆる旧耐震設計基準に基づき設計された建物のうち耐震診断実施済みである建物

　耐震診断実施済みである建物は、改修等による構造的な変更がなければ診断時からの経過

年数によらず診断済みの結果を用いてよい。その場合、耐震診断・補強時の図面及び診断報告書等を添付する。実施済みの耐震診断・補強以降構造的な変化がある場合（壁の撤去や開口新設、用途変更による積載荷重の変化など）には、改めて実施した耐震診断に関する図面及び診断報告書等を添付する。

(a)　水平耐力

(i)　I_{SX} 及び I_{SY} について、両者の値が算定された診断時から10年以上経過している場合には、その値の妥当性について十分吟味する必要がある。構造体（特に壁）の改変を伴う改修や、用途変更による荷重条件（診断時に用いている各階の積載荷重）の変更などにより、その値が診断当時と異なることが予想される。

(ii)　一般に地域係数 Z は耐震診断指標値 I_S と関係しないが、I_S を $1/Z$ で割り増して評価した耐震診断例も現実には存在する。この場合、分子の I_{SX}、I_{SY} を $I_{SX} \times Z$、$I_{SY} \times Z$（Z：診断時に採用した地域係数）として割り増し分を低減し修正する必要がある。また、RC造壁式構造で第1次診断による耐震診断のみが行われている場合には、分母の 0.7 を第1次診断の判定値である 0.9 として評価する必要がある。

(iii)　q_X 及び q_Y の上限は 1.0 であることに留意されたい。

(b)　コンクリート圧縮強度

(i)　通常耐震診断時には各階3本程度のコアによるコンクリート圧縮強度試験が実施されており、各階1本以上、かつ合計で3本以上の試験結果があれば新たにコアの採取を行う必要はないが、コンクリート圧縮強度を耐震診断で考慮していない場合、新たに採取したコアのコンクリート圧縮強度試験の結果を反映しても良い。

(ii)　診断時に測定されたコンクリート強度が、強度指標や靱性指標の評価に加味されている場合については本項目の評点を 1.0 とする。

(c)　層間変形角

(i)　I_S は地域係数 Z が 1.0 を前提としているため、診断時に 1.0 以外の地域係数で割り増ししている場合には(a)(ii)の項で述べた方法で修正する。

(ii)　RC造壁式構造で第1次診断法による診断のみが行われている場合には、層間変形角による評価を 1.0 としてよい。

(iii)　層間変形角算出に用いる I_S について、両者の値が算定された診断時から10年以上経過している場合には、その値の妥当性について十分吟味する必要がある。構造体（特に壁）の改変を伴う改修や、用途変更による荷重条件（診断時に用いている各階の積載荷重）の変更などにより、その値が診断当時と異なることが予想される。

②いわゆる新耐震設計基準で設計された建物

　新耐震設計基準で設計された建物は、その設計図書・構造計算書の写し等を添付する必要がある。なお、構造計算書が現存しない場合、検査済証等の新耐震基準により建築されたことを

証する書類を以て添付書類とすることができる。

(a) 水平耐力

　新耐震設計基準で設計された建物は、その水平耐力を原則として 1.0 とする。ただし、建築時の図面や設計図書・構造計算書を必ず参照して現況と比較し、建築時から構造体（特に壁）や積載荷重等の変化があると考えられる場合には、新たに耐震診断の手法または保有水平耐力計算の手法を用いて水平耐力を算定し、現況を適切に評価する。

(b) コンクリート圧縮強度

　コンクリート圧縮強度は、梁及び壁について行うことになっており、各部材とも健全に施工された部分を測定する。つまり、測定位置にひび割れやジャンカ等の欠陥がなく、当該部材の品質を平均的に代表している部分を測定することを要求している。

　コンクリート強度の測定は公的機関におけるコンクリートコア試験による方法を採用することになっている。

(i) コンクリートコア試験は JIS A 1107 に従い、建物の梁及び壁から円柱状のコアをカッターによって切取って行う。

(ii) コアの直径は原則として 10 cm とし、コアには鉄筋が混入しないことが望ましいので、鉄筋探査器等によって鉄筋の位置を確認してから切取りを行うとよい。また、高さ 20 cm を原則とするが、高さが足りない場合はなるべく径高さ比が大きくとれる箇所を選択する。

(iii) コアの両端面は JIS A 1132 によってキャッピングを施す。

(iv) コアの圧縮試験は JIS A 1108 によって行う。ただし、供試体の高さがその直径の 2 倍未満の場合は表 5.2 の補正係数をかけて強度を求める。

表 5.2　コア試験強度の補正係数

高さと直径との比 h/d	補正係数	備　　考
2.00	1.00	中間は線形補間してよい
1.75	0.98	
1.50	0.96	
1.25	0.93	
1.00	0.87	

(c) 層間変形角

(i) 耐震診断による場合、①の (c) 項で述べた方法で算定する。保有水平耐力計算による場合、構造計算書等に記載の Q_{un}、Q_u、D_S 値を用いて下式により F_r を求めることができる。

$$F_r = \frac{1}{D_S} \cdot \frac{0.7 Q_{un}}{Q_u}$$

(ii) F_r を算定しない場合やルート 1、2 等の設計で D_S 値が不明な場合または適切に評

価できない場合は層間変形角の評点を 1.0 としてよい。

③いわゆる旧耐震設計基準に基づき設計された建物のうち耐震診断未実施である建物

　RC 診断基準の第 2 次診断法の手法により水平耐力を方向別に全ての階について算定し、コンクリート圧縮強度の項目を相乗した結果の評点が、最小となる階の値を採用するものとする。

　(a)　水平耐力

　　RC 診断基準の第 2 次診断法の手法により方向別に全ての階について I_S を算定する。このとき、経年指標 T は 1.0 とする。その後、①の(a)項で述べた方法で水平耐力を算定する。

　(b)　コンクリート圧縮強度

　　コンクリート圧縮強度の調査は、②の(b)項を参照されたい。

　(c)　層間変形角

　　層間変形角については、①の(c)項で述べた方法で算定する。このとき、同(c)(ⅰ)項に留意する。

(2)　基礎構造

　当該建物の基礎構造を評価する場合は、建築年ごとに当該建物の代表的な基礎（通常は最も数の多い基礎と考えられる。）を選定してチェックする。この場合は、採用した基礎種別形状などを明らかにすべく設計図書等の写しを参考資料として添付する。

　(ⅰ)　基礎構造の測定には、下式を用いる。ここで、u は基礎の種別によって定められる係数であるが、設計図書等から基礎の種別を判断する。

$$\beta = u \cdot p$$

　(ⅱ)　p の値は基礎の被害が生じやすい建物・地盤の状況に応じて評点を低減するための係数である。このうち、敷地地盤で液状化が予想されるかどうかの判定には、各自治体等から発行される液状化マップが一つの判断基準となる。一方、過去にボーリングデータ等を利用して液状化判定が行われている場合には、それを用いて判断根拠としてもよい。なお、判断根拠とした液状化マップやボーリングデータによる液状化判定結果を参考資料として添付する。

(3)　地震による被災履歴

　過去の地震により大きな被害を受けた建築物は、その性能を被災前と同程度まで回復させることは容易ではない。そこで、過去の地震により中破以上の被害を受けた建築物は、構造耐力の評点を本項目で減じる。

　過去の地震で受けた被害のうち、被災度が最大のもので評価する。被災度は設置者等が有す

る被災記録等の資料を参照することを原則とし、資料が残っていない場合は本項目の評点を1.0 とする。

5.2.3 健全度測定上の留意事項

健全度の測定に当たっては状況写真を撮影し、必ず関係資料として添付しなければならない。

(1) 経年変化

経年変化の測定は、長寿命化改良事業実施前後でその測定法が異なる。長寿命化改良前の建築物は建築時からの経過年数 t を用い、長寿命化改良後の建築物は長寿命化改良時点からの経過年数 t_2 を用いてそれぞれの算定式により経年変化の評点を評価する。

(2) 鉄筋腐食度

(3)(b)の鉄筋かぶり厚さを測定した位置について、柱・梁の主筋について測定するものとする。なお、柱、梁、壁、床の外観調査で鉄筋さびの溶け出しや層状さびの膨張力によりかぶりコンクリートを持ち上げているなどの劣化が認められる場合には、これを評価してもよい。

(3) コンクリート中性化深さ等及び鉄筋かぶり厚さ

(a) コンクリート中性化深さ等

RC 造建物の老朽度を測定するためには、構造体の中性化深さを必ず測定する必要がある。

 (i) 中性化深さの測定はコンクリート圧縮強度試験のためのコアを利用するほか、柱については部位によってコンクリートの密度等が異なることもあるので、柱頭及び柱脚部について測定することとしている。また、梁については特に位置の指定はないが、構造的に応力の小さい所を選定するのがよい。

 (ii) なお、測定部分ははつりクズ等を入念に取り除く必要がある。また、打放し仕上げまたは薄い仕上げのコンクリート造建物でコンクリートの増打ちがある場合には、増打ち部分を除いた構造体について測定する（図 5.1 参照）。

 (iii) 測定値は各部材ごとに測定した値を相加平均したものとする。

 (iv) 中性化深さの測定のほか、塩分（0.1% を超えるもの）を含む砂利、砂が使用されていることを材料試験によって確認した場合は、平均値 a の欄に塩分濃度を記入し、中性化深さの実測結果によらず判別式の評点を 0.5 とすることができる。塩分濃度の測定は、コンクリート圧縮強度時に採取したコアを粉砕して水を加え、塩素イオン濃度を測定してコンクリートの中の塩化物量に換算して行う。なお、細骨材、粗骨材の重量はコンクリート重量に対してそれぞれ 30%、50% としてよい。また、試料の個

　数は 2 以上とする。測定は、モール法（容積法）等による。

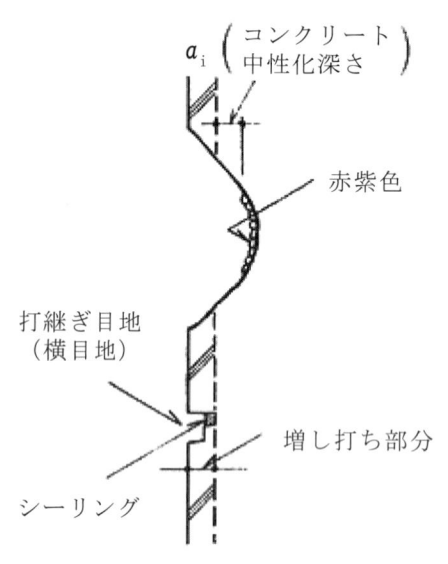

図 5.1　増打ち部分の中性化深さ

(b)　鉄筋かぶり厚さ

　測定は(a)の中性化深さを測定した位置について行うものとし、仕上材（打放し仕上げ等の RC 造建物で増打ちをした部分を含む）を除いた躯体表面から帯筋またはあばら筋の外側までの垂直距離とする。

(4)　躯体の状態

　柱・梁・壁・床について躯体の状態の測定を行い、その最低値を評点として採用する。ひび割れ幅を評価する場合には、クラックスケール（図 5.2）を用いる。なお、ここでいうひび割れ幅は、構造体のひび割れであり、モルタル等の仕上材の単なる収縮亀裂を評価しないよう注意する必要があり、原則として仕上材を除去して計測する。全面的にモルタル等の仕上材を施している場合は、外観から構造体にひび割れが及んでいると推測される部位について限定して仕上材を除去してひび割れ幅を確認する。

　また、エポキシ樹脂等の補修をしてある場合は、ひび割れとして認めない。

(5)　不同沈下量

　原則として測定を行わなくてよいこととするが、不同沈下に起因する主要構造部体のひび割れなどが観察された場合に行う。

　なお、不同沈下量は各階の XY 両方向について測定し、各階の平均値をもって各方向の測定データとする（図 5.3(a)）。

　測定値が垂直方向に同位置であるにもかかわらず沈下傾向が異なる場合は、測定位置が不適当か測定誤差があると考えられるので、再測定することが望ましい（図 5.3(b)）。

　また、測定マークは構造体に設定することになっているが、測定が困難な場合は構造体から

1 m 以内の位置の床、窓サッシまたは天井等に設定して行う。

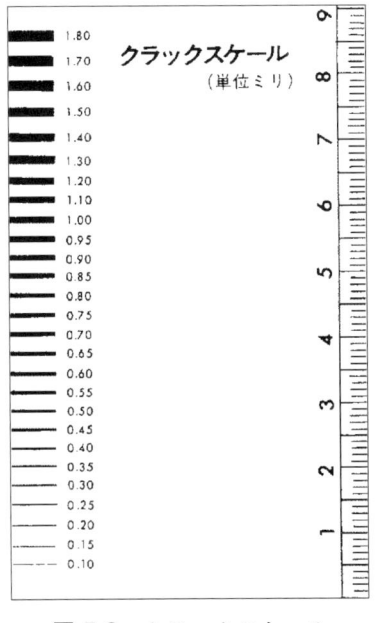

図 5.2 クラックスケール

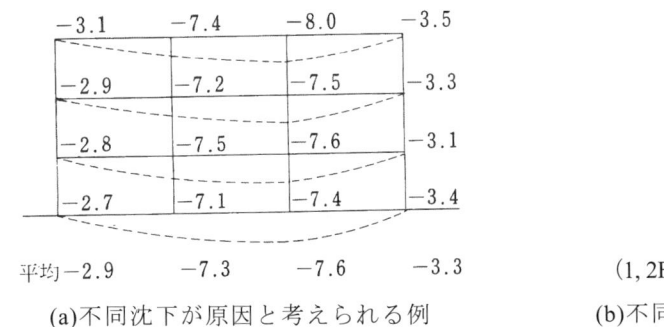
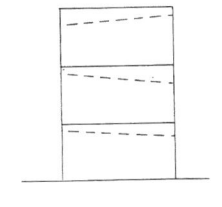

(a)不同沈下が原因と考えられる例

(b)不同沈下以外の原因が考えられる例

図 5.3 不同沈下量

⑹ コンクリート圧縮強度

　構造耐力の測定にて評価したコンクリート圧縮強度平均値が $13.5\,\mathrm{N/mm^2}$ に近い場合、または それより低い場合は、同一階で合計が 6 本以上となるよう新たにコンクリートコアを採取して追加し、その相加平均値を求める。具体的な試験の方法等は構造耐力評価時と同様である。

⑺ 火災による疲弊度

　当該建物が部分的な火災を受け、補修等を行い現在も使用しているような場合に本項目を測定する。

　火災程度は現状について評価するものであるが、被災直後の記録及び構造部材の補強等を行っている場合はこれらの実態を十分配慮してチェックする必要がある。

　なお、被害の最も大きい階の取扱いについては図 5.4 による。

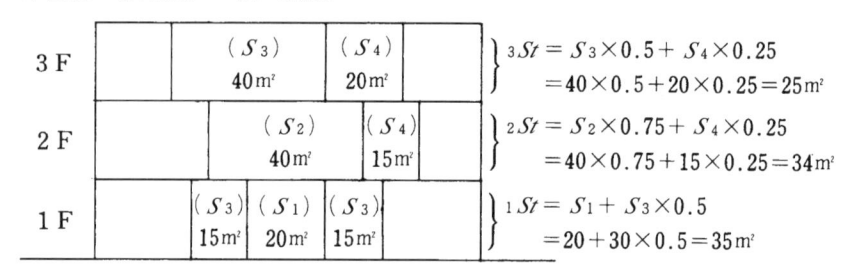

$$_3St = S_3 \times 0.5 + S_4 \times 0.25$$
$$= 40 \times 0.5 + 20 \times 0.25 = 25\,\mathrm{m}^2$$

$$_2St = S_2 \times 0.75 + S_4 \times 0.25$$
$$= 40 \times 0.75 + 15 \times 0.25 = 34\,\mathrm{m}^2$$

$$_1St = S_1 + S_3 \times 0.5$$
$$= 20 + 30 \times 0.5 = 35\,\mathrm{m}^2$$

以上のことから、被害最大の階は1階となる。
$$S = S_t / S_o = 35/100 = 0.35 \to \therefore ㋭ = 0.82$$

図5.4　被災面積の算定

5.2.4　立地条件測定上の留意事項

(1)　地震地域係数

地震地域係数とは建設省告示第1793号（最終改正：平成19年国土交通省告示第597号）第1による地域区分であり、同告示の表における(1)が一種地域、(2)が二種地域、(3)が三種地域、(4)が四種地域となる（表5.3参照）。

表5.3　対応表

耐力度調査票		建設省（国土交通省）告示	
地震地域係数		地方	数値
四種地域	1.0	(4)	0.7
三種地域	0.9	(3)	0.8
二種地域	0.85	(2)	0.9
一種地域	0.8	(1)	1.0

(2)　地盤種別

地盤種別は同じく建設省告示第1793号（最終改正：平成19年国土交通省告示第597号）第2の区分によるが、当該建物の基礎種別により次の2通りの方法に区別して照合する必要がある。ここで、剛強な杭基礎とは、長さ径比の小さい場所打ち鉄筋コンクリート杭その他の建築物本体と一体となって挙動し得るとみなせるものであり、それ以外は「細長い杭基礎」と判断する。

（i）　直接基礎及び細長い杭基礎の場合

　　　基礎下の地盤種別により判断する。

（ii）　剛強な杭基礎の場合

　　　杭先端の地盤種別により判断する。この場合においてはボーリングデータにより確認するものとし、当該柱状図の写しを確認資料として添付する必要がある。なお、建物直

下のボーリングデータが現存しない場合、敷地周辺のボーリングデータから推測し、評価してもよい。

⑶ 敷地条件

当該建物の敷地地盤の条件に基づき決定する。

⑷ 積雪寒冷地域

義務教育諸学校等の施設費の国庫負担等に関する法律施行令第 7 条第 5 項により全国を一級積雪寒冷地域、二級積雪寒冷地域、その他地域の 3 種の区域に分けている（運用細目第1-32）。

1) 「一級積雪寒冷地域」とは、冬期平均気温零下 5 度以下または積雪量 300 月センチメートル以上の地域をいう。

2) 「二級積雪寒冷地域」とは、冬期平均気温零下 5 度から零度までまたは積雪量 100 月センチメートル以上 300 月センチメートル未満の地域をいう。

3) 「その他地域」とは、一級または二級積雪寒冷地域のいずれにも該当しない地域をいう。

⑸ 海岸からの距離

海岸に近い建物は塩風害の影響を受けやすく、その影響度は海岸からの距離に比例するので、調査建物と海岸までの最短直線距離によって 3 段階に分けて評価することになっている。

なお、途中に山などの障害物がある場合においても単純に直線距離をとってよいことになっている。河口と海岸の境界は、国土地理院で定める第一橋梁を海岸線とする方法とは異なり、周辺のごく常識に類推される範囲と河口と海岸の交差点を直線で結んだ線を海岸線とする。

5.2.5 調査票の作成と添付資料

⑴ 調査票

運用細目の別表を使用する。なお、調査票は原則としてインクを用いて記載することとするが、鉛筆で記載した票を複写し調査者が署名捺印する方法も認められる。

また、各階の平面図、断面図については 1/100 程度の縮尺で単線により表示し、柱や耐力壁は他と区別できるような太線等で記載するほか、健全度等の調査位置等所要の事項を記載する。

⑵ 写真

建物の全景及び各項目について、必ずカラー写真撮影を行い確認資料として添付する（表5.4 参照）。写真は調査票に記載するデータと内容が一致する必要がある。また、健全度にあっては写真が立証資料として不可欠なものとなるので、撮影時には必ず測定機器が写るようにし、測定値が判別できるよう心掛ける必要がある。

(3)　その他の資料

　　各測定項目別の添付資料は表5.4により、該当するものについて作成する。

　　なお、これらの資料はその資料に基づいて評点の低減等を行っているときにのみ必要である。

表5.4　添付資料

測定項目			添付書類	写真
構造耐力	保有耐力	水平耐力（旧耐震・耐震診断実施済み）	耐震診断報告書	
		水平耐力（新耐震の建物で構造上問題がある建物）	設計図書、構造計算書	
		水平耐力（旧耐震・耐震診断未実施）	計算書（電算の入出力リスト等）	
		コンクリート圧縮強度（旧耐震・耐震診断実施済み）	耐震診断報告書	
		コンクリート圧縮強度（新耐震）	コンクリートコア試験報告書	○
		コンクリート圧縮強度（旧耐震・耐震診断未実施）	コンクリートコア試験報告書	○
	層間変形角（旧耐震・耐震診断実施済み）		耐震診断報告書	
	層間変形角（新耐震）		設計図書、構造計算書	
	層間変形角（旧耐震・耐震診断未実施）		計算書（電算の入出力リスト等）	
	基礎構造		設計図書、構造計算書 当該地域の液状化マップ ボーリングデータ	
	地震による被災履歴		被災記録	
健全度	経年変化		施設台帳、建物登記簿、確認申請書、学校要覧	
	鉄筋腐食度		測定位置図	○
	コンクリート中性化深さ等及び鉄筋かぶり厚さ	コンクリート中性化深さ等	測定位置図 塩分分析試験報告書	○
		鉄筋かぶり厚さ	測定位置図	○
	躯体の状態		ひび割れ位置図、危険要因図	○
	不同沈下量		沈下量測定結果図	○
	コンクリート圧縮強度		コンクリートコア試験報告書	○
	火災による疲弊度		被災程度別平面図、被災記録	○
立地条件	地震地域係数		施設台帳	
	地盤種別		ボーリングデータ	
	敷地条件		敷地図	
	積雪寒冷地域		施設台帳、気象データ	
	海岸からの距離		地図（1/25,000）	
その他			建物の全景写真	○

第6章　　耐力度調査チェックリスト

耐力度調査チェックリスト

－鉄筋コンクリート造－

都道府県名		設置者名		学校名	

対象建物	棟番号		構造・階数		建築年		面積	

耐力度点数	都道府県確認者の所見		聴取済印
点			
調査者 (市町村)	確認者 (都道府県)	聴取日	年　月　日

※太枠の中は都道府県が記入する。
　□にはレ印を付す。

	設置者記入欄		都道府県記入欄	
	確認	該当なし	確認	該当なし

（第1　一般事項）

1．調査建物

①耐力度調査票の設置者名、学校名、建物区分、棟番号、階数、延べ面積、建築年、経過年数、被災歴及び補修歴は施設台帳等により記載されている。　□　□

②経過年数は、建築年月と調査開始年月を比較し、1年に満たない場合は切り上げている。　□　□

2．調査単位

①調査建物の建築年は同一である。
　NOの場合は、調査票が別葉にされている。

②調査建物は構造的に一体である。
　NOの場合は、別棟と見なし、調査票が別葉にされている。

3．適用範囲

①調査建物は鉄筋コンクリート造または混合構造（Rタイプのみ）もしくは複合構造の鉄筋コンクリート造部分である。
　NOの場合は、鉄骨造部分については鉄骨造の調査票が、木造の部分については木造の調査票が、それぞれ作成されている。

②一般的な長方形型の建物である。
　（特殊建物（レンガ造、シェル、多角形建物　etc）ではない。）
　NOの場合は、専門家の鑑定により耐力度調査が行われている。

4．端数整理

①耐力度調査点数の有効桁数は所定の方法で記入されている。　□　□

5．再調査

①当該建物は、初調査である。
　NOの場合は、調査してから年数が経過したので、経過年数が見直されている。長寿命化改修が行われている場合は、改修時点からの経年変化が評価されている。

	設置者記入欄		都道府県記入欄	
	確認	該当なし	確認	該当なし

６．添付資料

①図面、写真、ボーリングデータ、その他必要資料が報告書に添付されている。　□　□

７．配置図、平面図、断面図

①設計図書、または耐震診断・補強時の設計図書の形状・寸法、用途区分が施設台帳と照合されている。　□　□

８．建物全景写真

①各面が把握できる写真が報告書に添付されている。　□　□

９．構造図

①建築時の設計図書、または耐震診断・補強時の設計図書、あるいは実測により作成されている。　□　□

②建築時の設計図書 (伏図、軸組図、柱・梁リスト)、または耐震診断・補強時の設計図書と実物は、同様である。

　NOの場合は、実測値をもとに構造図が作成されている。

（YES □ NO □　　YES □ NO □）

１０．基本的な考え方

①未測定の項目は、満点評価されている。　□　□

②必ず測定しなければならない項目は全て測定されている。　□　□

１１．調査者

①調査者は１級建築士である。　□　□

(第2　構造耐力)

１．保有耐力

①既に耐震診断が実施されている。

　NOの場合は、新たに耐震診断の手法や保有水平耐力計算の手法に基づく評価が行われているか、水平耐力の点数を満点としている。

（YES □ NO □　　YES □ NO □）

②I_{SX}ならびにI_{SY}は地域係数Zを1.0として算定されている。また、経年指標Tによる割戻しがなされている。　□　□

③q_X、q_Yの値は1.0以下である。　□　□

④コア試験によるコンクリート強度の調査が行われている。

　NOの場合は、耐震診断時に採取したコンクリートコアの試験結果が添付されている。

（YES □ NO □　　YES □ NO □）

⑤各階のq_i値が0.85以上である。

　NOの場合は、層間変形角の評点を0.5としている。

（YES □ NO □　　YES □ NO □）

２．基礎構造・地震による被災履歴

①地中梁が桁行方向と張間方向の両方向に設けられている。

　NOの場合は、0.75を乗じてβの値が算定されている。

（YES □ NO □　　YES □ NO □）

(第3　健全度)

１．経年変化

①長寿命化改良事業未実施の建物である。

　NOの場合は、t_2を用いた式により評価がなされている。

（YES □ NO □　　YES □ NO □）

	設置者記入欄		都道府県記入欄	
	確認	該当なし	確認	該当なし

２．鉄筋腐食度、コンクリート中性化深さ等、鉄筋かぶり厚さ

①各項目の数値、寸法、腐食度を添付の資料等で確認した。 □ □ □ □

②鉄筋腐食度は、写真で確認した。 □ □ □ □

③中性化深さ、かぶり厚さに仕上げ材の厚さ（打放し仕上げの増打ち分）を含めないで測定されている。 □ □ □ □

④中性化深さの各測定点の値は、4.5cm 以下である。 □ □ □ □

⑤かぶり厚さは、3.0cm 未満である。

（YES □　NO □）　（YES □　NO □）

　　NOの場合で、測定値が異常に大きい箇所は、部材の反対側も調査し、いずれか小さい方の値が採用されている。 □← □←

３．躯体の状態・不同沈下量・コンクリート圧縮強度

①構造躯体による D はグレードの最低値を採用している。 □ □ □ □

②モルタルに生じた収縮亀裂ではなく主要構造体のひび割れが測定されている。 □ □ □ □

③クラックスケール等でひび割れの幅が確認されている。 □ □ □ □

④不同沈下の測定は、省略している。

（YES □　NO □）　（YES □　NO □）

　　NOの場合は、ひび割れと不同沈下の関連性、進行の恐れの有無について確認されている。 □← □←

⑤同一階で6本以上のコンクリートコア試験結果の平均値が採用されている。 □ □ □ □

４．火災による疲弊度

①火災による疲弊度は、満点評価されている。

（YES □　NO □）　（YES □　NO □）

　　NOの場合は、被災の程度が記入されている。（被災率 S：　　　　） □← □←

（第4　立地条件）

１．地震地域係数

①地震地域係数は、建設省告示第 1793 号（最終改正：平成 19 年国土交通省告示第 597 号）第1と整合がとれている。 □ □

２．地盤種別

①地盤種別は、基礎下の地盤を対象に建設省告示第 1793 号（最終改正：平成 19 年国土交通省告示第 597 号）第2に基づいて区分している。 □ □

３．敷地条件

①崖地に該当しない。

（YES □　NO □）　（YES □　NO □）

　　NOの場合は、崖地の定義「地表面が水平面に対し 30 度を超える角度をなす土地」に該当することを、敷地図あるいは実測により確認している。 □← □←

４．積雪寒冷地域

①積雪寒冷地域は、義務教育諸学校等の施設費の国庫負担等に関する法律施行令第 7 条第 5 項の規定に基づいている。 □ □

５．海岸からの距離

①海岸線までの距離は、地図で確認されている。 □ □

第7章　　耐力度簡略調査票

本耐力度簡略調査は、下記の条件を全て満たす場合に限り使用することができる。

・耐震診断が実施されておらず、診断結果を利用した耐力度調査ができない。

・延べ床面積が $200\,\mathrm{m}^2$ 未満の小規模建物である。

鉄筋コンクリート造の建物の耐力度簡略調査票

（表面）

I 調査学校	都道府県名	設置者名	学 校 名	学校調査番号	調 査 期 間	平成　年　月　日〜平成　年　日		III　結　果　点　数	
					調査者	職　名　　一級建築士登録番号　　　氏　名　　　㊞	Ⓐ	構 造 耐 力	耐 力 度
					予備調査者	会社名　　一級建築士登録番号　　　氏　名　　　㊞		点	Ⓐ×Ⓑ×Ⓒ
							Ⓑ	健 全 度	

II 調査建物	建 物 区 分	棟 番 号	階　数	面積		建物の経過年数				被 災 歴		補 修 歴				点	
			＋	一階面積　㎡	建築年月	年月	長寿命化年月	年月	種 類	被災年	内 容	補修年			Ⓒ	立 地 条 件
				延べ面積　㎡	経過年数	年	経過年数	年		年		年				点

立地条件	四 種 地 域	1.0	一 種 地 盤	1.0	平 坦 地	1.0	その他地域	1.0	海岸から8kmを超える	1.0	Ⓒ= $\dfrac{①+②+③+④+⑤}{5}$	
	三 種 地 域	0.9	二 種 地 盤	0.9	崖 地	0.9	二級積雪寒冷地域	0.9	海岸から8km以内	0.9	= $\dfrac{＋　＋　＋　＋}{5}$	Ⓒ
	二 種 地 域	0.85			支持地盤が著しく傾斜した敷地	0.9						
	一 種 地 域	0.8	三 種 地 盤	0.8	局所的な高台	0.9	一級積雪寒冷地域	0.8	海岸から5km以内	0.8	=	

学 校 名	

調 査 者 の 意 見

1. 調査建物の各階の平面図、断面図を単線で図示し、耐力壁は他の壁と区別できるような太線とする。

2. 寸法線と寸法（単位メートル）を記入する。

3. 平面図に、鉄筋腐食度の測定位置を記入する。

4. 余白に縮尺、建築年、延べ面積を記入する。

鉄筋コンクリート造の建物の耐力度簡略調査票

（表面）

	V 整理番号		
IV 学校種別	III 結 果	点 数	耐 力 度
	Ⓐ 構 造 耐 力	点	Ⓐ×Ⓑ×Ⓒ
	Ⓑ 健 全 度	点 度	
	Ⓒ 立 地 条 件	点	点

I 調査学校

都道府県名		
学 校 名		
設 置 者 名		
学 校 調査番号		

II 調査建物

棟 番 号		
階 数	+	
建物区分		

調査期間　平成　　年　　月　　日 ～ 平成　　年　　月　　日

調査者	職 名	氏 名	印
	一級建築士登録番号		
予備調査者	会社名	氏 名	印
	一級建築士登録番号		

面積

	建築	長寿命
一階面積	m² 年月	年化年月
延べ面積	m² 経過	年経過年数

建物の経過年数　　年

被災歴

種 類	被 災	補 修
被 災 年	被災年	補修年
		内 容 補 修 年

Ⓐ 構造耐力

① 保有耐力

階	方 向	判 別 式		評 点
(a) 水平耐力 q	桁行方向 X	$q = q_x \times q_y$	$1.0 \leq q$ … 1.0	⑦
	張間方向 Y		$0.5 < q < 1.0$ … 直線補間	
			$q \leq 0.5$ … 0.3	

構造耐震指標 Is　　$qi = \dfrac{Isi}{0.9}$

(b) コンクリート圧縮強度 k	設計図書有り	判 別 式		評 点
	Fc = N/mm²	$k = Fc/20$	$1.0 \leq k$ … 1.0	①
	設計図書無し		$0.5 < k < 1.0$ … 直線補間	
	Fc = N/mm²		$k \leq 0.5$ … 0.5	

設計基準強度　N/mm²

⑦（⑦×70）点　　$\left(\begin{array}{c}⑦\\ \times\\ ①\end{array}\right)$ （0.3以下は、0.3とする）

② 基礎構造 β

	木 杭	RC杭・ベデスタル杭	直接基礎・その他杭・不明	評 価
	0.8	0.9	1.0	⑦（⑦×30）点

③ 地震災害による被災履歴 E

過去に経験した最大の被災度

軽微	小破	中破	大破	無被害・被災無し	評 価
1.0	1.0	0.95	0.9	1.0	⑤ 点

評点合計

⑦＝(①＋⑦)　点

Ⓐ＝(⑦×⑤)点

Ⓐ ☐ 点

Ⓑ 健全度

① 経年変化 T

判別式（建築時からの経過年数）　$T = (40 - t)/40 =$

経過年数 t　　年　$a = 0.37\sqrt{t} =$

判別式（長寿命化改良後の経過年数）　$T = (30 - t_2)/40 =$

経過年数 t_2　　年

	部 位	各部位のランク値の最大	判 別 式		評 価
② 鉄筋腐食度 F	柱・梁			1　2　3 … 評 価	⑦
	壁			1.0　0.75　0.5	
	床				

	部 位	各部位のランク値の最大	判 別 式		評 価
③ コンクリート中性化深さ a	柱・梁		$a \leq 1.5cm$ … 1.0		⑦
	壁		$1.5cm < a < 3cm$ … 直線補間		
	床		$3cm \leq a$ … 0.5		

	部 位	各部位のランク値の最大	判 別 式		評 価
④ 躯体の状態 D	内・外 壁		1　2　3 … 評 価		⑤
			1.0　0.75　0.5		

	部 位	各部位のランク値の最大	判 別 式		評 価
⑤ 不同沈下量 φ	基礎梁及び基礎立上り		1　2　3 … 評 価		⑦
			1.0　0.75　0.5		

⑥ 火災による被害 S

程 度	構造体 変質 S₁	非構造材 全焼 S₂	非構造材 半焼 S₃	煙害程度 S₄	被災率 S $S = S_t/S_0$	判 別 式	評 価
被災床面積 S₁					当該階の床面積 S₀	$S = 0$ … 1.0	⑦
評価後被災面積 Sₜ	$S_t = S_1 + S_2 \times 0.75 + S_3 \times 0.5 + S_4 \times 0.25 =$					$0 < S < 1$ … 直線補間	
						$S = 1$ … 0.5	

評点合計

⑦＝(⑦＋⑦＋⑦＋⑦＋⑤＋⑦)　点

Ⓑ＝(ⓒ×⑦)点

Ⓑ ☐ 点

Ⓒ 立地条件

① 地震地域係数		② 地盤種別		③ 敷地条件		④ 積雪寒冷地域		⑤ 海岸からの距離	
四種地域	1.0	一種地盤	1.0	平 坦 地	1.0	その他地域	1.0	海岸から8kmを超える乙	1.0
三種地域	0.9	二種地盤	0.9	崖 地	0.9	二級積雪寒冷地域	0.9	海岸から8km以内	0.9
二種地域	0.85	三種地盤	0.8	支持地盤が著しく傾斜した敷地	0.9	一級積雪寒冷地域	0.8	海岸から5km以内	0.8
一種地域	0.8			局所的な高台	0.9				

評 点

Ⓒ＝$\dfrac{①+②+③+④+⑤}{5}$ = $\dfrac{+　+　+　+　+}{5}$ =

Ⓒ ☐

（裏面）

学 校 名

調 査 者 の 意 見

学 校 名

調 査 者 の 意 見

1. 調査建物の各階の平面図、断面図を詳細で図示し、耐力壁は他の壁と区別できるような太線とする。

2. 寸法線と寸法（単位メートル）を記入する。

3. 平面図に、鉄筋緩食度の測定位置を記入する。

4. 余白に縮尺、建築年、延べ面積を記入する。

第 8 章　　耐力度簡略調査票付属説明書

8.1　測 定 方 法

　耐力度簡略調査は、「第 7 章　耐力度簡略調査票」によることとし、その実施に当たっては次頁以降の事項に留意する。また、次頁以降の留意事項以外については、原則として「第 3 章　耐力度調査票付属説明書」によるものとする。

8.2 構 造 耐 力

ア 水平耐力

RC 診断基準の第 1 次診断法の手法により構造耐震指標 I_S を算定し、各方向の q_i を下式によって計算する。原則として両方向の q_i を計算するが、張間方向で教室間に耐震壁が規則的に配置されているなど、壁量が多く明らかに $q_i = 1.0$ 以上と考えられる場合は、当該方向の計算を行わず $q_i = 1.0$ とすることができる。なお、第 2 次診断を実施している場合は、通常の耐力度測定方法を基に計算を行う。

$$q_i = \frac{I_{Si}}{0.9}$$

ただし、q_i が 1.0 以上の場合は、1.0 とする。

I_{Si}：X または Y 方向について RC 診断基準の第 1 次診断法により算定された I_S 指標で、経年指標を $T = 1.0$ として計算した値とする。

イ コンクリート圧縮強度

設計図書の値を採用して評価する。設計図書がない場合は、表 1 に示す建設年代によることができる。なお、I_S の算定時にコンクリート圧縮強度を考慮する場合には $k = 1.0$ とする。

表 1　建築年による設計基準強度 (F_c) の推定値

	建 物 建 築 年			
	～昭和 26 年	昭和 27～29 年	昭和 30～39 年	昭和 40 年～
F_c の推定値 (N/mm^2)	14	15	18	21

ウ 基礎構造

地業種別のみの評価とする。

木杭基礎	0.8
RC 杭・ペデスタル杭基礎	0.9
直接基礎・その他杭・不明	1.0

8.3　健　全　度

ア　鉄筋腐食度：F

　コンクリート表面の状況で測定し、各部位のうちの最低ランク（ランク値の最大）により評価する。

ランク1：特に問題ない。	1.0
ランク2：さび汁が見られる。	0.75
ランク3：鉄筋が露出しているか、膨張性発錆している。	0.5

　　　　　　　　　測定箇所：柱、梁、壁、床

イ　コンクリート中性化深さ：a

　理論式（$a = 0.37\sqrt{t}$）を採用し、コンクリート中性化深さのみの評価とする。なお、tは建築時からの経過年数とする。

$$a \leqq 1.5\,\text{cm}\cdots\cdots\cdots 1.0$$

$$1.5\,\text{cm} < a < 3\ \ \text{cm}\cdots\cdots\cdots\text{直線補間}$$

$$3\ \ \text{cm} \leqq a\qquad\cdots\cdots\cdots 0.5$$

ウ　躯体の状態：D

　躯体の状態のランクを簡略化し、各部位のうちの最低ランク（ランク値の最大）により評価する。

ランク1：ひび割れ、ジャンカがほとんど認められない。	1.0
ランク2：1 mm 未満のクラックがあるか、 　　　　　部分的なジャンカが認められる。	0.75
ランク3：1 mm 以上のクラックがあるか、 　　　　　表面積 30 cm 角程度のジャンカが認められる。	0.5

　　　　　　　　　測定箇所：柱・梁、壁、床

エ　不同沈下量：ϕ

　内外壁等のひび割れ状況を測定し、各部位のうちの最低ランク（ランク値の最大）により評価する。

ランク1：不同沈下によるひび割れがほとんど認められない。	1.0
ランク2：不同沈下によるヘアークラックがかなりあるか、 　　　　　1 mm 未満のクラックが認められる。	0.75
ランク3：1 mm 以上のクラックが認められる。	0.5

　　　　　　　　　測定箇所：内・外壁、基礎梁、基礎立上がり

第9章　耐力度簡略調査チェックリスト

耐力度簡略調査チェックリスト

－鉄筋コンクリート造－

都道府県名		設置者名		学校名	
対象建物	棟番号		構造・階数		建築年		面積	

耐力度点数	都道府県確認者の所見		聴取済印
点			
調査者 (市町村)	確認者 (都道府県)	聴取日	年　　月　　日

※太枠の中は都道府県が記入する。
　□にはレ印を付す。

設置者記入欄　　都道府県記入欄
確認　該当なし　確認　該当なし

（第1　一般事項）
1．適用範囲
①本調査を行う場合は、当該建物が以下の条件を全て満たすことが確認
　されている。
　・耐震診断が実施されておらず、診断結果を利用した耐力度調査がで
　　きない。
　・延床面積が 200 ㎡未満の小規模建物である。　　　□　　　　□
②耐力度簡略調査票説明書に記載されていない項目については、耐力度
　調査説明書によっている。　　　□　　　　□

（第2　構造耐力・健全度）
1．構造耐力
①水平耐力の計算のうち、張間方向は教室間に耐震壁が規則的に配置さ
　れているため、明らかに q＝1.0 以上になる。
　　NOの場合は、張間方向の計算をしている。
②経年指標Tを 1.0 として算定されている。
③コンクリート圧縮強度の評価は、設計図書の値が採用されている。
　　NOの場合は、耐力度簡略調査票説明書の表1の推定値を採用してい
　　る。
④基礎構造は地業種別により評価されている。
2．健全度
①鉄筋腐食度は、柱・梁、壁、床のコンクリート表面の状況により評価
　されている。
②コンクリート中性化深さは、理論式（$a=0.37\sqrt{t}$）で評価されている。
③躯体の状態は、柱・梁、壁、床の状況により評価されている。
④不同沈下は、内・外壁、基礎梁・基礎立上がりのひび割れ状況により
　評価されている。

第10章　　耐力度測定報告書作成例

10.1　例1　〔3階建て校舎〕

本例の要旨

　本建物はRC造3階建て、片廊下式の校舎である。

　昭和46年に竣工した建物で、鉄骨ブレースとRC補強壁を配置する耐震改修工事が実施された経緯がある。このため、耐力度測定に際しては、構造耐力の部分は耐震改修後の耐震診断結果に基づき評価した。

　健全度の部分は例題として、耐力度測定に必要な現地調査をシミュレートして作成している。

【編集部注】

　本例題は、モデル建物を例題として模擬的に耐力度測定報告書に整理したものであり、特定の建物について評価したものではありません。

別表第1
（表面）

鉄筋コンクリート造の建物の耐力度調査票

	IV 学 校 種 別	V 整理番号
	小学校	○○
	III　結　果　点　数	

I 調査学校	都道府県名	設置者名	学校名	学校調査番号	調査期間	平成 ** 年 ** 月 ** 日 ～ 平成 ** 年 ** 月 ** 日					
	○○県	○○市	○○小学校	○○○○	調査者	職　名 一級建築士登録番号 ○○	氏　名 ○○ ㊞	Ⓐ 構 造 耐 力 **94** 点		耐力度 Ⓐ×Ⓑ×Ⓒ	
					予備調査者	会社名 一級建築士登録番号 ○○	氏　名 ○○ ㊞	Ⓑ 健 全 度 **50** 点		**4324** 点	

II 調査建物	建物区分	棟番号	階　数	面　積	建物の経過年数		被　災　歴		補　修　歴		Ⓒ 立 地 条 件
	校舎	○-○	3＋0	一階面積 1,319 m² 延べ面積 3,653 m²	建築年月 昭和46年 3月 経過年数 47年	長寿命化年月 年 月 経過年数 年	種類 なし	被災年 年	内　容 なし	補修年 年	**0.92** 点

Ⓐ 構造耐力

				階	方向	構造耐震指標 Is	経年指標 T	$qi = \dfrac{(Is/T)}{0.7}$	鉄骨定着部の係数 $_r\alpha$	$q = q_X \times q_Y \times_r\alpha$	判　別　式		評　点			評点合計
①	保有耐力 q	(a) 水平耐力 q		2	桁行方向 X	0.73	0.98	1.06	該当なし	1.0×1.0×1.0 =1.0	1.0≦q	1.0	㋐ 1.0	㋑ ㋐×㋑	㋒ (㋒×50) 50.0 点	㋩=(㋒+㋑+㋺)
					張間方向 Y	1.27	0.98	1.85	（　）註		0.5<q<1.0 直線補間					
											q≦0.5	0.3				
		(b) コンクリート圧縮強度 k	試験区分	壁・梁 1	壁・梁 2	壁・梁 3	平均値 Fc	k=Fc/20	判　別　式		㋑ 1.0	(0.3以下は0.3とする)	**94.0** 点			
			コア試験	21.2	24.0	17.5 ※4本目 14.4	19.3 ※4本の平均	診断時に考慮 k=1.0	1.0≦k 1.0							
									0.5<k<1.0 直線補間							
									k≦0.5 0.5							
②	層間変形角 θ		階	方向	構造耐震指標 Is	靱性指標 Fu	$Fr=Fu\times\dfrac{0.7}{(Is/T)}$	θ	θの最大値	判　別　式	評　点			Ⓐ=(㋩×㋥)		
			2	桁行方向 X	0.73	1.00	0.94	1/250	1/250	θ≦1/200 1.0	㋥ 1.0	㋦ (㋥×20) 20.0 点		**94** 点	
			1	張間方向 Y	1.24	1.00	0.55	1/250		1/200<θ<1/120 直線補間 1/120≦θ 0.5					
③	基礎構造 β	種別指数 u		基礎の被害予測に関する指数 p		β=u×p	判　別　式	評　点								
		木　杭 0.8	敷地地盤で液状化が予想される	(0.8)	1.0×0.8 =0.8	1.0≦β 1.0	㋨ 0.8	㋩ (㋨×30) 24.0 点								
		RC杭 0.9	杭基礎でアスペクト比が2.5以上の建物	0.9		0.5<β<1.0 直線補間										
		その他 (1.0)	上記に該当しない場合	1.0	□地中梁による低減註	β≦0.5 0.5										
④	地震による被災履歴 E	過去に経験した最大の被災度				無被害・被災なし	評　価		評　点							
		軽微 1.0	小破 1.0	中破 0.95	大破 1.0		1.0		1.0							

註）鉄筋コンクリート造架構の上に鉄骨屋根を載せた屋内運動場（Rタイプ）では、鉄骨屋根のRC定着部について検討する。①保有耐力の「鉄骨定着部の係数_rα」欄には検討結果の比を、
　（　）内は最小値、又は、平均値を記載して、係数_rαの算出根拠を示すこと。
註）屋内運動場で、β算出時に一方向地中梁による低減係数0.75を考慮した場合には、「□ 地中梁による低減」にチェックすること。

Ⓑ 健全度

			経過年数 t	判別式（建築時からの経過年数）	経過年数 t_2	判別式（長寿命化改良後の経過年数）			評　点		評点合計
①	経年変化 T		47 年	T=(40-t)/40＝0	年	$T=(30-t_2)/30＝$			㋐ 0.0	㋑ (㋐×25) 0.0 点	
②	鉄筋腐食度 F	鉄筋腐食状況	柱 大部分が赤さびに覆われている		梁 大部分が赤さびに覆われている		グレード最低値 F		㋒	㋓ (㋒×25)	㋓=(㋑+㋓+㋕+㋗+㋩+㋭)
		グレード	1.0 (0.8) 0.5		1.0 (0.8) 0.5		0.8		0.8	20.0 点	
		躯体膨張亀裂、さびの溶け出し	柱 殆ど認められない	梁 殆ど認められない	壁 殆ど認められない	床 殆ど認められない					
		グレード	(1.0) 0.8 0.5	(1.0) 0.8 0.5	(1.0) 0.8 0.5	(1.0) 0.8 0.5					
③	コンクリート中性化深さ等及び鉄筋かぶり厚さ	(a) コンクリート中性化深さ等 a	部位 柱1	梁1	柱2(壁1)	梁2(壁2)	平均値 a	判　別　式	評　点		
		中性化深さ	2.4	1.8	3.6	4.5	3.08 （　）註	a≦1.5cm 1.0 1.5cm<a<3cm 直線補間 3cm≦a 0.5	㋕ 0.5	㋖ (㋕×10) 5.0 点	
		(b) 鉄筋かぶり厚さ b	部位 柱頭	柱脚	梁1	梁2	平均値 b	判　別　式	評　点		
		かぶり厚さ	1.6	2.2	0.9	1.2	1.48	3cm≦b 1.0 1.5cm<b<3cm 直線補間 b≦1.5cm 0.5	㋖ 0.5	㋗ (㋖×10) 5.0 点	**50.0** 点
④	躯体の状態 D	部位	柱	梁	壁	床	グレード最低値 D		評　点		Ⓑ=(㋑×㋓×㋭)
		状況	殆ど認められない	ひび割れ1.0mm以上が部分的にある	ひび割れ1.0mm以上が部分的にある	殆ど認められない	0.5		㋘ 0.5	㋙ (㋘×20) 10.0 点	
		グレード	(1.0) 0.8 0.5	1.0 0.8 (0.5)	1.0 0.8 (0.5)	(1.0) 0.8 0.5					
⑤	不同沈下量 φ	相対沈下量 ε スパン L φ = ε /L	階	桁行方向 X	張間方向 Y	桁行方向 X	張間方向 Y	φの最大値	判　別　式	評　点	
		省略		— —	— —	—	—		φ≦1/500 1.0 1/500<φ<1/200 直線補間 1/200≦φ 0.5	㋚ 1.0	㋛ (㋚×10) 10.0 点	Ⓑ=(㋙×㋛×㋝)
⑥	コンクリート圧縮強度 k	*同一階6本以上のコア圧縮強度の平均値が13.5N/mm²以下の場合に適用	階	壁・梁1	壁・梁2	壁・梁3	壁・梁4	壁・梁5	壁・梁6	平均値 σ	判別式	評点	
		該当なし	—	—	—	—	—	—		13.5≦σ 1.0 10<σ<13.5 直線補間 σ≦10 0.5	㋜ 1.0		**50** 点
⑦	火災による疲弊度 S	程度	構造体変質	非構造材全焼	非構造材半焼	煙害程度	当該階の床面積 S₀	被災率S S = S₁/S₀	判　別　式	評　点	
		被災床面積	S_1	S_2	S_3	S_4	0	S=0 1.0	㋭ 1.0		
		評価後被災面積 S_1	$S_1=S_1+S_2\times0.75+S_3\times0.5+S_4\times0.25＝$				0	0<S<1 直線補間 S=1 0.5			

註）材料試験により使用骨材の塩化物量が0.1%を超えることを確認した場合、③中性化深さの「平均値a」欄の（　）内に塩化物量を記入する。
　　この場合、(オ)の評点は中性化試験結果によらず0.5に読替える。

Ⓒ 立地条件

	① 地震地域係数	② 地盤種別	③ 敷地条件	④ 積雪寒冷地域	⑤ 海岸からの距離	評　価	評点
	四種地域 1.0	一種地盤 1.0	平坦地 (1.0)	その他地域 (1.0)	海岸から8kmを超える 1.0	Ⓒ= (①+②+③+④+⑤)/5	
	三種地域 0.9	二種地盤 (0.9)	崖　地 0.9	二級積雪寒冷地域 0.9	海岸から8km以内 (0.9)	= (0.8＋0.9＋1.0＋1.0＋0.9)/5	**0.92**
	二種地域 0.85		支持地盤が著しく傾斜した敷地 0.9				
	一種地域 (0.8)	三種地盤 0.8	局所的な高台 0.9	一級積雪寒冷地域 0.8	海岸から5km以内 0.8	= 0.92	

学 校 名	○○小学校　○－○号棟
	調　査　者　の　意　見

（裏面）

1．調査建物の各階の平面図、断面図を単線で図示し、耐力壁は他の壁と区別できるような太線とする。

2．寸法線と寸法（単位メートル）を記入する。

3．平面図に、コンクリート中性化深さ、鉄筋かぶり厚さ、鉄筋腐食度、ひび割れ等の測定位置を記入する。

4．余白に縮尺、建築年、延べ面積を記入する。

構造耐力は割合優れているが、老朽化の目立つ建物である。

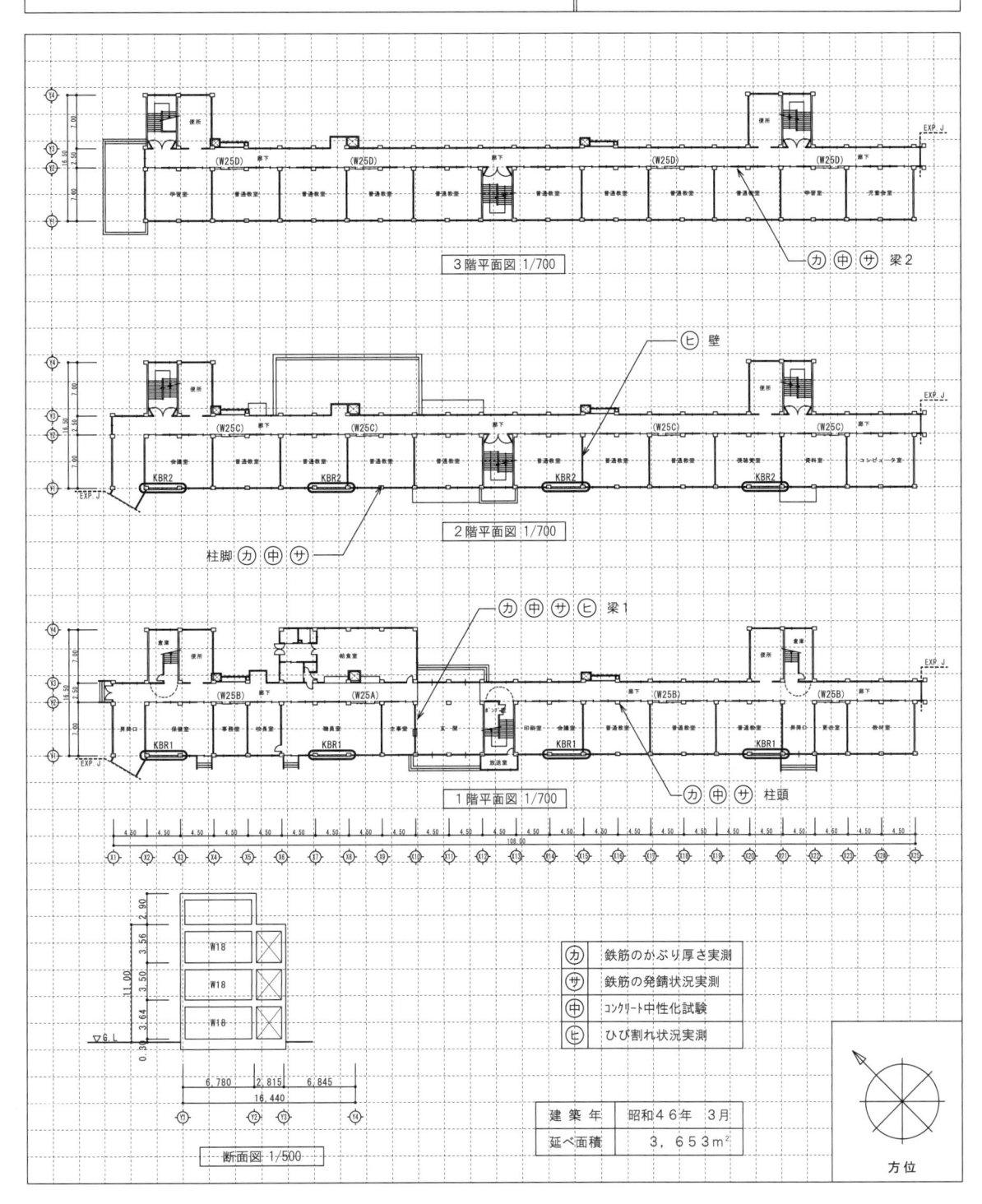

	(カ)	鉄筋のかぶり厚さ実測
	(サ)	鉄筋の発錆状況実測
	(中)	コンクリート中性化試験
	(ヒ)	ひび割れ状況実測

建 築 年	昭和46年　3月
延べ面積	3,653m²

方位

10.1.1　建物概要

10.1.1.1　一般事項

　RC 造 3 階建て、片廊下型の一般的な校舎である。桁行方向の 1～3 階に RC 補強壁及び枠付き鉄骨ブレースによる耐震改修工事が行われている。

調　査　名　称		○○市立○○小学校　耐力度調査業務
建　物　名　称		○─○号棟
所　　在　　地		○○市○○区○○町○丁目○番○号
建　　築　　年		昭和 46 年 3 月
構　　　　　造		鉄筋コンクリート造
基　　　　　礎		杭基礎 PC 杭（400 φ）　長期支持力：37 t/本
規模	階　　数	3 ＋ 0
	軒　　高	11.00 m
	基 準 階 高 さ	3.50 m
	塔屋階床面積	63 m^2
	5 階　〃	―
	4 階　〃	―
	3 階　〃	1,126.2 m^2
	2 階　〃	1,178.6 m^2
	1 階　〃	1,285.2 m^2
	延 床 面 積	3,653.0 m^2
被災の有無／補修歴		無し／平成＊＊年度耐震補強 　　＊ RC 補強壁増設　　　　計 12 か所 　　＊枠付き鉄骨ブレース増設　計 8 か所
設計図書の有無		有り
地盤種別		第二種地盤

　※ 階数凡例：地上階数 ＋ 地下階数

10.1.1.2　施設台帳

　公立学校施設の総括表、棟別面積表を添付する（例題では省略）。

10.1.1.3 建物配置図

建物配置図は施設台帳の「施設配置図」を添付することでよい。

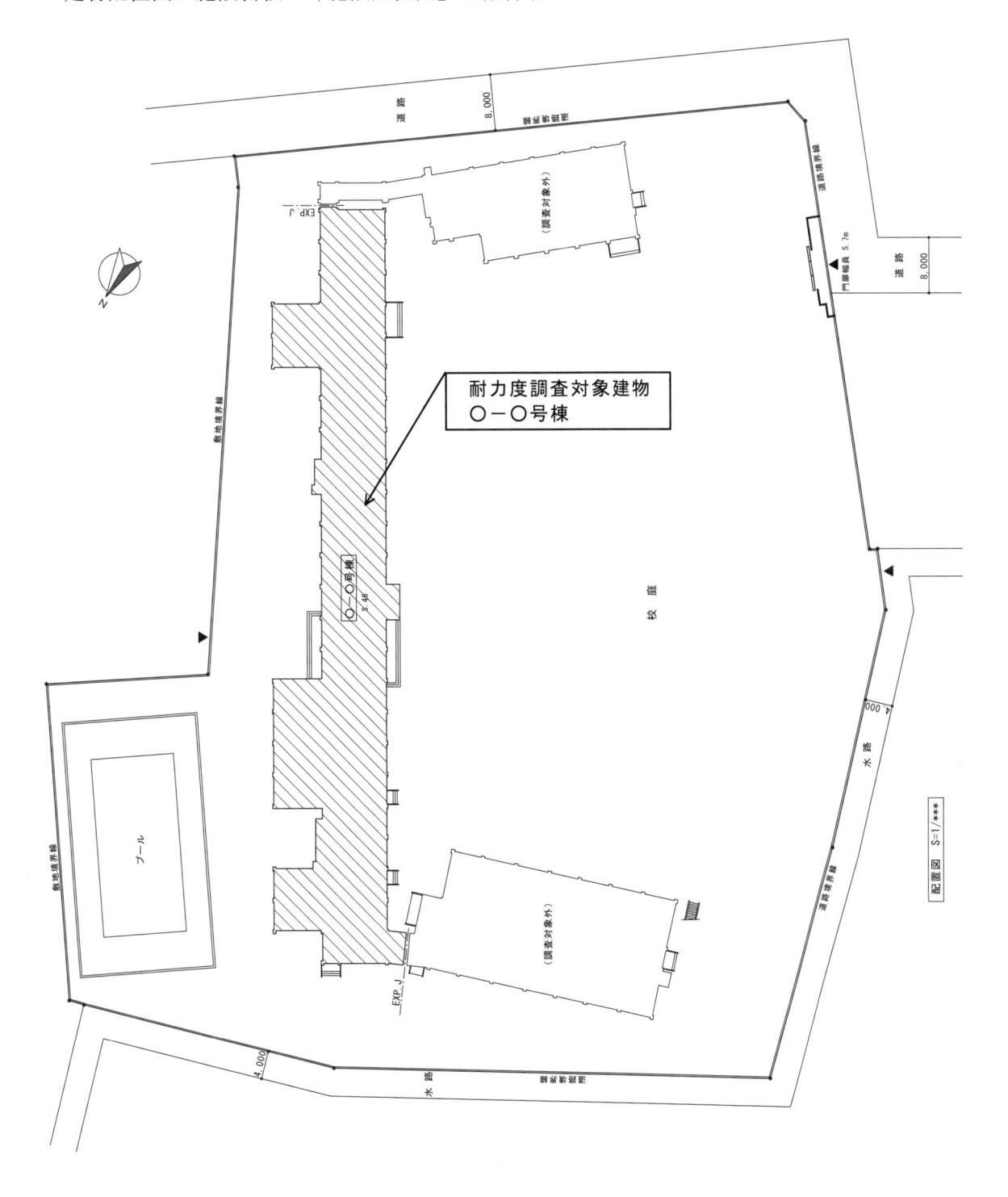

耐力度調査対象建物
○－○号棟

10.1.1.4　建物写真

建物の外観・内観写真を添付する（例題では内観写真のみを添付している）。

内観（教室）

内観（廊下）

内観（昇降口）

10.1.1.5 平面図、伏図、軸組図、各リスト

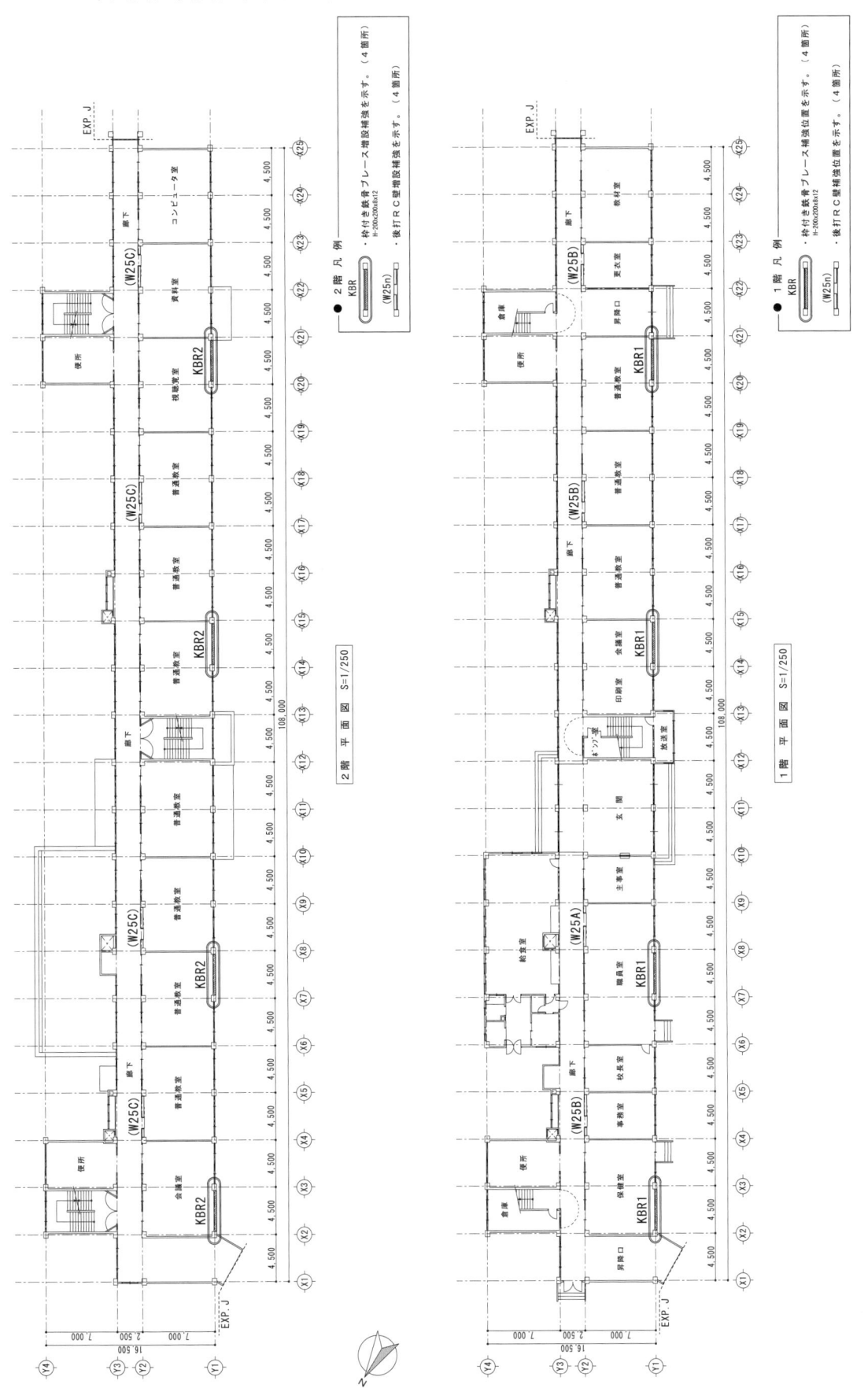

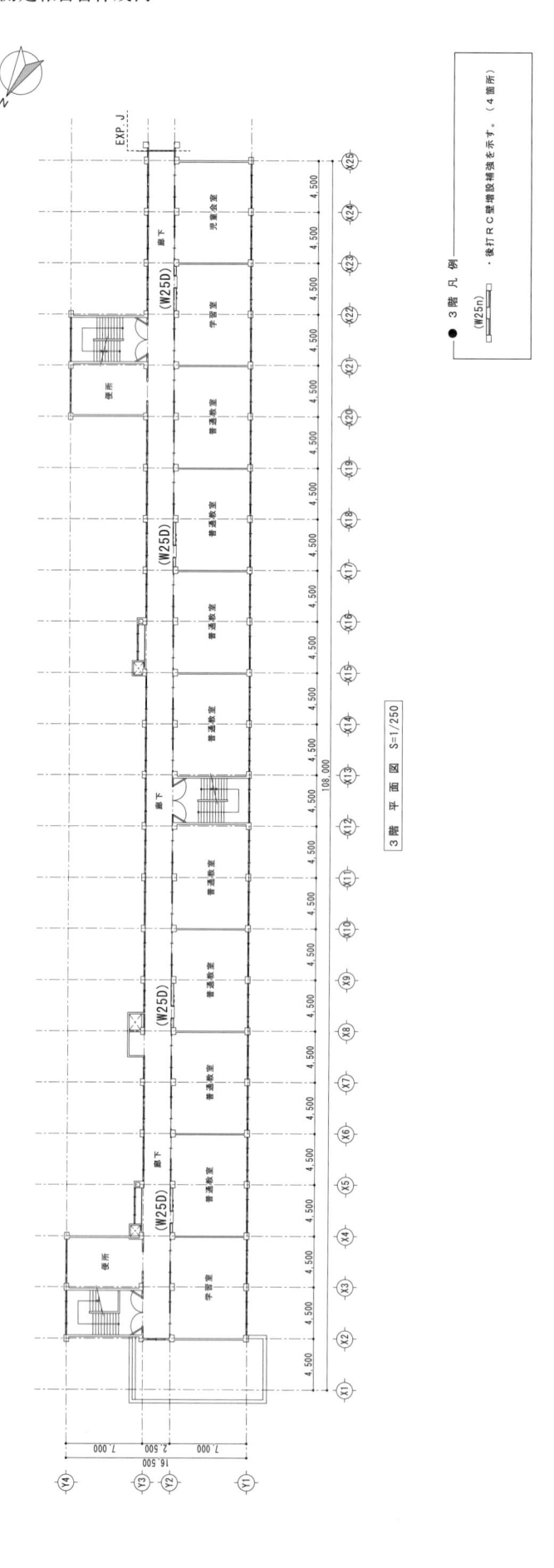

3 階 平 面 図　S=1/250

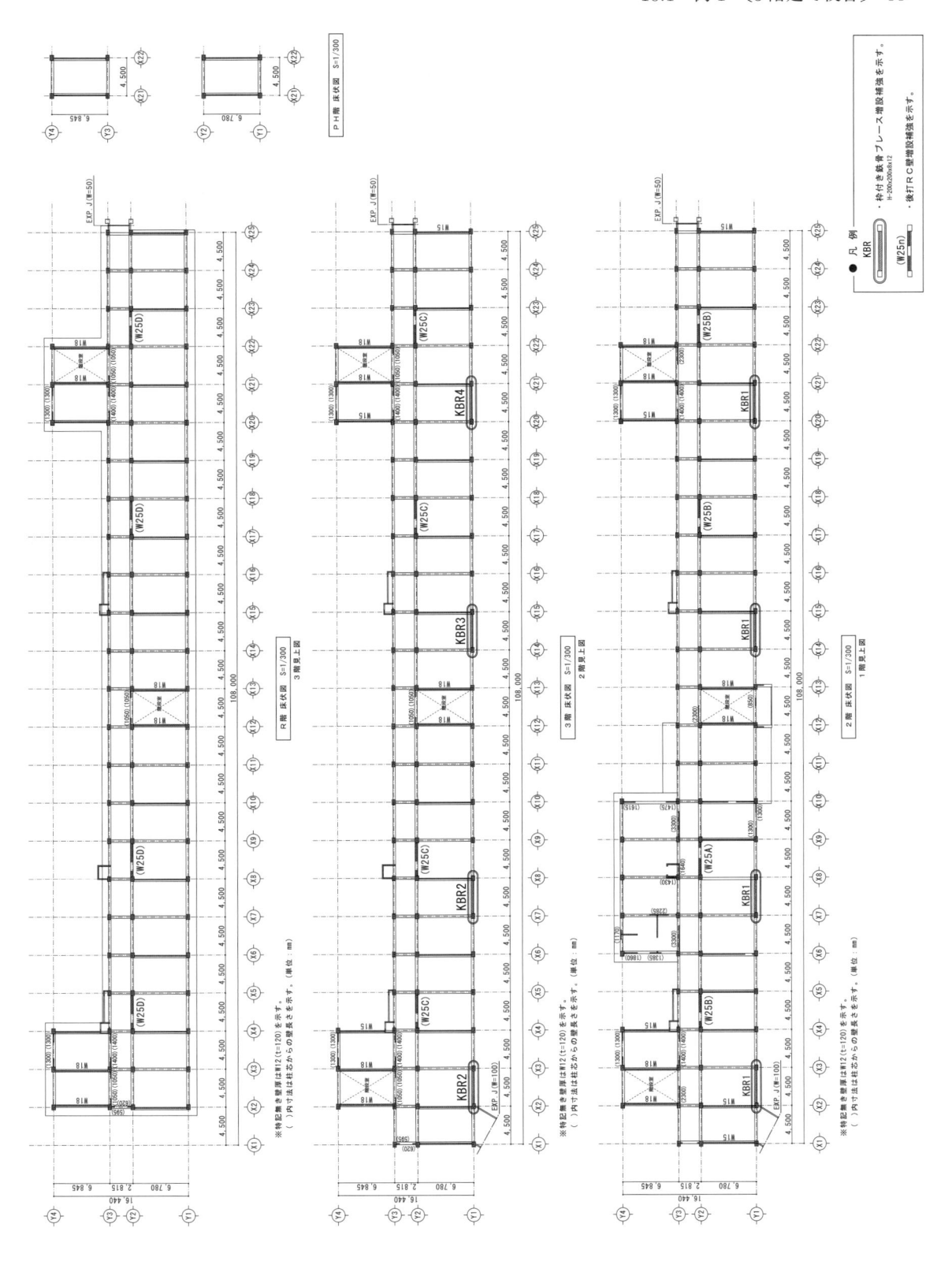

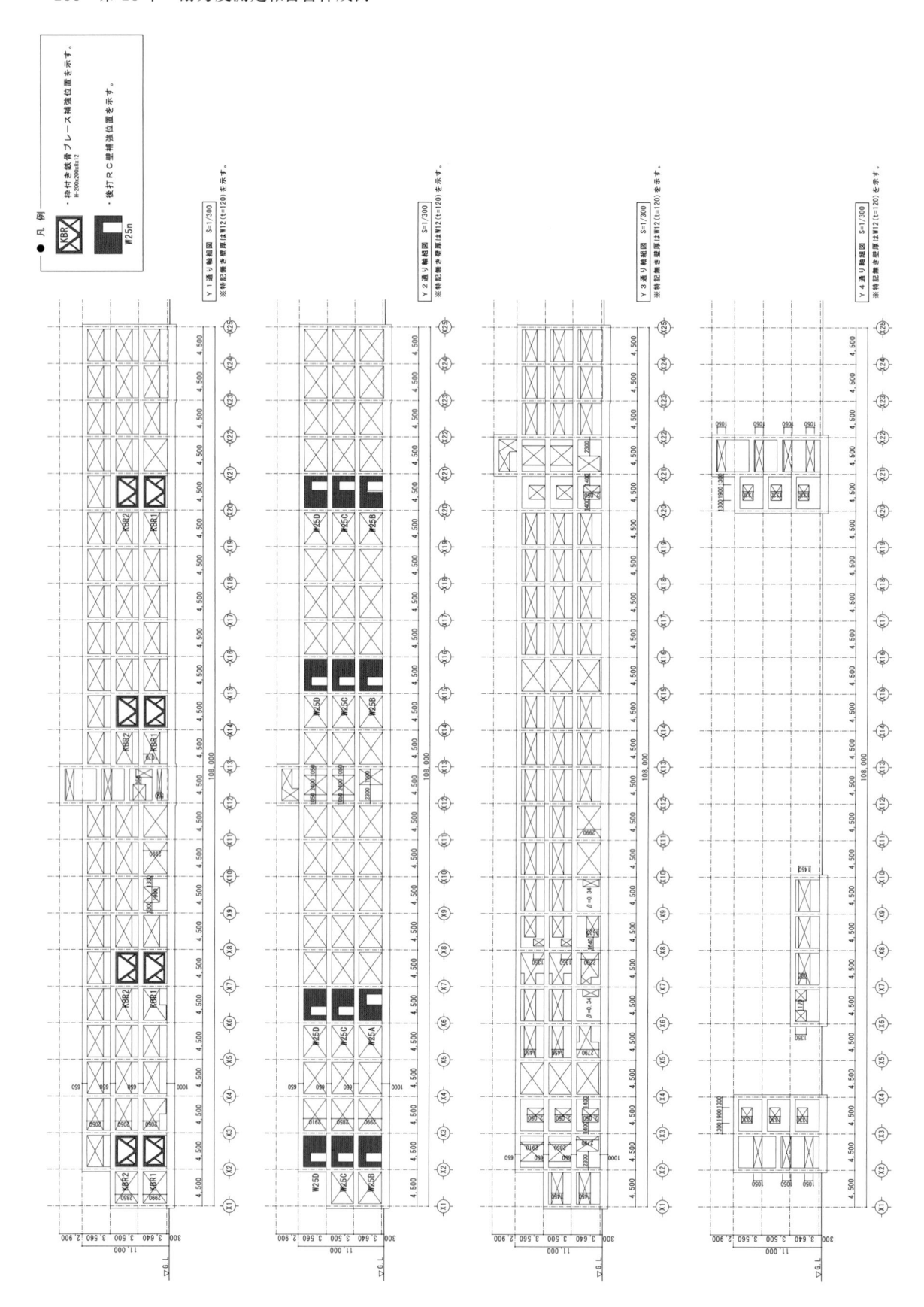

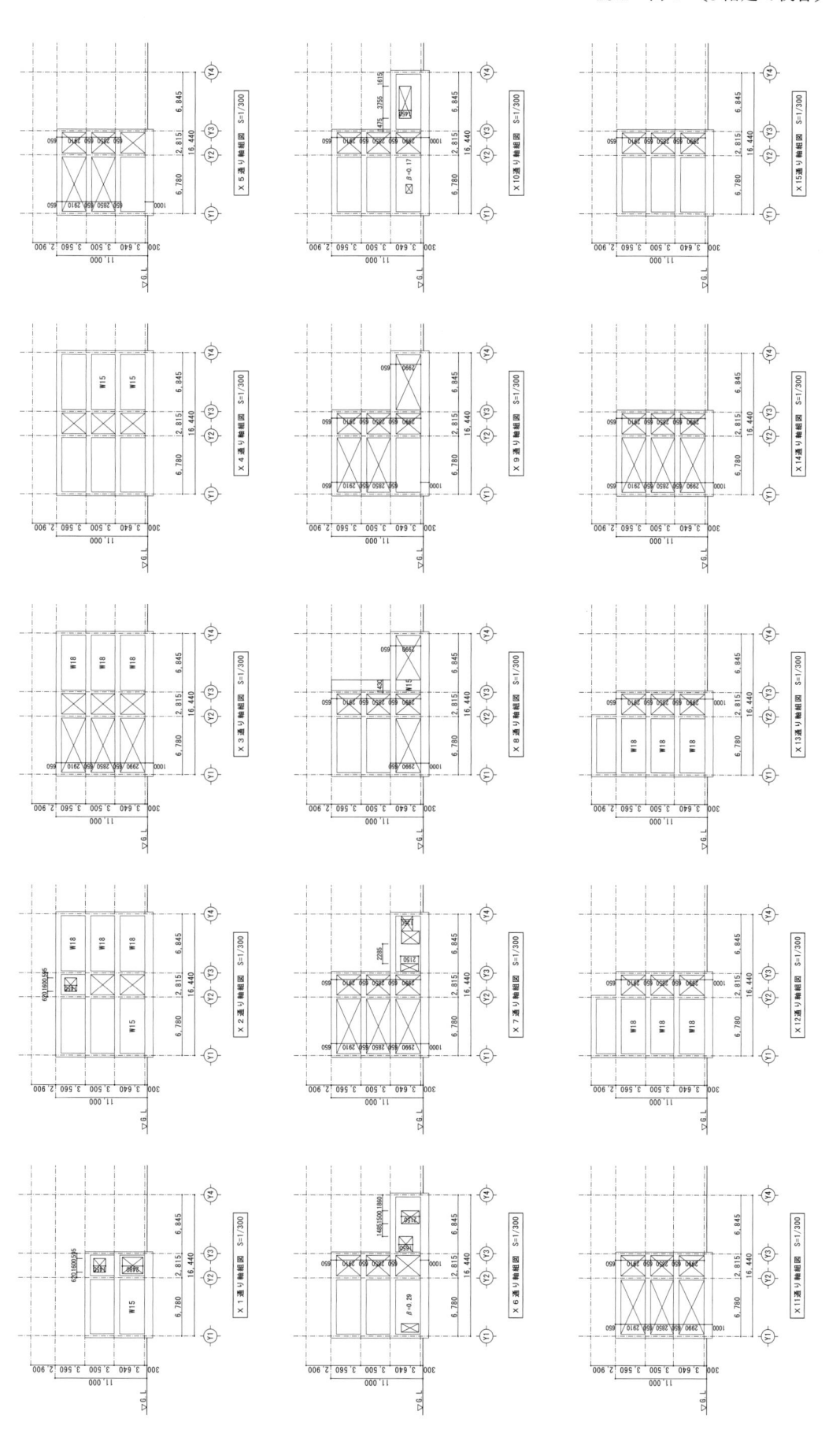

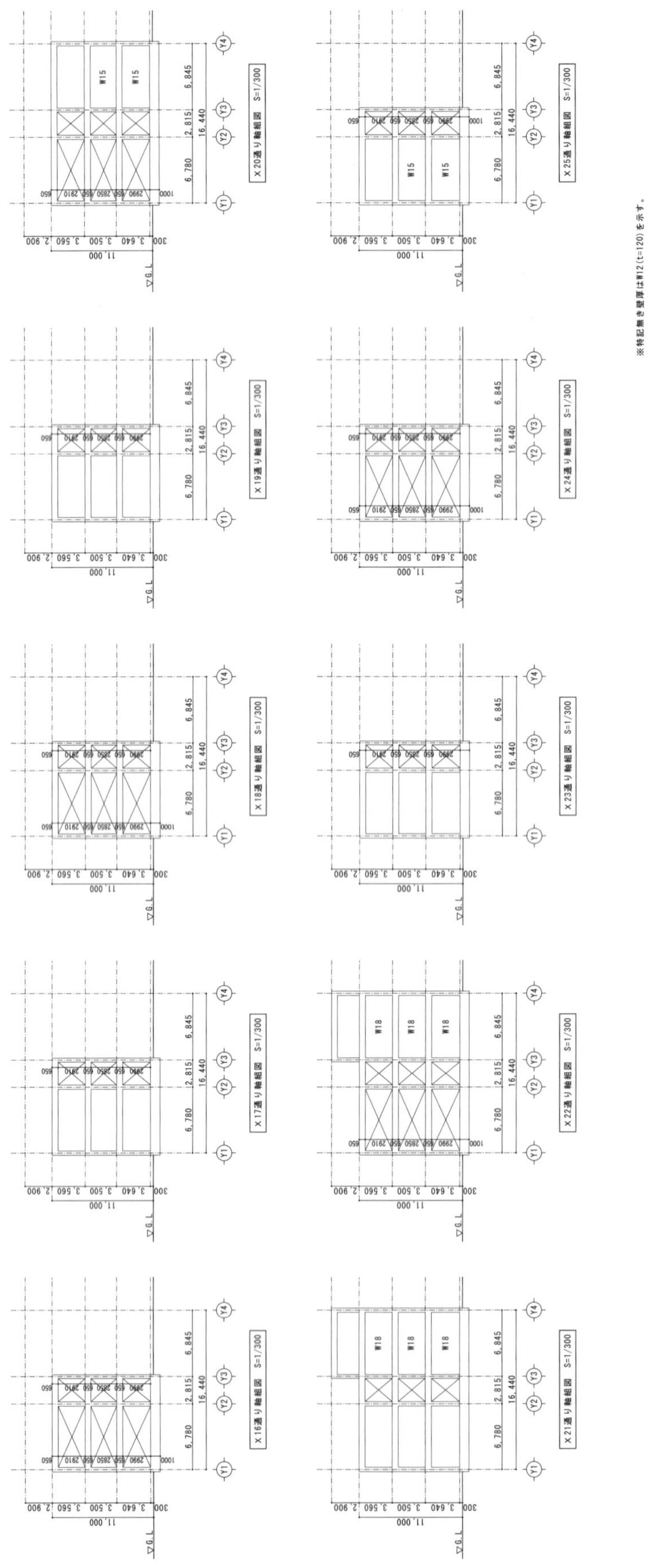
X20通り軸組図　S=1/300
X25通り軸組図　S=1/300
X19通り軸組図　S=1/300
X24通り軸組図　S=1/300
X18通り軸組図　S=1/300
X23通り軸組図　S=1/300
X17通り軸組図　S=1/300
X22通り軸組図　S=1/300
X16通り軸組図　S=1/300
X21通り軸組図　S=1/300
W15
W18
11,000
16,440
6,780
2,815
6,845
▽GL
※特記無き壁厚はW12(t=120)を示す。

柱断面リスト

		C1	C2	C3	C4	C5	C6	C7	C8
3階柱断面		600×450	600×450	600×450	600×450	600×450	600×450	600×450	
	主筋	10-19φ	10-19φ	10-19φ	10-19φ	10-19φ	10-19φ	10-19φ	
	フープ	9φ-@250	同左	同左	同左	同左	同左	同左	
	ダイアゴナル	9φ-@750	同左	同左	同左	同左	同左	同左	
2階柱断面		600×450	600×450	600×450	600×450	600×450	600×450	600×450	
	主筋	10-19φ	10-19φ	10-19φ	10-19φ	10-19φ	12-19φ	10-19φ	
	フープ	9φ-@250	同左	同左	同左	同左	同左	同左	
	ダイアゴナル	9φ-@750	同左	同左	同左	同左	同左	同左	
1階柱断面		600×450	600×450	600×450	600×450	600×450	600×450	600×450	600×450
	主筋	10-22φ	10-22φ	12-22φ	12-22φ	12-22φ	14-22φ	10-22φ	10-22φ
	フープ	9φ-@250	同左	同左	同左	同左	同左	同左	同左
	ダイヤフープ	9φ-@750	同左	同左	同左	同左	同左	同左	同左

壁断面リスト

	W18	W15	W12
壁断面	180	150	120
縦筋	9φ-@200(ダブル)	9φ-@250(チドリ)	9φ-@200(シングル)
横筋	9φ-@200(ダブル)	9φ-@250(チドリ)	9φ-@200(シングル)
端部補強筋	2-13φ	2-13φ	1-13φ

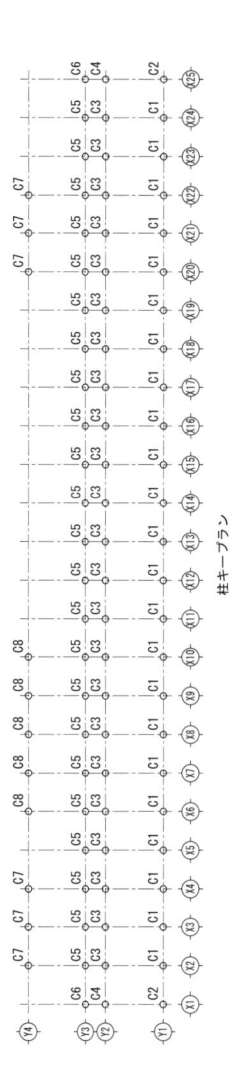

柱キープラン

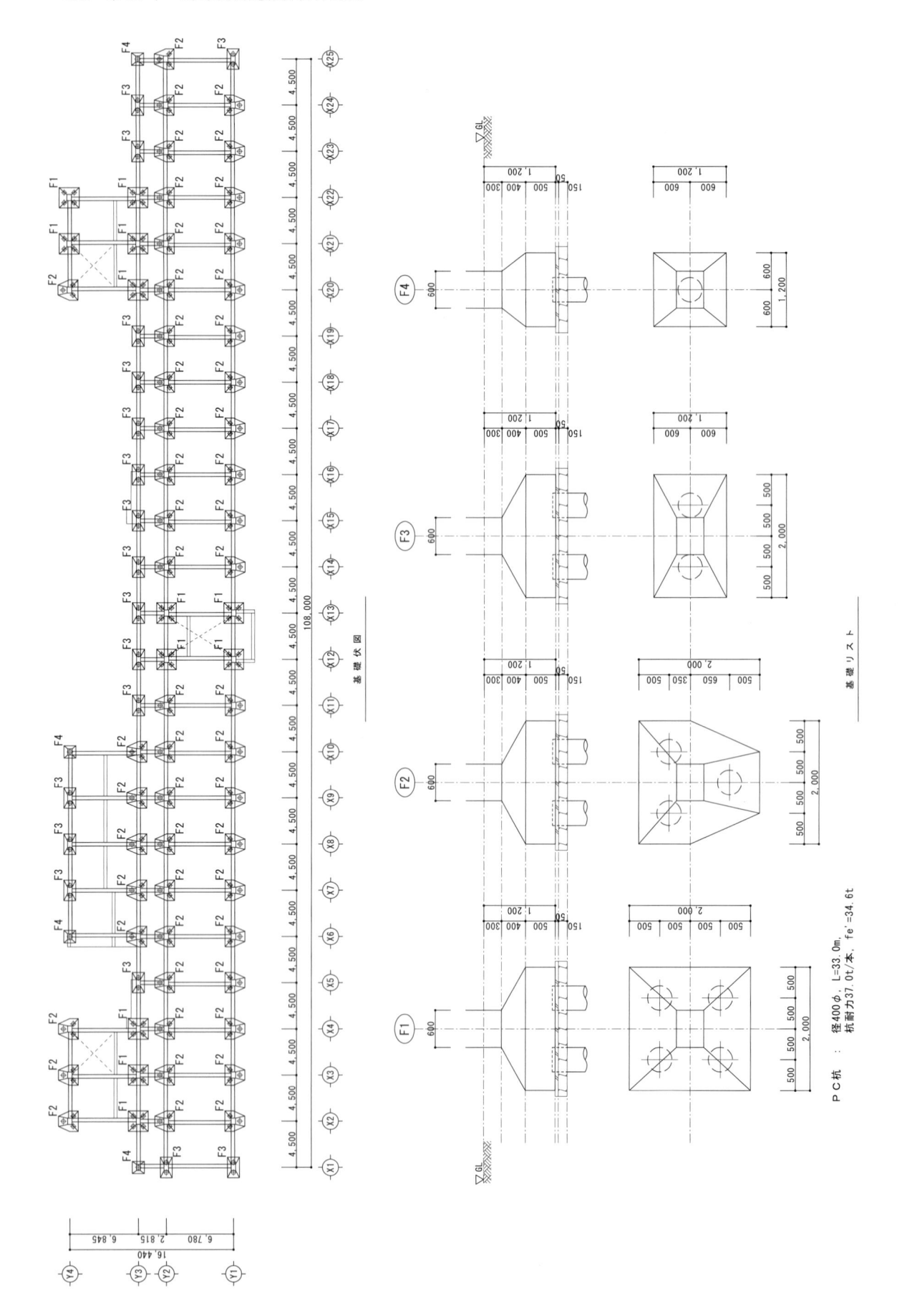

基礎伏図

基礎リスト

10.1.2　構造耐力の測定

10.1.2.1　耐震診断結果の概要表

　X 方向の 3、2、1 階について、平成＊＊年度に RC 補強壁を計 12 か所、枠付き鉄骨ブレースを計 8 か所増設配置する耐震改修工事が実施されている。

　下表は、既往の耐震診断報告書から、耐震改修工事後（補強後）の第 2 次診断結果を転記したものである。

○—○号棟　第 2 次診断結果表（耐震改修後）

方向	階	C_{TU}	F	E_O	S_D	T	I_S	$C_{TU} \cdot S_D$
X	3	0.65 〈0.22〉	1.00 〈1.00〉	0.87	0.90	0.98	0.77	0.78
	2	0.51 〈0.32〉	1.00 〈1.00〉	0.82	0.90	0.98	0.73	0.74
	1	0.57 〈0.26〉	1.00 〈1.00〉	0.83	0.90	0.98	0.74	0.75
Y	3	1.95	1.00	1.95	0.90	0.98	1.73	1.76
	2	1.43	1.00	1.43	0.90	0.98	1.27	1.29
	1	1.40	1.00	1.40	0.90	0.98	1.24	1.26

（注）〈　〉内は補強部材の累積強度指標、靭性指標を示す。

　上表の第 2 次診断結果は各階各方向とも強度抵抗型 ($F = 1.0$) で耐震指標値を決定している。

　耐震性が不足していた X 方向 3、2、1 階に RC 補強壁、及び、枠付き鉄骨ブレースを配置したことにより建物の保有水平耐力が向上している。

10.1.2.2　水平耐力

　本建物については、耐震改修工事が既に実施されたため各階各方向ともに構造耐震指標 I_S が 0.7 を超えている。したがって、耐力度測定法の水平耐力については、いずれの階を算定しても満点となる。ここでは、2 階の桁行方向の I_S 指標が最低値となっているので、2 階について水平耐力を算定した。

　（耐力度測定法の水平耐力については、桁行方向と張間方向の q の積で評価するので、複数の階・方向で I_S 指標が 0.7 を下回る場合は、全階について水平耐力を算定し、その最小値を採用してよい。）

（2 階）

　　桁行 (X) 方向

　　　　$I_S = 0.73$、$T = 0.98$、$q_x = (I_S/T)/0.7 = (0.73/0.98)/0.7 = 1.06$　　→　　$q_x = 1.0$

　　張間 (Y) 方向

　　　　$I_S = 1.27$、$T = 0.98$、$q_y = (I_S/T)/0.7 = (1.27/0.98)/0.7 = 1.85$　　→　　$q_y = 1.0$

　　鉄骨定着部の係数

　　　　RC 造の校舎であり、鉄骨梁と RC 柱の取合いが存在しない。

　　　　$_\gamma \alpha = 1.0$

　　水平耐力

　　　　$q = q_x \times q_y \times_\gamma \alpha = 1.0 \times 1.0 \times 1.0 = 1.0$

　　　　判別式　　$1.0 \leqq q$　　　………… 1.0
　　　　　　　　　$0.5 < q < 1.0$ ………… 直線補間
　　　　　　　　　　　$q \leqq 0.5$ ………… 0.3

　　よって、評点は $1.0 \times 50 = 50$ 点

10.1.2.3　コンクリート圧縮強度

　コンクリート圧縮強度は、耐震診断調査時に壁から採取した直径 10 cm のコンクリートコアを用いた圧縮強度試験結果「計 10 本（3 階：3 本、2 階：3 本、1 階：4 本)」から測定する。

コンクリートコアの圧縮強度試験結果

階	試験体番号	コア圧縮強度 (N/mm^2)	平均値 (N/mm^2)
3	3-W1	24.1	23.8
	3-W2	25.3	
	3-W3	22.0	
2	2-W1	26.1	20.9
	2-W2	17.0	
	2-W3	19.5	
1	1-W1	21.2	19.3
	1-W2	24.0	
	1-W3	17.5	
	1-W4	14.4	

※ コンクリート圧縮強度試験成績書を添付のこと

階ごとのコンクリート圧縮強度の平均値が最も低い階（1階）を採用する。

$$\text{コア圧縮強度の平均値} \quad Fc = (21.2 + 24.0 + 17.5 + 14.4)/4$$
$$\text{（1階）} \qquad\qquad = 19.3$$

よって、

$$\text{コンクリート圧縮強度} \quad k = Fc/20$$
$$= 19.3/20$$
$$= 0.97$$

ただし、本例題では耐震診断時において、上記コンクリート圧縮強度を考慮した上で建物の保有水平耐力を算定している。

このため、コンクリート圧縮強度 $k = 0.97$ は 1.0 に読み替えることとする。

10.1.2.4 層間変形角

本建物は、各階各方向ともに強度抵抗型 $(F = 1.0)$ の耐震補強が実施されており、I_S 指標も 0.7 を超えている。よって、層間変形角の測定項目はいずれの階・方向も満点となる。

ここでは、I_S 指標が最低となる2階の桁行 (X) 方向について層間変形角を算定した。

（2 階）

桁行 (X) 方向

$$F_r = F_u \times \frac{0.7}{(I_s/T)} = 1.0 \times \frac{0.7}{(0.73/0.98)} = 0.94$$

F_r が 1 以下のため、$\theta = 1/250$ とする。

F_r と θ の対応関係

F_r	1.0	1.27	1.6	2.0	2.6	3.2
θ	1/250	1/150	1/115	1/80	1/50	1/30

※中間は線形補間によってよい。$F_r \geqq 3.2$ の場合は 3.2 とする。

判別式　　　　　　$\theta \leqq 1/200$ または計算しない場合……………1.0

1/200 < θ < 1/120　　　　　……………直線補間

1/120 $\leqq \theta$　　　　　……………0.5

よって、評点は $1.0 \times 20 = 20$ 点

10.1.2.5　基礎構造

基礎構造の地震被害に関する指標 $\beta(= u \cdot p)$ を算出する。

u：基礎の種類

木杭基礎　　　　　　……………………………0.8

RC 杭、ペデスタル杭基礎………………………………0.9

上記以外の基礎　　　　………………………………1.0

下図の基礎リストは、本建物の設計図書による基礎情報の抜粋である。

基礎の種類は杭基礎（PC 杭）である。よって、$u = 1.0$

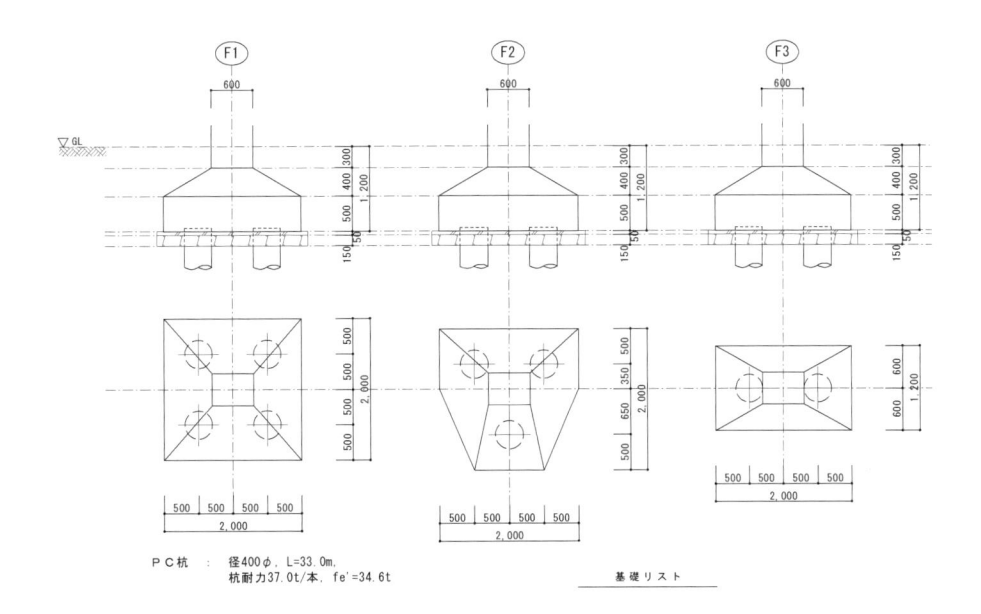

p：基礎の被害予測（下記のうち該当する最小の値を採る）

　　　　液状化が予想される地域である　　　………………0.8

　　　　杭基礎でアスペクト比が2.5以上の建物………………0.9

　　　　上記に該当しない場合　　　　　………………1.0

（液状化）

　　当該敷地は、液状化予測図から液状化の可能性がある地域となっている。

　　よって、$p = 0.8$

　　　※液状化予測図から液状化の可能性を判断したため、各自治体等から発行される液
　　　　状化予測図に当該敷地をプロットした資料を添付のこと。

（アスペクト比）

　　$H/B = 11.0/9.595 = 1.15 < 2.5$　　アスペクト比2.5以上に該当しない。

以上から、地震被害に関する指標は $\beta = u \times p = 1.0 \times 0.8 = 0.8$ となる。

判別式　　$1.0 \leqq \beta$ または測定しない場合………………………1.0

　　　　　　$0.5 < \beta < 1.0$　　　　　………………………直線補間

　　　　　　　$\beta \leqq 0.5$　　　　………………………0.5

よって、評点は $0.8 \times 30 = 24$ 点

10.1.2.6　地震による被災履歴

本建物は過去の地震により被災した経緯はない。

このため、地震による被災履歴の測定項目は評点を1.0とする。

以上から、Ⓐ構造耐力の評点合計は

$$\underline{Ⓐ = (50.0 + 20.0 + 24.0) \times 1.0 = 94 \quad 点}$$

10.1.3 健全度の測定

10.1.3.1 経年変化

経過年数：$t = 47$ 年（耐力度測定時における建築時からの経過年数）

経年変化：$T = (40 - t)/40 = (40 - 47)/40 = -0.175$

$$\rightarrow T \text{ がゼロ未満のため、} T = 0 \text{ とする。}$$

よって、評点は $0 \times 25 = 0$ 点

10.1.3.2 鉄筋腐食度、コンクリート中性化深さ等、鉄筋かぶり厚さ

②鉄筋腐食度、③-(a) コンクリート中性化深さ等、③-(b) 鉄筋かぶり厚さについて、測定結果を記録（写真添付）する。測定位置は調査票に記載する。

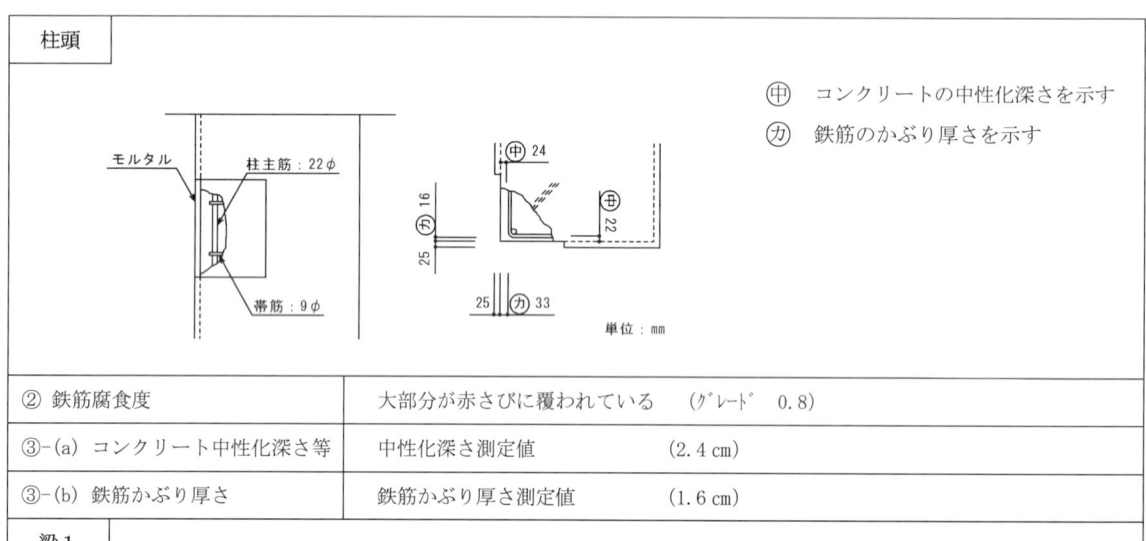

柱頭	
② 鉄筋腐食度	大部分が赤さびに覆われている　（グレード　0.8）
③-(a) コンクリート中性化深さ等	中性化深さ測定値　　　　　　　（2.4 cm）
③-(b) 鉄筋かぶり厚さ	鉄筋かぶり厚さ測定値　　　　　（1.6 cm）

梁1

鉄筋腐食状況	中性化深さ	鉄筋かぶり厚さ

② 鉄筋腐食度	大部分が赤さびに覆われている　（グレード　0.8）
③-(a) コンクリート中性化深さ等	中性化深さ測定値　　　　　　　（1.8 cm）
③-(b) 鉄筋かぶり厚さ	鉄筋かぶり厚さ測定値　　　　　（0.9 cm）

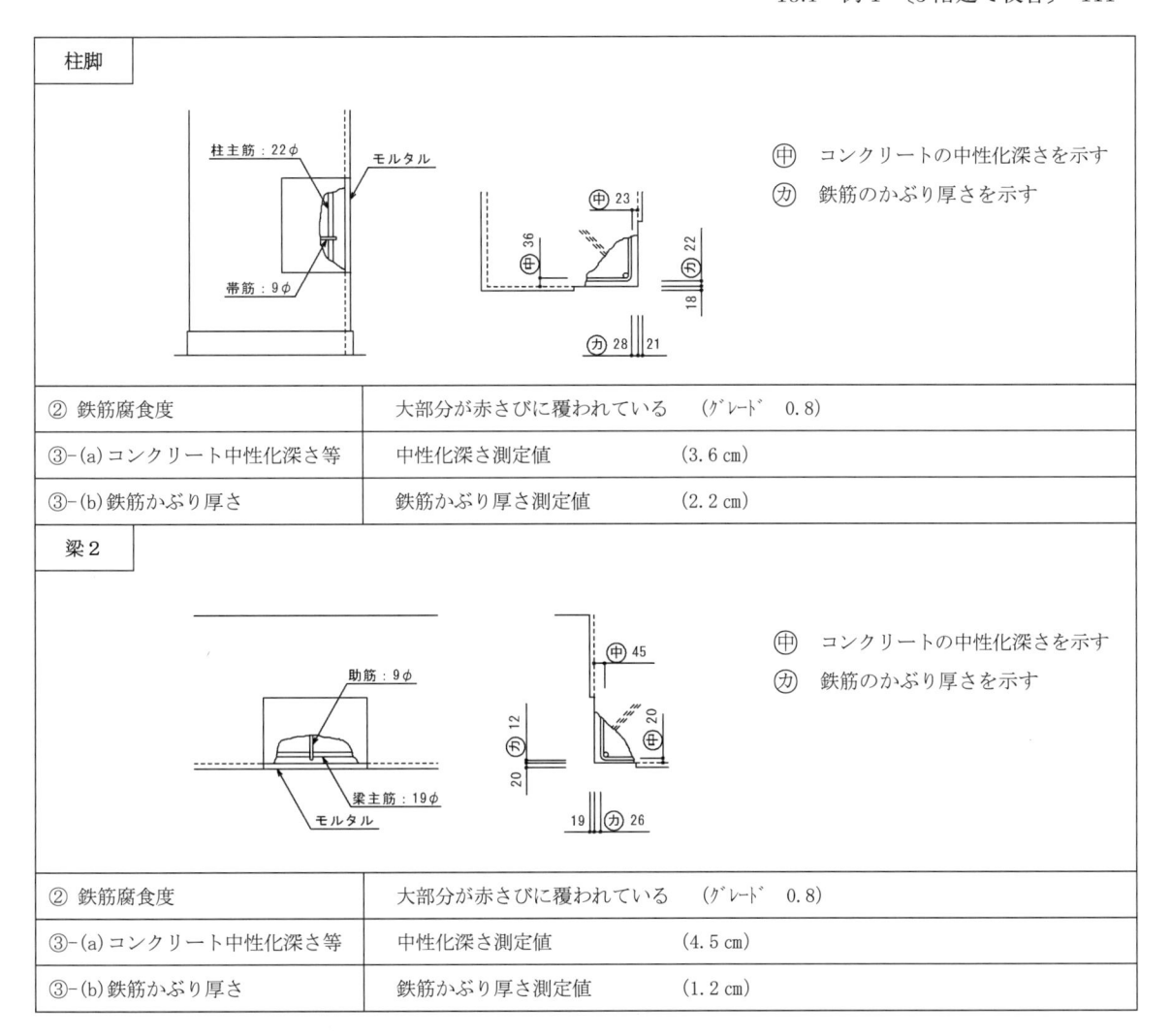

柱脚	
② 鉄筋腐食度	大部分が赤さびに覆われている （グレード 0.8）
③-(a) コンクリート中性化深さ等	中性化深さ測定値 （3.6 cm）
③-(b) 鉄筋かぶり厚さ	鉄筋かぶり厚さ測定値 （2.2 cm）

梁2	
② 鉄筋腐食度	大部分が赤さびに覆われている （グレード 0.8）
③-(a) コンクリート中性化深さ等	中性化深さ測定値 （4.5 cm）
③-(b) 鉄筋かぶり厚さ	鉄筋かぶり厚さ測定値 （1.2 cm）

② 鉄筋腐食度

柱頭、梁1、柱脚、梁2ともに大部分が赤さびに覆われているので、グレード0.8とする。

よって、評点は $0.8 \times 25 = 20$ 点

③-(a) コンクリート中性化深さ等

平均値 $a = \dfrac{2.4 + 1.8 + 3.6 + 4.5}{4} = 3.08$

判別式
$$a \leqq 1.5 \text{ cm} \cdots\cdots\cdots 1.0$$
$$1.5 \text{ cm} < a < 3 \text{ cm} \cdots\cdots 直線補間$$
$$3 \text{ cm} \leqq a \cdots\cdots\cdots 0.5$$

よって、評点は $0.5 \times 10 = 5$ 点

③-(b) 鉄筋かぶり厚さ

$$平均値 \quad b = \frac{1.6 + 0.9 + 2.2 + 1.2}{4} = 1.48$$

判別式　3 cm $\leqq b$　…………… 1.0

1.5 cm $< b <$ 3 cm ………… 直線補間

$b \leqq$ 1.5 cm ………… 0.5

よって、評点は $0.5 \times 10 = 5.0$ 点

10.1.3.3 躯体の状態

躯体の状態 (ひび割れ等) について測定結果を記録 (写真添付) する。測定位置は調査票に記載する。本建物は、梁と壁に幅 1.0 mm 以上のひび割れが部分的に認められる。躯体の状態のグレードは 0.5 となる。

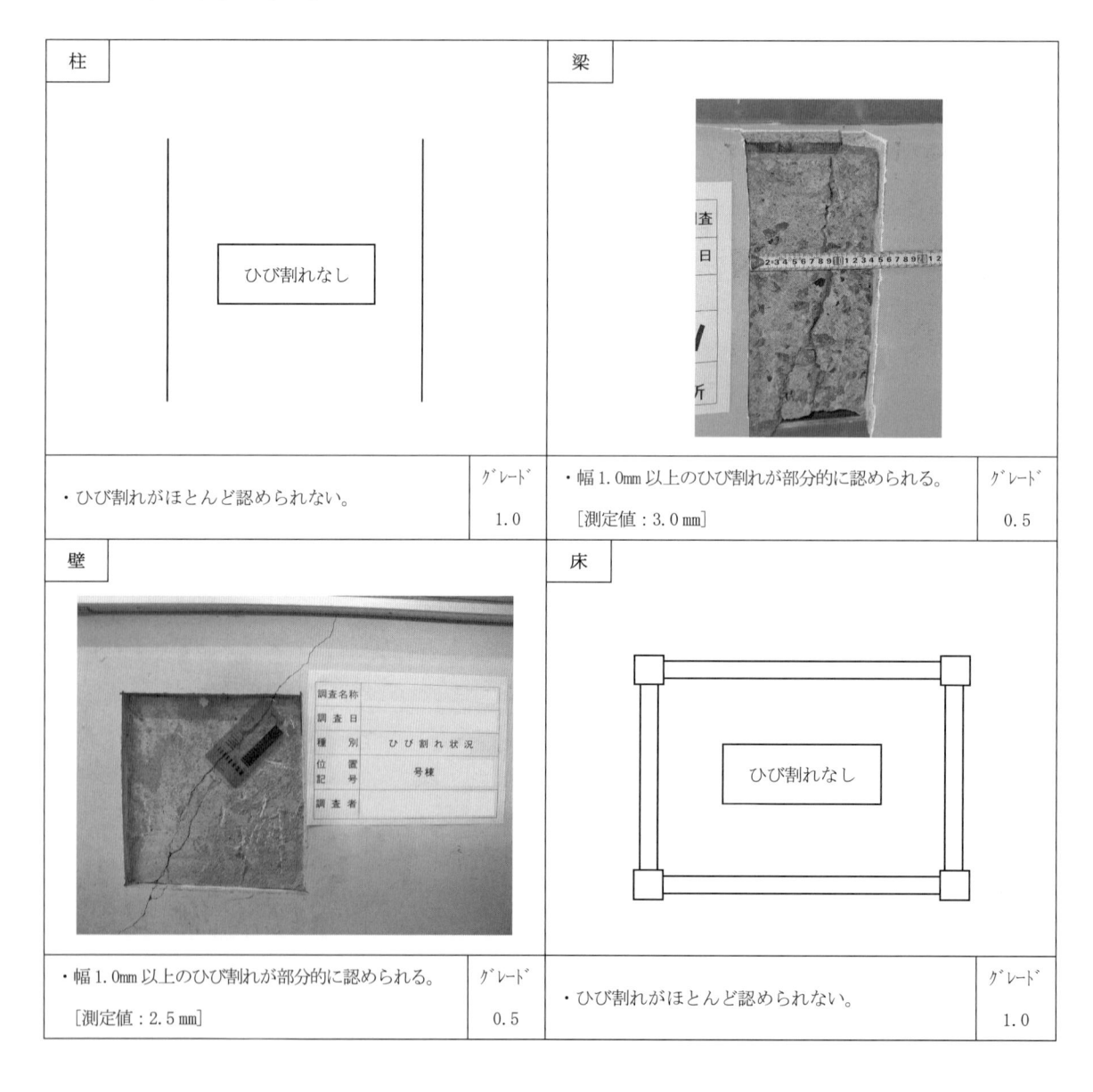

柱		梁	
・ひび割れがほとんど認められない。	グレード 1.0	・幅 1.0mm 以上のひび割れが部分的に認められる。 ［測定値：3.0 mm］	グレード 0.5
壁		床	
・幅 1.0mm 以上のひび割れが部分的に認められる。 ［測定値：2.5 mm］	グレード 0.5	・ひび割れがほとんど認められない。	グレード 1.0

10.1.3.4　不同沈下量

不同沈下に起因したひび割れ等の異常がなく、明らかに不同沈下は生じていない。よって、当該測定項目は満点（10 点）を与えることとし、レベル測定等の調査を省略する。

10.1.3.5　火災による疲弊度

本建物は火災による被害を受けていない。

このため、火災による疲弊度の測定項目は評点を 1.0 とする。

以上から、Ⓑ健全度の評点合計は

$$Ⓑ = (0.0 + 20.0 + 5.0 + 5.0 + 10.0 + 10.0) \times 1.0 \times 1.0 = 50 \text{ 点}$$

10.1.4　立地条件

10.1.4.1　地震地域係数

建設省告示第 1793 号（最終改正：平成 19 年国土交通省告示 597 号）第 1 による。

第一種地域（$Z = 1.0$）　よって、0.8

10.1.4.2　地盤種別

建設省告示第 1793 号（最終改正：平成 19 年国土交通省告示 597 号）第 2 による。

第二種地盤（土質柱状図を添付のこと）　よって、0.9

10.1.4.3　敷地条件

崖地、不整形地盤、局所的な高台といった、局所的な入力地震動の大きさを補正する。

平坦地　よって、1.0

10.1.4.4　積雪寒冷地域

義務教育諸学校等の施設費の国庫負担等に関する法律施行令第 7 条第 5 項の規定による。

その他地域（公立学校施設台帳の確認）　よって、1.0

10.1.4.5　海岸からの距離

地図 (縮尺を記載) に調査校位置を明示したものを添付する。

海岸から 5 km を超え 8 km 以内　よって、0.9

以上から、Ⓒ立地条件の評点は

$$Ⓒ = (0.8 + 0.9 + 1.0 + 1.0 + 0.9)/5 = 0.92$$

10.1.5 結果点数と耐力度

耐力度は、Ⓐ構造耐力評点 × Ⓑ健全度評点 × Ⓒ立地条件評点で求める。これまでの結果から、

$$\underline{耐力度 = 94 \times 50 \times 0.92 = 4324 \quad 点}$$

となる。

10.2 例 2 〔屋内運動場（R タイプ）〕

本 例 の 要 旨

本建物は鉛直架構が RC 造で屋根のみ S 造の屋内運動場（R タイプ）である。

昭和 46 年に竣工した建物であり、耐震診断が実施された経緯がある。このため、耐力度測定に際しては、構造耐力の部分は耐震診断結果に基づき評価した。

健全度の部分は例題として、耐力度測定に必要な現地調査をシミュレートして作成している。

【編集部注】

本例題は、モデル建物を例題として模擬的に耐力度測定報告書に整理したものであり、特定の建物について評価したものではありません。

別表第1
（表面）

鉄筋コンクリート造の建物の耐力度調査票

	IV 学 校 種 別	V 整 理 番 号
	中学校	○○

I 調査学校	都道府県名	設置者名	学校名	学校調査番号	調査期間	平成 ** 年 ** 月 ** 日 〜 平成 ** 年 月 ** 日			
	○○県	○○市	○○中学校	○○○○	調査者	職　名 ○○	一級建築士登録番号 ○○○○○○	氏　名 ○○ ○○	
					予備調査者	会社名	一級建築士登録番号	氏　名 ○○ ○○	

III 結 果 点 数
Ⓐ 構造耐力　62 点
Ⓑ 健 全 度　66 点
Ⓒ 立 地 条 件　0.94 点
耐力度　Ⓐ×Ⓑ×Ⓒ　3846 点

II 調査建物	建物区分	棟番号	階数	面積	建物の経過年数			被災歴		補修歴	
	屋内運動場	○-○	2+0	一階面積 755 ㎡	建築年月 昭和46年 3月	長寿命化年月	年月	種類 / 被災年 なし		内容 / 補修年 なし	
				延べ面積 801 ㎡	経過年数 47年	経過年数	年		年		年

Ⓐ 構造耐力

① 保有耐力 q

(a) 水平耐力 q

階	方向	構造耐震指標 Is	経年指標 T	$qi = \frac{(Is/T)}{0.7}$	鉄骨定着部の係数 α	$q = q_X \times q_Y \times \alpha$	判 別 式		評 点		評点合計
1	桁行方向 X	0.76	1.00	1.09	xα=1.00 2α=0.72 3α=1.00 4α=0.48 (0.48)註	1.0×1.0×0.7 =0.7	1.0≦q / 1.0		⑦ 0.58 / ⑳ (⑦×50)		㊁=(㊀+⑦+㊀)
	張間方向 Y	0.82	1.00	1.17			0.5<q<1.0 / 直線補間		⑦×⑦ 29.0 点		

(b) コンクリート圧縮強度 k

試験区分	壁・梁 1	壁・梁 2	壁・梁 3	平均値 Fc	k=Fc/20	判 別 式	評点	㊀ 61.5 点
コア試験	23.2	30.8	23.5	25.8	診断時に考慮 k=1.0	1.0≦k / 1.0, 0.5<k<1.0 / 直線補間, k≦0.5 / 0.5	1.0 (0.3以下は0.3とする)	

② 層間変形角 θ

階	方向	構造耐震指標 Is	靭性指標 Fu	$Fr = Fu \times \frac{0.7}{(Is/T)}$	θ	θ の最大値	判 別 式	評 点	
1	桁行方向 X	0.76	1.80	1.66	1/108	1/88	θ≦1/200 / 1.0	㊁ 0.5 / ㊈ (㊁×20)	Ⓐ=(㊁×㊈)
1	張間方向 Y	0.82	2.20	1.88	1/88		1/200<θ<1/120 / 直線補間, 1/120≦θ / 0.5	10.0 点	Ⓐ 62 点

③ 基礎構造 β

種別指数 u		基礎の被害予測に関する指数 p		β=u×p	判 別 式	評 点
木 杭	0.8	敷地地盤で液状化が予想される	0.8	1.0×1.0×0.75 =0.75	1.0≦β / 1.0	⑦ 0.75 / ㊈ (㊈×30)
RC杭	0.9	杭基礎でアスペクト比が2.5以上の建物	0.9		0.5<β<1.0 / 直線補間	22.5 点
その他	(1.0)	上記に該当しない場合	(1.0)	☑地中梁による低減註	β≦0.5 / 0.5	

④ 地震による被災履歴 E

過去に経験した最大の被災度				評 価	評 点
軽微	小破	中破	大破	無被害・被災無し	1.0
1.0		0.95	0.9	(1.0)	1.0

註）鉄筋コンクリート造架構の上に鉄骨屋根を載せた屋内運動場（Rタイプ）では、鉄骨屋根のRC定着部について検討する。①保有耐力の「鉄骨定着部の係数 α」欄には検討結果の比を、
（ ）内は最小値、又は、平均値を記載して、係数 α の算出根拠を示すこと。
註）屋内運動場で、β 算出時に一方向地中梁による低減係数0.75を考慮した場合には、「□ 地中梁による低減」にチェックすること。

Ⓑ 健全度

① 経年変化 T

経過年数 t	判別式（建築時からの経過年数）	経過年数 t₂	判別式（長寿命化改良後の経過年数）	評 点	評点合計
47	T=(40-t)/40 = 0		T=(30-t₂)/40 =	⑦ 0.0 / ⑦ (⑦×25) 0.0 点	

② 鉄筋腐食度 F

鉄筋腐食状況	柱			梁			グレード最低値 F	評 点	
	殆ど認められない			大部分が赤さびに覆われている			0.8	⑦ 0.8 / ⑦ (⑦×25) 20.0 点	
グレード	(1.0)	0.8	0.5	1.0	(0.8)	0.5			
躯体膨張亀裂、さびの溶け出し	柱	梁		壁	床				
	殆ど認められない	殆ど認められない		殆ど認められない	殆ど認められない				
グレード	(1.0) 0.8 0.5	(1.0) 0.8 0.5		(1.0) 0.8 0.5	(1.0) 0.8 0.5				

③ コンクリート中性化深さ等及び鉄筋かぶり厚さ

(a) コンクリート中性化深さ等 a

部位	柱1	梁1	柱2(壁1)	梁2(壁2)	平均値 a	判 別 式	評 点	
中性化深さ	1.5	3.6	0.0	1.2	1.58 ( )註	a≦1.5cm / 1.0, 1.5cm<a<3cm / 直線補間, 3cm≦a / 0.5	⑦ 0.97 / ⑦ (⑦×10) 9.7 点	⑦=(⑦+㊁+㊀+⑦+㊁+㊁)

(b) 鉄筋かぶり厚さ b

部位	柱 頭	柱 脚	梁1	梁2	平均値 b	判 別 式	評 点	⑦ 65.7 点
かぶり厚さ	3.9	3.0	1.8	3.4	3.03	3cm≦b / 1.0, 1.5cm<b<3cm / 直線補間, b≦1.5cm / 0.5	㊧ 1.0 / ㊧ (㊧×10) 10.0 点	

④ 躯体の状態 D

部位	柱	梁	壁	床	グレード最低値 D	評 点	
状況	殆ど認められない	ひび割れ0.3mm以上が部分的にある	ひび割れ0.3mm以上が部分的にある	殆ど認められない	0.8	㊀ (⑦×20)	
グレード	(1.0) 0.8 0.5	1.0 (0.8) 0.5	1.0 (0.8) 0.5	(1.0) 0.8 0.5		0.8 / 16.0 点	

⑤ 不同沈下量 φ

階	相対沈下量 ε		スパン L		φ = ε/L		φ の最大値	判 別 式	評 点	
	桁行方向 X	張間方向 Y	桁行方向 X	張間方向 Y	桁行方向 X	張間方向 Y		φ≦1/500 / 1.0	㊁ (㊨×10)	Ⓑ=(⑦×③×㊧)
省略	−	−	−	−	−	−		1/500<φ<1/200 / 直線補間	1.0 / 10.0 点	Ⓑ 66 点
								1/200≦φ / 0.5		

⑥ コンクリート圧縮強度 k

*同一階6本以上のコア圧縮強度の平均値が13.5N/㎡以下の場合に適用

階	壁・梁 1	壁・梁 2	壁・梁 3	壁・梁 4	壁・梁 5	壁・梁 6	平均値 σ	判 別 式	評 点
該当なし	−	−	−	−	−	−		13.5≦σ / 1.0, 10<σ<13.5 / 直線補間, σ≦10 / 0.8	1.0

⑦ 火災による疲弊度 S

程度	構造体変質	非構造材全焼	非構造材半焼	煙害程度	当該階の床面積 S₀	被災率 S S=S_t/S₀	判 別 式	評 点
被災床面積	S₁	S₂	S₃	S₄	0	0	S=0 / 1.0	㊦
評価後被災面積 S₁	S₁=S₁+S₂×0.75+S₃×0.5+S₄×0.25 =						0<S<1 / 直線補間, S=1 / 0.5	1.0

註）材料試験により使用骨材の塩化物量が0.1％を超えることを確認した場合、③中性化深さの「平均値a」欄の（ ）内に塩化物量を記入する。
この場合、(オ)の評点は中性化試験結果によらず0.5に読替える。

Ⓒ 立地条件

① 地震地域係数		② 地盤種別		③ 敷地条件		④ 積雪寒冷地域		⑤ 海岸からの距離		評 価	評 点
四種地域	1.0	一種地盤	1.0	平 坦 地	(1.0)	その他地域	(1.0)	海岸から8kmを超える	(1.0)	Ⓒ=(①+②+③+④+⑤)/5	
三種地域	0.9	二種地盤	(0.9)	崖 地	0.9	二級積雪寒冷地域	0.9	海岸から8km以内	0.9	=(0.8+0.9+1.0+1.0+1.0)/5	Ⓒ 0.94
二種地域	0.85			支持地盤が著しく傾斜した敷地	0.9						
一種地域	(0.8)	三種地盤	0.8	局所的な高台	0.9	一級積雪寒冷地域	0.8	海岸から5km以内	0.8	= 0.94	

学校名	○○中学校　○－○号棟

（裏面）

1．調査建物の各階の平面図、断面図を単線で図示し、耐力壁は他の壁と区別できるような太線とする。

2．寸法線と寸法（単位メートル）を記入する。

3．平面図に、コンクリート中性化深さ、鉄筋かぶり厚さ、鉄筋腐食度、ひび割れ等の測定位置を記入する。

4．余白に縮尺、建築年、延べ面積を記入する。

調　査　者　の　意　見

構造耐力「水平耐力（鉄骨定着部）と層間変形角」の点数が劣る建物である。

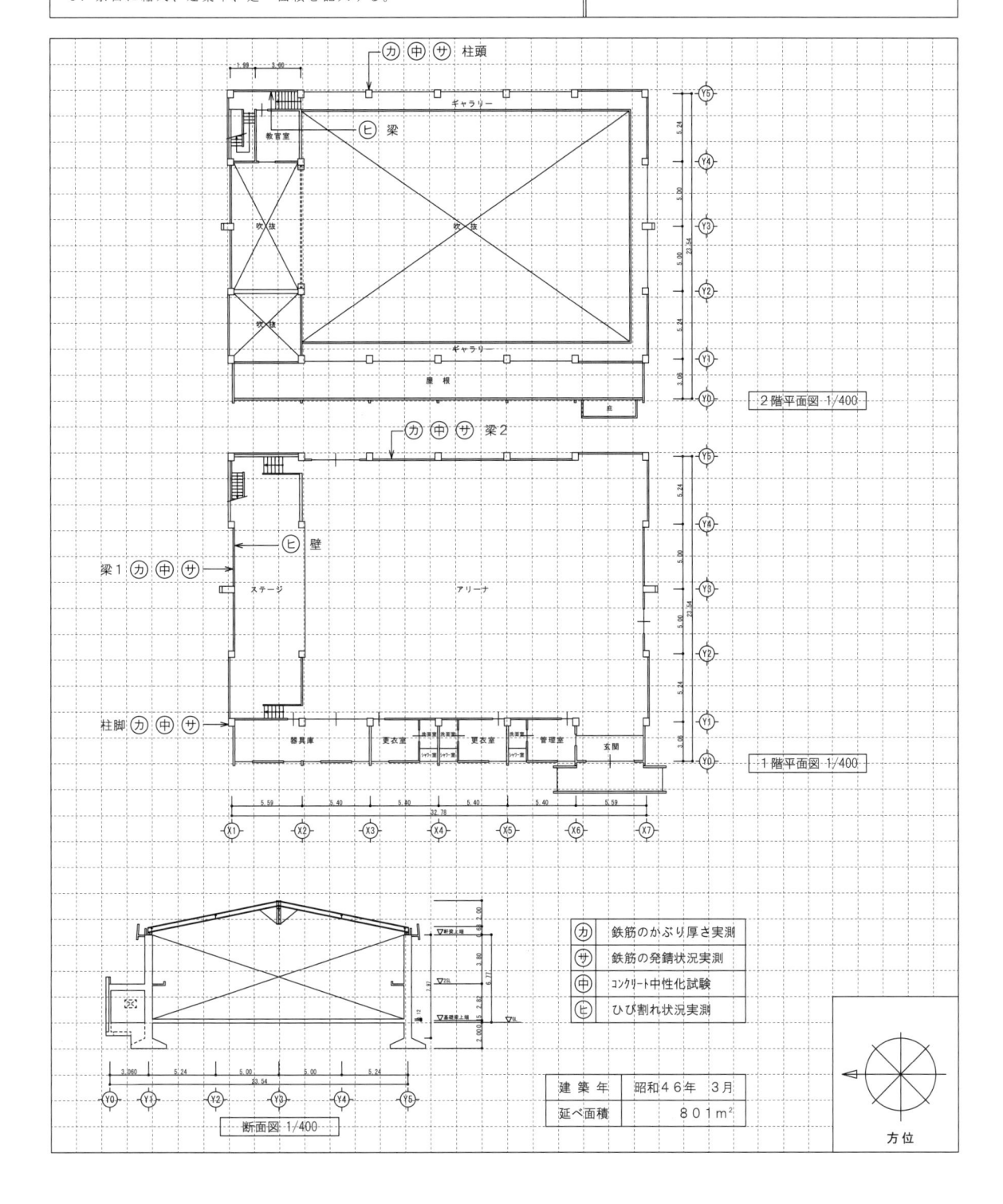

⑰	鉄筋のかぶり厚さ実測
㊥	鉄筋の発錆状況実測
㊥	コンクリート中性化試験
㊦	ひび割れ状況実測

建築年	昭和46年　3月
延べ面積	801m²

方位

10.2.1 建物概要

10.2.1.1 一般事項

本建物は基礎から軒までを RC 造、屋根を S 造とした R タイプの屋内運動場である。鉄骨屋根は、棟に沿って配置されたキール梁（プレートガーター、長さ 32.4 m）、これと直交方向にキール梁から桁行外周面の軒梁までを繋ぐサブビームから構成される。

調　査　名　称		○○市立○○中学校　耐力度調査業務
建　物　名　称		○号棟（屋内運動場）
所　　在　　地		○○市○○区○○町○丁目○番○号
建　　築　　年		昭和 46 年 3 月
構　　　　　造		鉄筋コンクリート造（屋根のみ鉄骨造）
基　　　　　礎		直接基礎　長期地耐力：20 t/m^2
規模	階　　　数	2 + 0
	軒　　　高	1 階　2.82 m、2 階　3.80 m
	基 準 階 高 さ	3.50 m
	塔屋階床面積	―
	5 階　〃	―
	4 階　〃	―
	3 階　〃	―
	2 階　〃	755 m^2
	1 階　〃	46 m^2
	延 床 面 積	801 m^2
被災の有無／補修歴		無し／無し
設 計 図 書 の 有 無		有り
地　盤　種　別		第二種地盤

※ 階数凡例：地上階数 + 地下階数

10.2.1.2 施設台帳

公立学校施設の総括表、棟別面積表を添付する（例題では省略）。

10.2.1.3 建物配置図

公立学校施設の施設台帳にある建物配置図を添付する（例題では省略）。

10.2.1.4 建物写真

建物の外観・内観写真を添付する（例題では内観写真のみを添付している）。

内観（ステージ側）

内観（ステージ反対側）

内観（アリーナ）

10.2.1.5　平面図、伏図、軸組図、各リスト

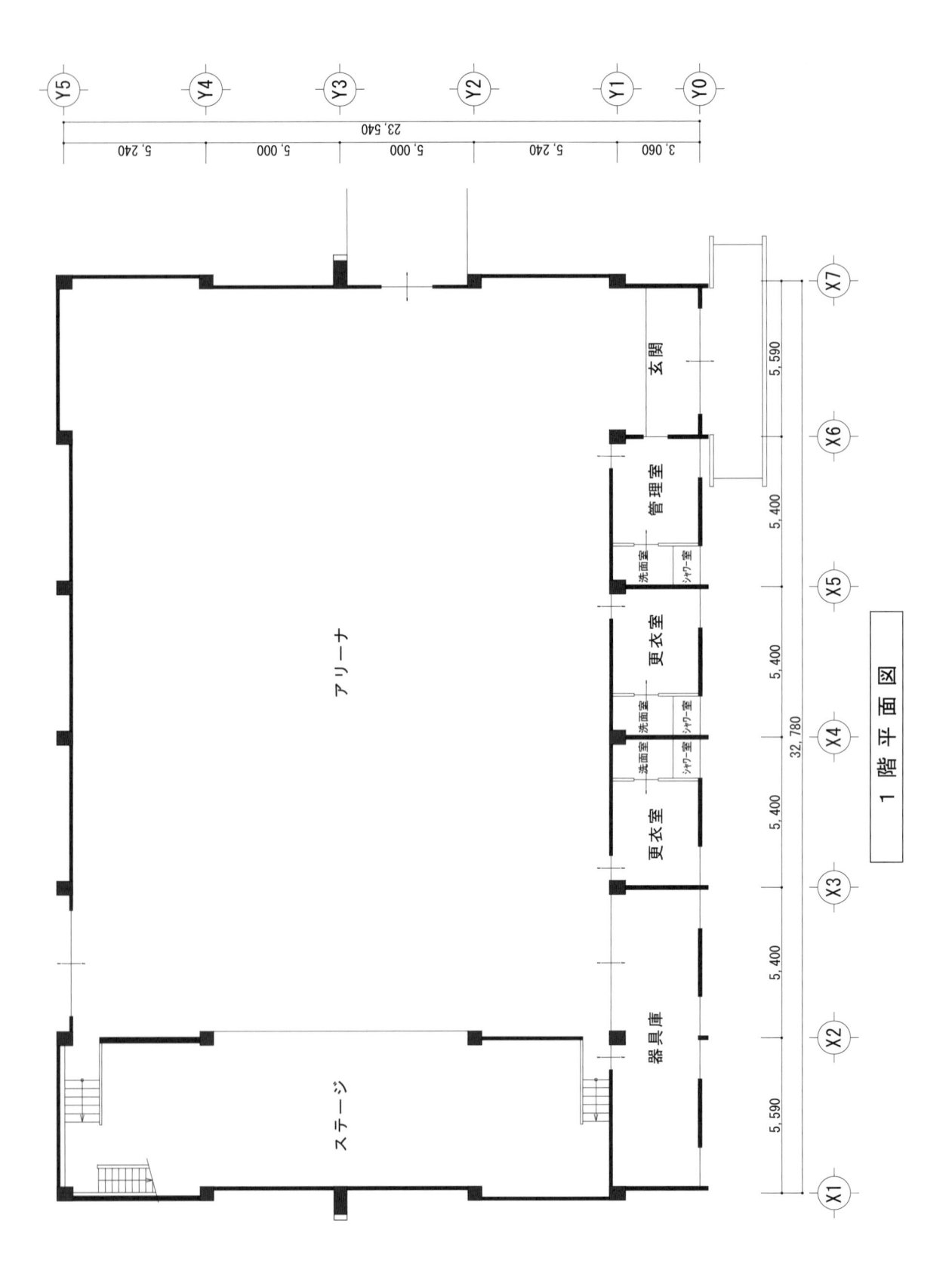

1 階 平 面 図

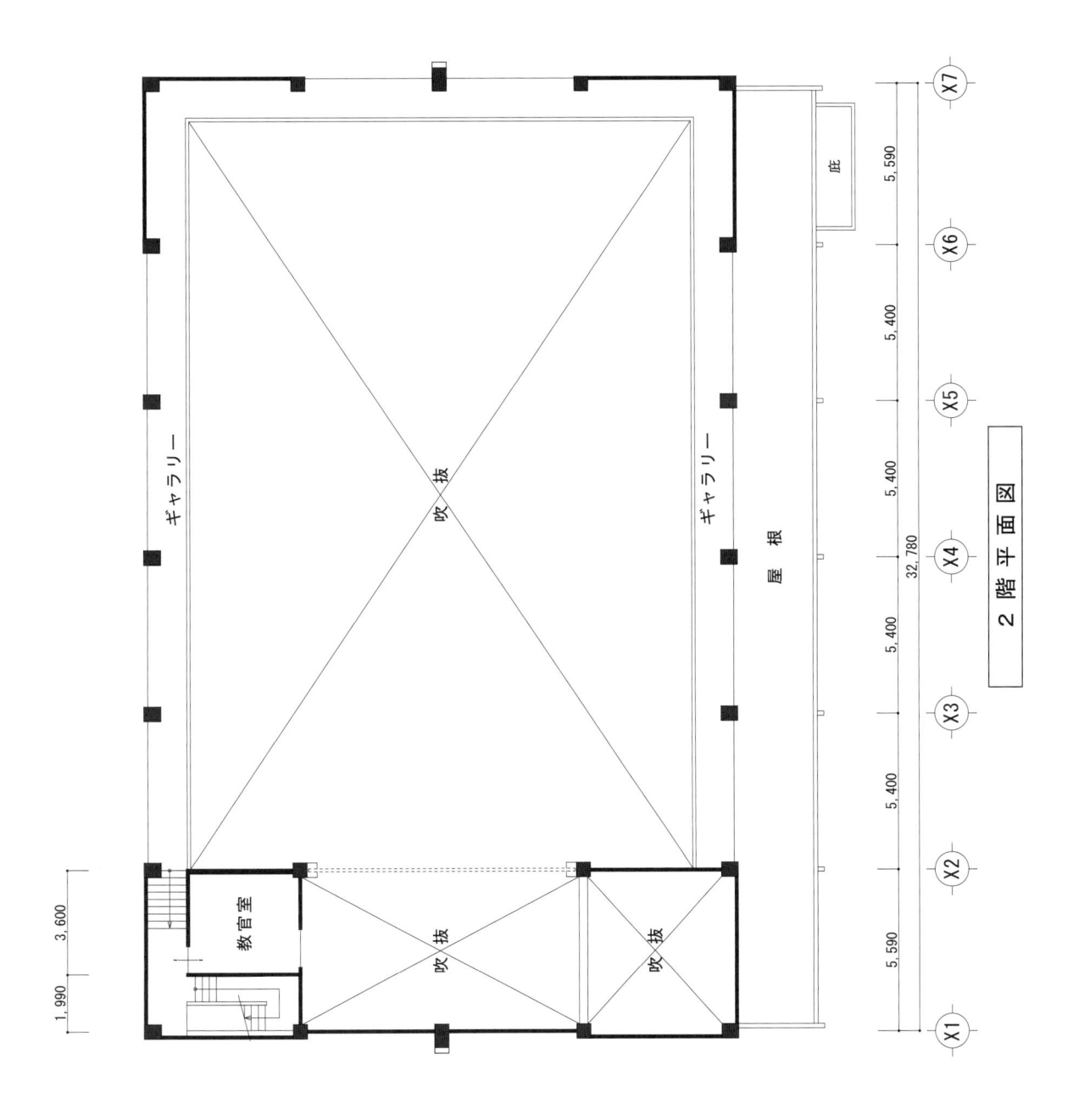

2 階 平 面 図

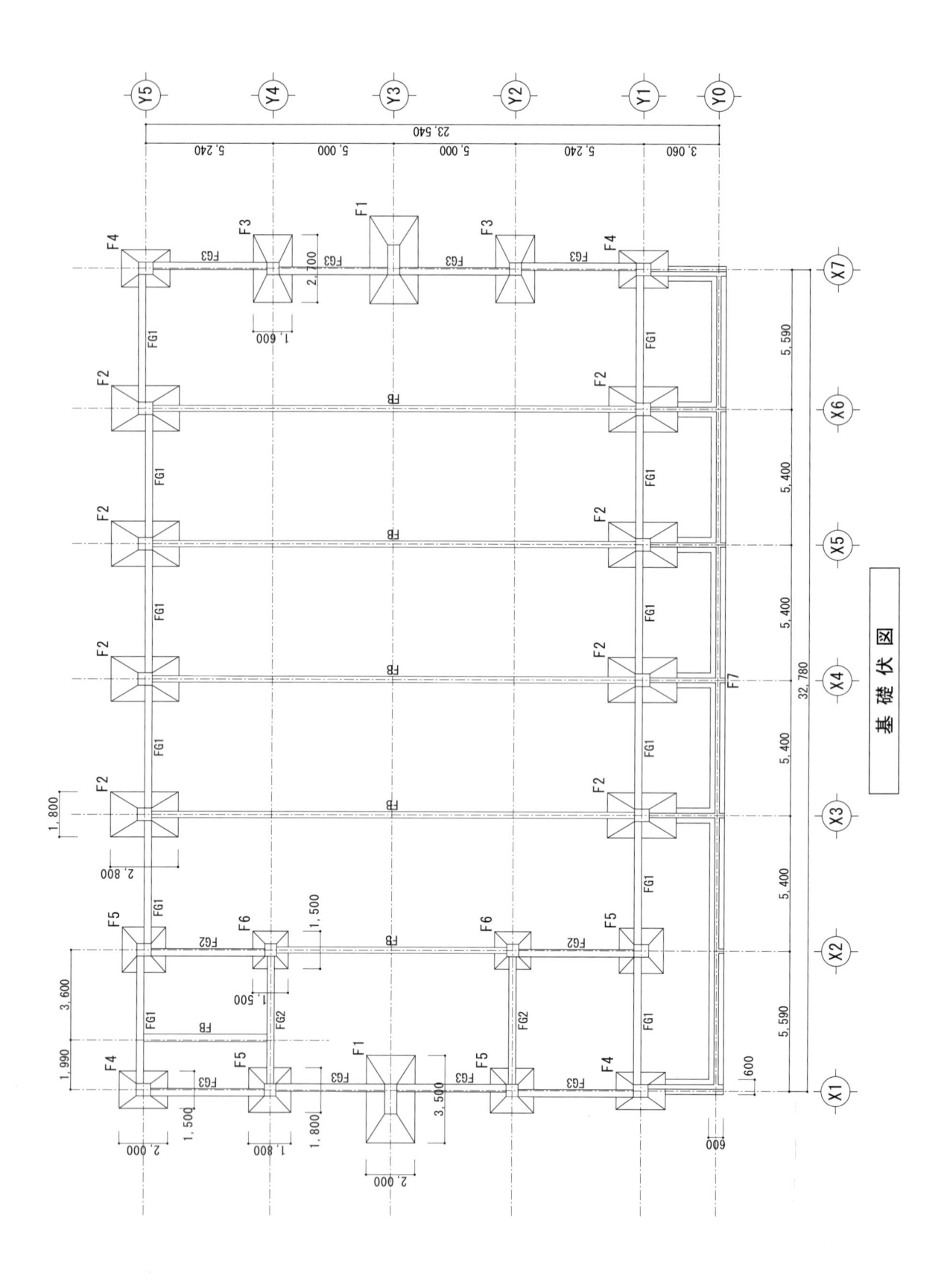

基礎伏図

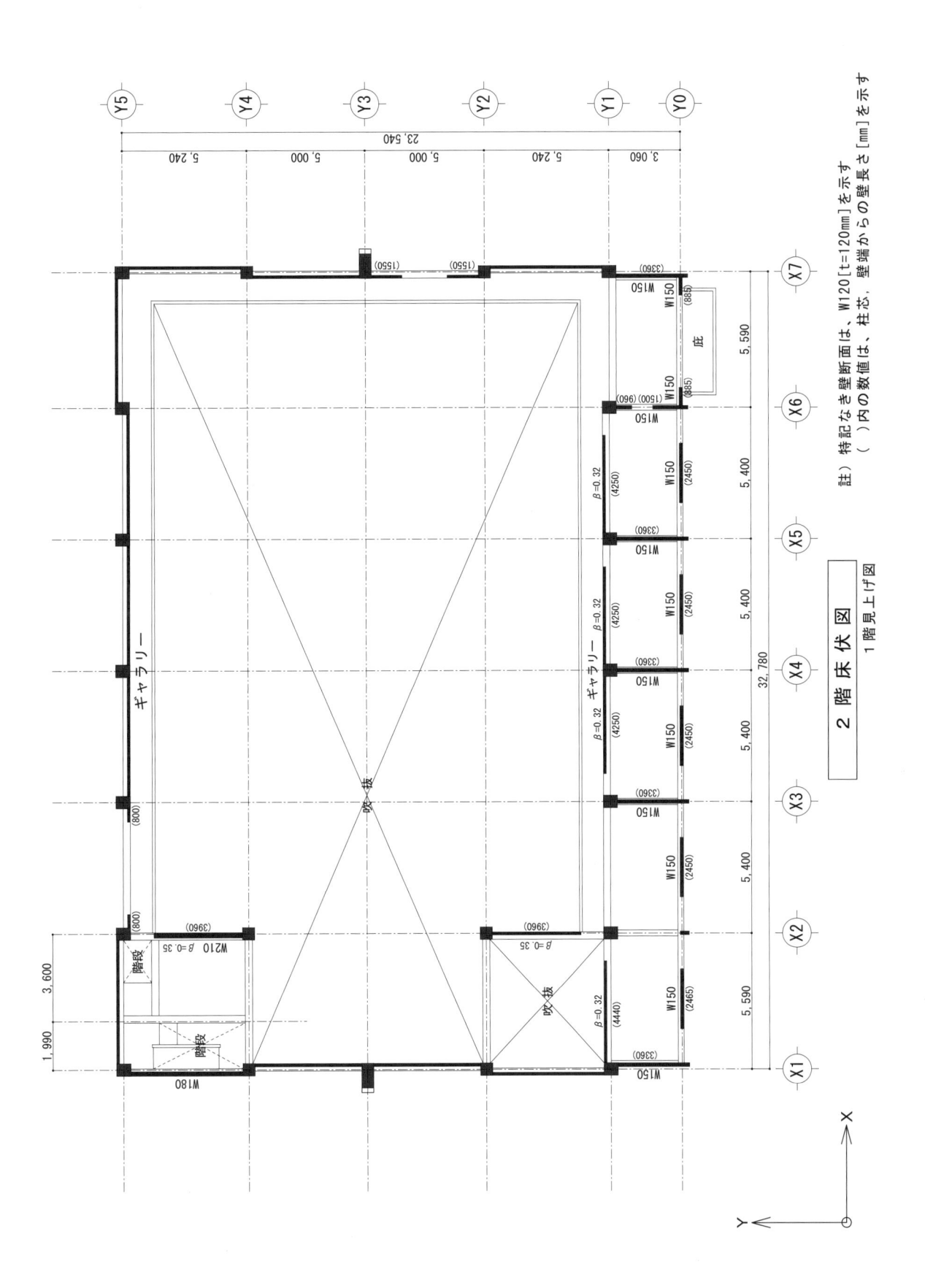

２階床伏図

１階見上げ図

註）特記なき壁断面は、W120[t=120mm]を示す
（　）内の数値は、柱芯、壁端から壁端からの壁長さ[mm]を示す

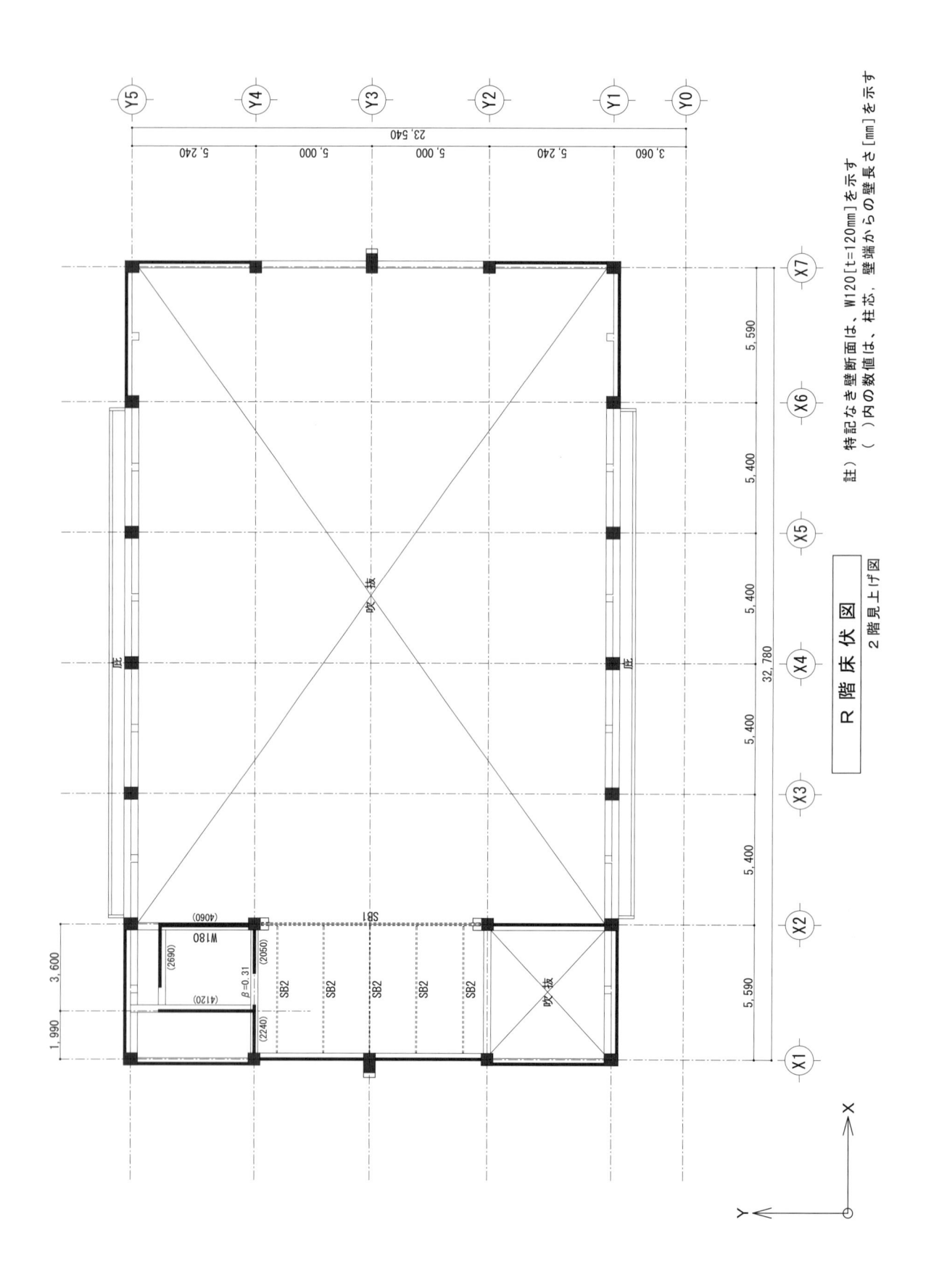

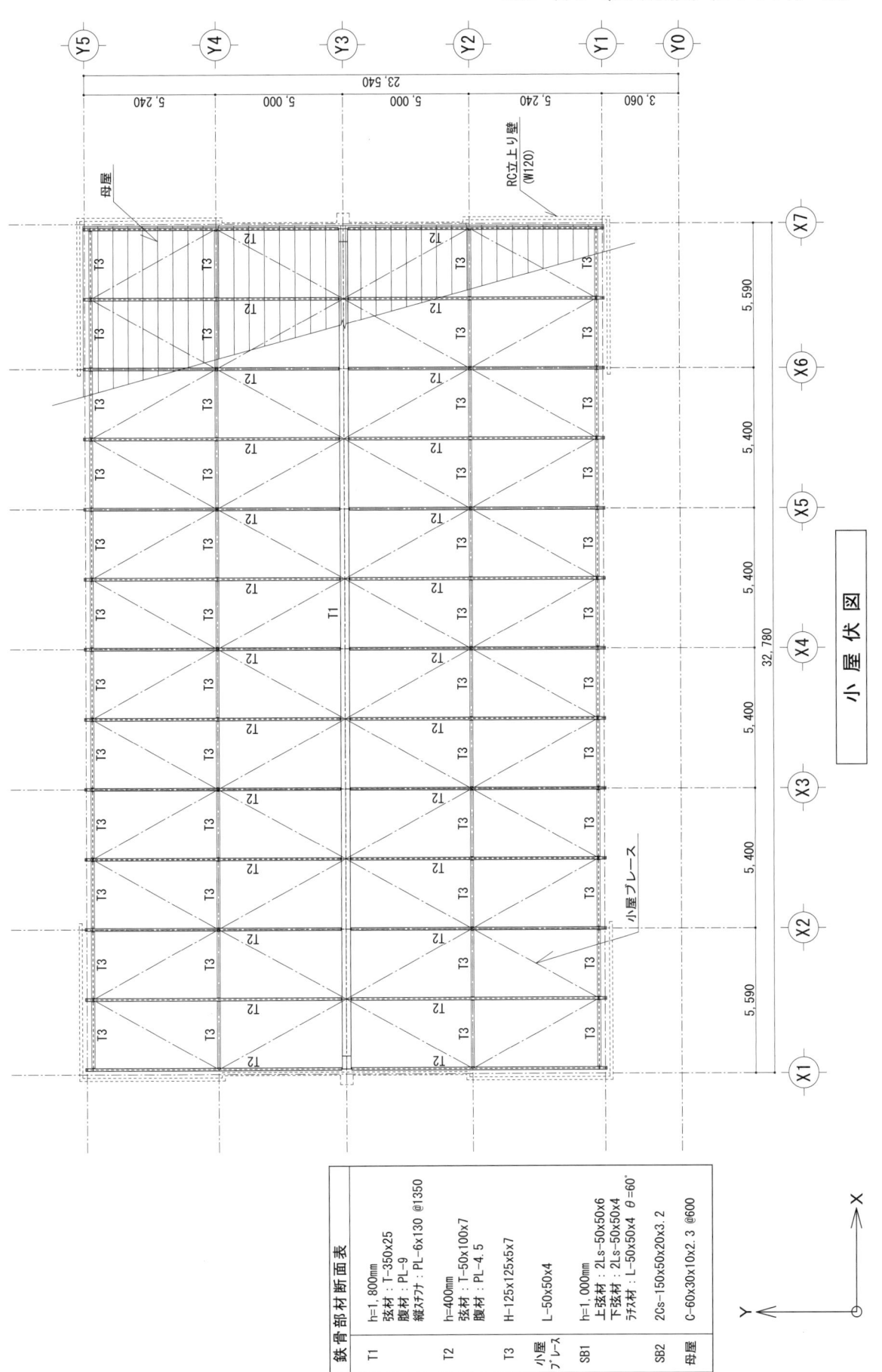

小屋伏図

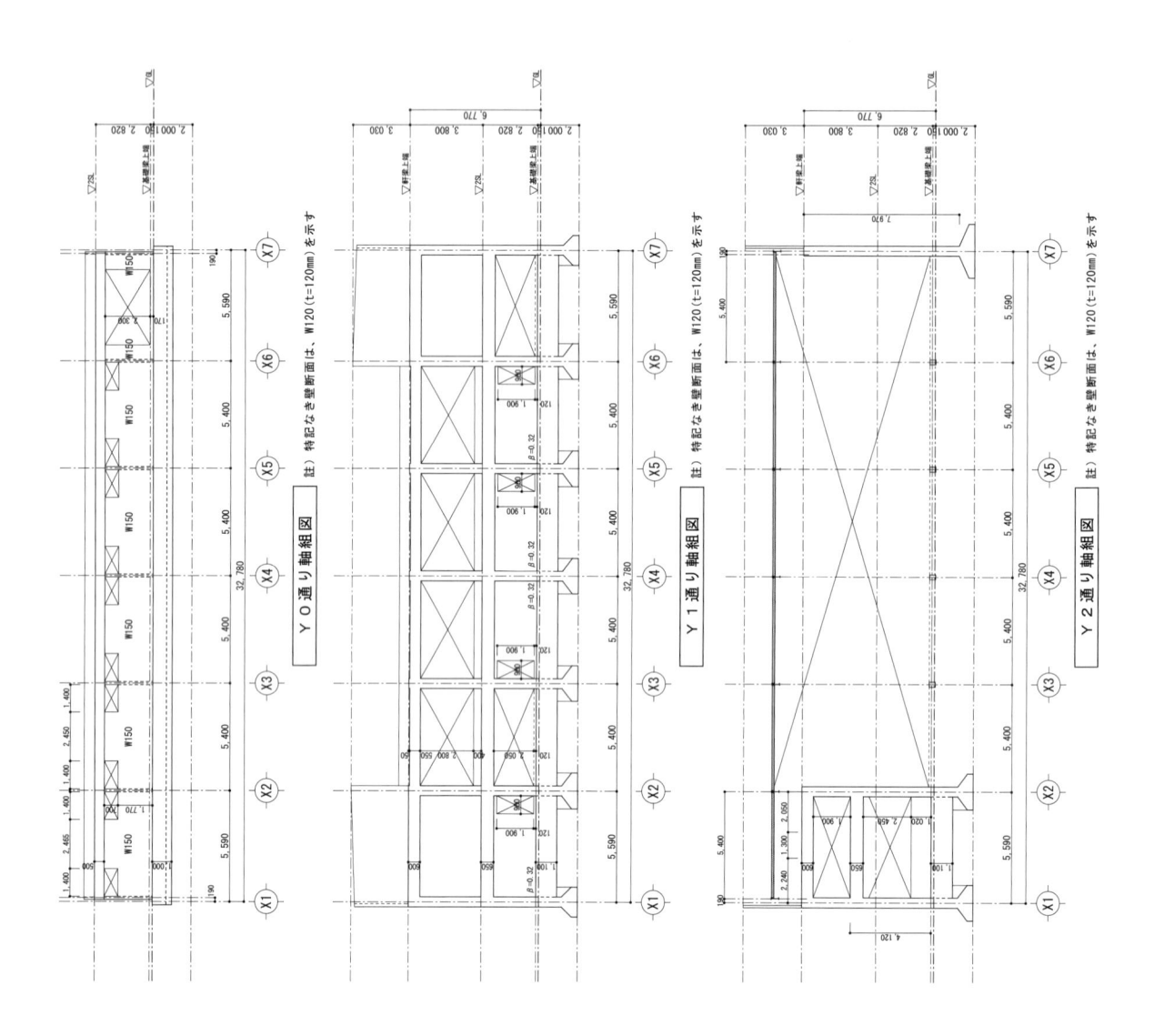

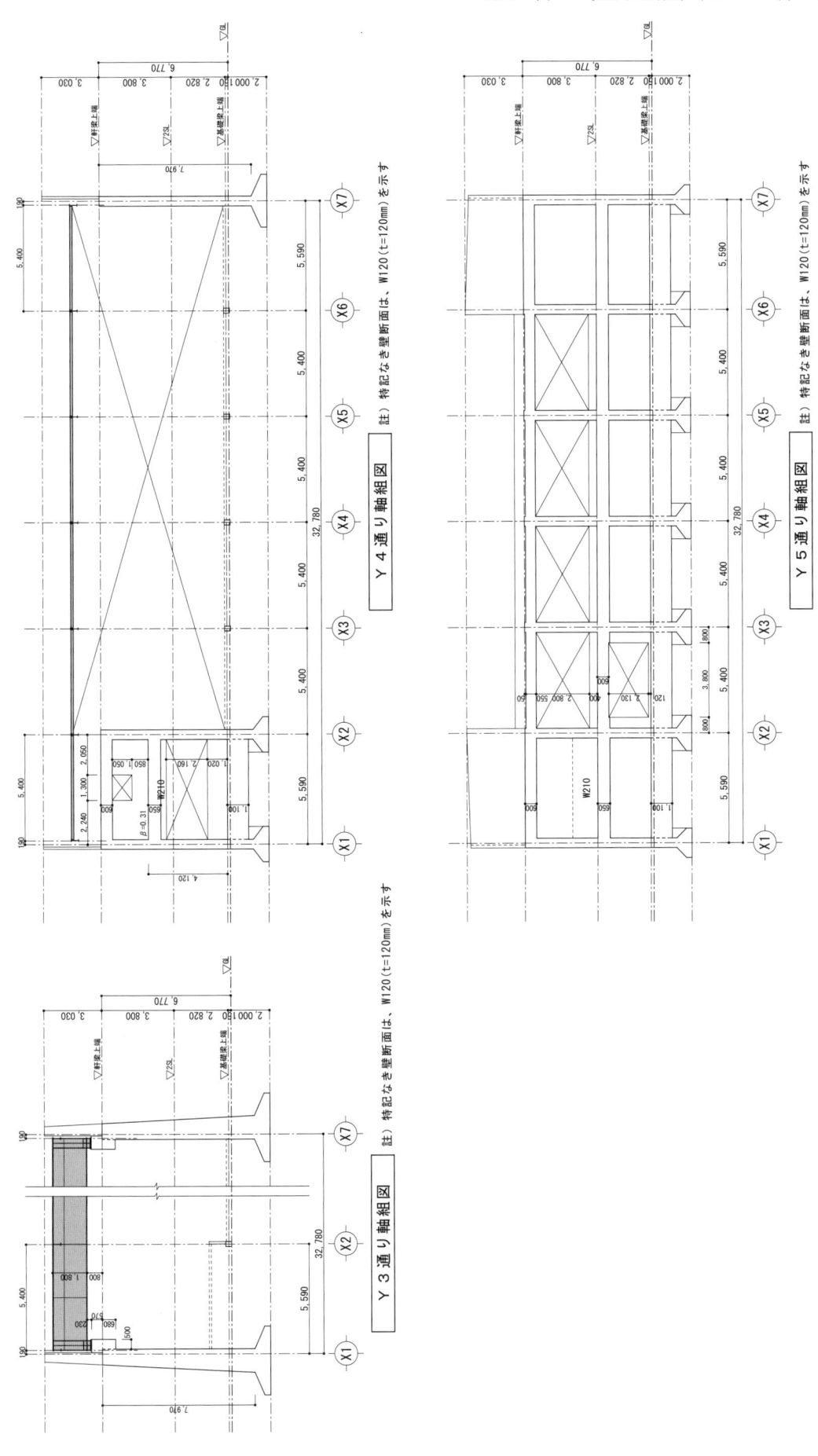

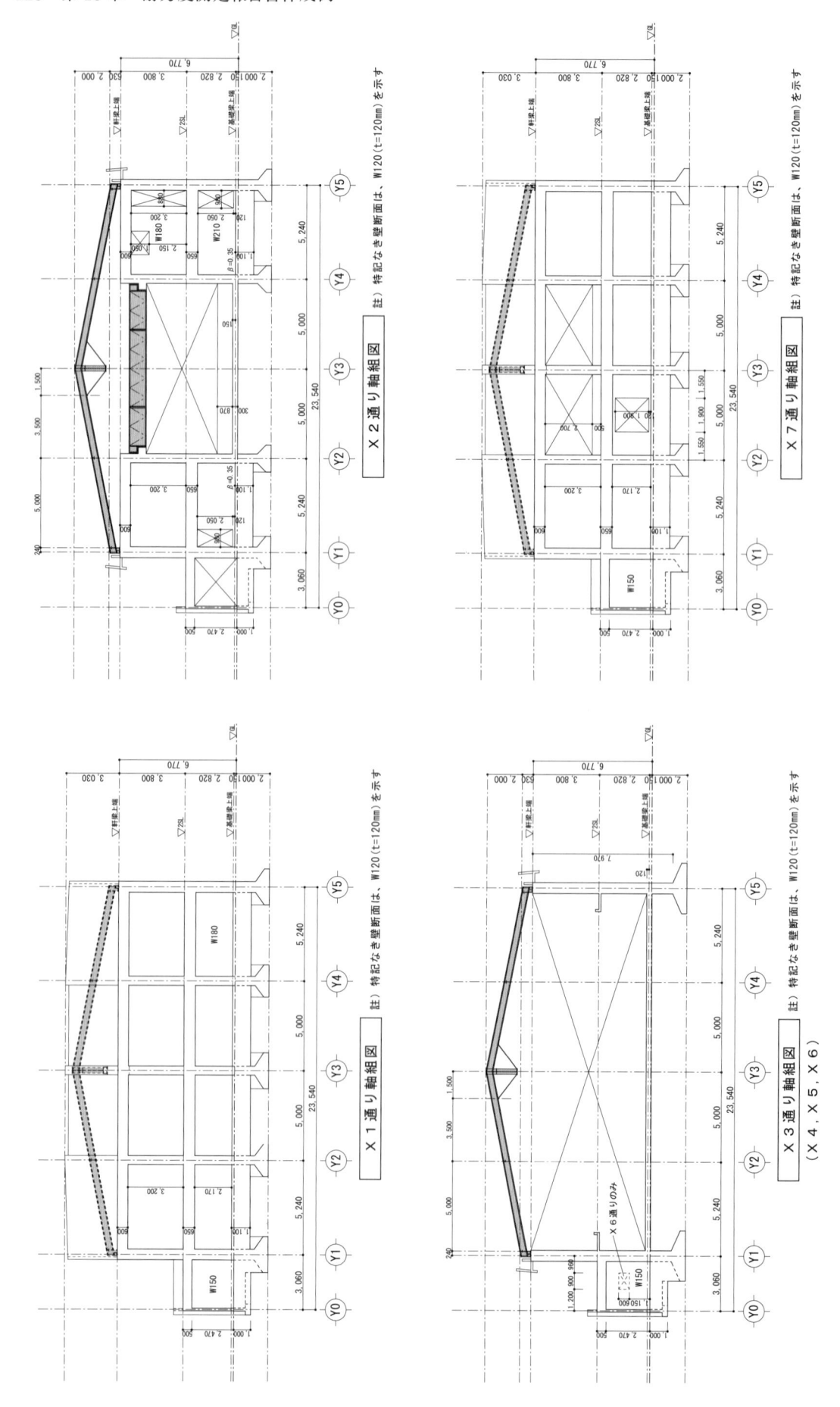

柱断面リスト 註）特記無きHOOPは、9φ−@250を示す ------- : DIA HOOP 9φ−@750

記号	C 1	C 2	C 3	C 4	C 5
2 階			（頂部）		
X×Y	500×600	500×500	8-25φ+4-19φ	500×600	500×500
主筋	8-19φ	8-25φ+2-19φ		6-25φ+2-19φ	8-19φ
HOOP					
1 階	同 上		（脚部）		
X×Y		500×500	12-25φ+4-19φ	500×600	500×500
主筋		16-25φ+2-19φ	(1200〜800)×500	12-25φ+2-19φ	10-19φ
HOOP					

壁断面リスト

断面	W120	W150	W180	W210
	120	150	180	210
縦筋	9φ−@250ｼﾝｸﾞﾙ	9φ−@250ﾀﾞﾌﾞﾙ	9φ−@200ﾀﾞﾌﾞﾙ	9φ−@200ﾀﾞﾌﾞﾙ
横筋	9φ−@250ｼﾝｸﾞﾙ	9φ−@250ﾀﾞﾌﾞﾙ	9φ−@200ﾀﾞﾌﾞﾙ	9φ−@200ﾀﾞﾌﾞﾙ
端部補強筋	1-13φ	2-13φ	2-13φ	2-13φ

W210欄注記: 16φ−@100 ／ 16φ−@200

柱キープラン

柱キープラン（X1〜X7通り、Y0〜Y5通り）
スパン： 5,590 / 5,400 / 5,400 / 5,400 / 5,400 / 5,590（32,780）
Y方向： 3,060 / 5,240 / 5,000 / 5,000 / 5,240 / 3,060（23,540）
柱配置： C1, C2, C3, C4, C5

梁断面リスト

註）特記無き Stp は、9φ-@250 を示す

R 階

記号	G 1		G 2		G 3		G 4		B 1
	外端	中央・内端	端部	中央	端部	中央	端部	中央	中央
b×D	300×600		300×550		300×600		300×600		300×550
上端筋	2-16φ	2-16φ	4-16φ	2-16φ	3-16φ	2-16φ	3-16φ	2-16φ	3-16φ
下端筋	3-16φ	2-16φ	2-16φ	3-16φ	3-16φ	2-16φ	3-16φ	2-16φ	3-16φ
中段筋	2-16φ	2-16φ	2-16φ	2-16φ	2-16φ	2-16φ	2- 9φ	2- 9φ	

2 階

記号	G 1		G 2		G 3		G 4	
	外端	中央・内端	端部	中央	端部	中央	端部	中央
b×D	300×650		300×650		300×650		300×650	
上端筋	3-19φ	2-19φ	4-19φ	2-19φ	3-19φ	2-19φ	4-19φ	2-19φ
下端筋	3-19φ	2-19φ	2-19φ	2-19φ	3-19φ	2-16φ	4-19φ	2-19φ
中段筋	2-16φ	2-16φ	2-16φ	2-16φ	2-16φ	2-16φ	2- 9φ	2- 9φ

※Y5 通り X2～X3 間のみ D-600

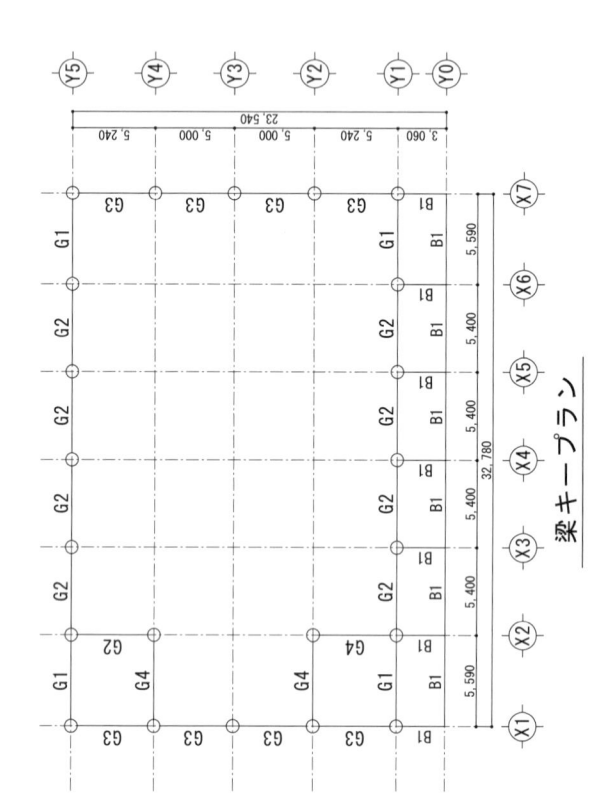

梁キープラン

10.2.2 構造耐力の測定

10.2.2.1 耐震診断結果の概要

　本建物は鉛直架構が RC 造で屋根のみ鉄骨造の屋内運動場（R1 タイプ）であり、屋根面の荷重伝達の検討を行った結果、建物外周面にあたる RC 架構の保有水平耐力が高いものの、鉛直架構間で協働効果を発揮させるに十分な屋根面の耐力は確保されていない。したがって、本建物の耐震診断を行うにあたっては、X、Y 方向ともに鉛直架構の構造性状の違いを考慮して、

　　X 方向：XA、XB、XC、XD ゾーン

　　Y 方向：YA、YB、YC、YD、YE、YF ゾーン

にそれぞれゾーニングを行い、各々のゾーンの耐震診断を行っている。耐震診断結果の一覧を下表に示す（ゾーニング図と診断結果の概要は次頁以降を参照）。

第 2 次診断結果一覧

方向	ゾーン	階	F_u	E_0	形状指標（係数）		T	I_S	保有水平耐力に係わる指標	
					S_D	$1/F_{es}$			$C_{TU} \cdot S_D$	q
X	X-A	2	1.0	3.55	0.78	—	0.99	2.74	2.77	—
		1	1.0	3.14	0.98	—	0.99	3.03	3.07	—
	X-B	2	1.2	3.38	0.78	—	0.99	2.61	2.19	—
		1	1.0	2.03	0.98	—	0.99	1.96	1.98	—
	X-C	1	1.8	0.76	—	1.00	—	0.76	—	1.69
	X-D	1	1.8	0.79	—	1.00	—	0.79	—	1.76
Y	Y-A	2	1.0	5.48	0.88	—	0.99	4.76	4.80	—
		1	1.0	4.04	0.98	—	0.99	3.90	3.94	—
	Y-B	2	1.0	4.52	0.78	—	0.99	3.49	3.53	—
		1	1.0	3.96	0.98	—	0.99	3.83	3.87	—
	Y-C	2	1.0	2.88	0.78	—	0.99	2.23	2.25	—
		1	1.0	3.19	0.98	—	0.99	3.08	3.11	—
	Y-D	2	1.8	9.88	0.98	—	0.99	9.54	5.35	—
		1	1.0	1.74	0.98	—	0.99	1.68	1.69	—
	Y-E	1	2.2	0.82	—	1.00	—	0.82	—	1.48
	Y-F	2	2.2	1.23	—	1.00	—	1.23	—	2.23
		1	1.8	0.97	—	1.00	—	0.97	—	2.16

○各ゾーンの耐震診断結果概要

「X-A ゾーン」の耐震診断結果

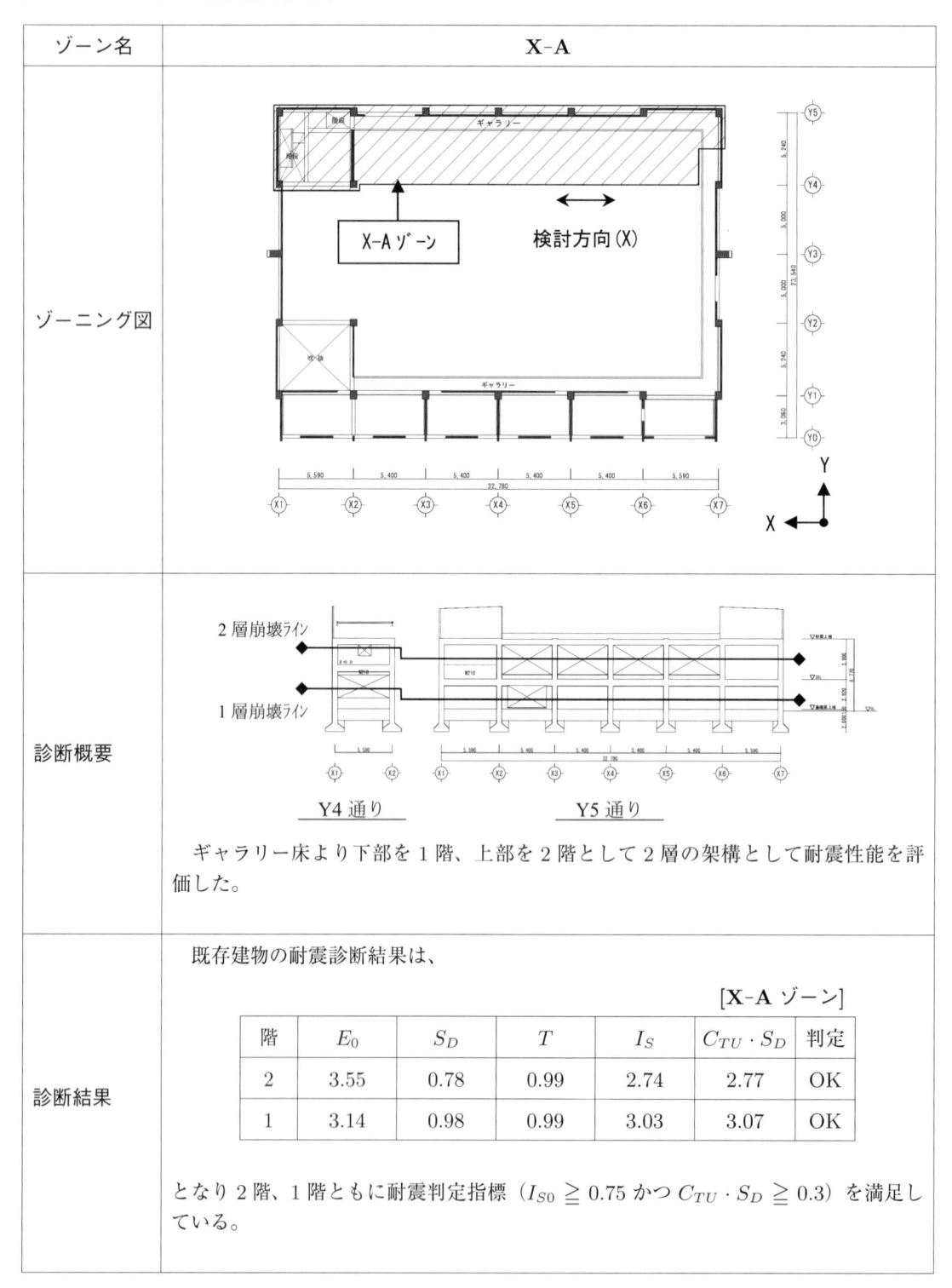

ゾーン名	X-A
ゾーニング図	
診断概要	Y4 通り　　　Y5 通り ギャラリー床より下部を1階、上部を2階として2層の架構として耐震性能を評価した。

診断結果

既存建物の耐震診断結果は、

[X-A ゾーン]

階	E_0	S_D	T	I_S	$C_{TU} \cdot S_D$	判定
2	3.55	0.78	0.99	2.74	2.77	OK
1	3.14	0.98	0.99	3.03	3.07	OK

となり2階、1階ともに耐震判定指標（$I_{S0} \geqq 0.75$ かつ $C_{TU} \cdot S_D \geqq 0.3$）を満足している。

「X-A ゾーン」の第 2 次診断結果

```
|--------------------------------------------------------------------------------------------|
|                        第 2 次診断結果表（２００１年改訂版対応）                           |
|--------------------------------------------------------------------------------------------|
|   建物の名称（○学校○号棟　X－A）        竣工年度（  1971年  ）     住所（  ○○市  ）     |
|--------------------------------------------------------------------------------------------|
|      診断者名（  ○○建築設計事務所  ）      診断年月日（ 2005/02/25 ）                    |
|--------------------------------------------------------------------------------------------|
|   構造耐震判定指標   Iso = Es x Z x G x U =  0.75                                           |
|--------------------------------------------------------------------------------------------|
|        建物の階数（ 2 ）          診断方向 （ X ）        経年指標：T = 0.99               |
|--------------------------------------------------------------------------------------------|
```

階	適用式	Fu	CTu	F2	CT2	F1	CT1	EO	SD	IS	CTuxSD	Nr < N	採用値	備 考
2	(5)式	1.00	3.55					(3.55)	0.78	(2.74)	(2.769)			
		1.20	2.74					3.29		2.54	2.136			
		1.60	1.42					2.27		1.75	1.106			
		2.30	0.30					0.68		0.53	0.232			
	(4)式	1.20	2.74			1.00	0.88	3.40		2.63	2.136			
		1.60	1.42			1.00	2.20	3.16		2.44	1.106			
		2.30	0.30			1.00	3.32	3.39		2.62	0.232			
1	(5)式	1.00	3.14					(3.14)	0.98	(3.03)	(3.066)			
		2.00	0.14					0.28		0.27	0.135			
		2.30	0.06					0.15		0.14	0.062	*(1)		
	(4)式	2.00	0.14			1.00	3.04	3.06		2.95	0.135			
		2.30	0.06			1.00	3.10	3.10		2.99	0.062	*(1)		

```
|--------------------------------------------------------------------------------------------|
| ＊：印は、第 2 種構造要素の検討対象部材が存在することを示し、（  ）内の数値は、検討対象部材数を示す。 |
| ・採用値は、診断者が中間結果を基に、CTSD、第 2 種構造要素、偏心の検討を行い総合的に判断し、結果表を作成する。 |
| ・入力した軸力が残存軸耐力を満足する範囲でのCT指標及びEO指標は中間結果を参照。               |
| ・外力分布は　A i 分布を使用                                                                |
|--------------------------------------------------------------------------------------------|
```

◯ ：採用値を示す

備考（1、2 階とも）

$F = 1.0$ を第 1 グループとして式 (5) により算定した E_0 指標が最大となる強度抵抗型である。層の靭性指標を $F = 1.0$ とした場合に第 2 種構造要素となる部材は存在しない。

よって、$F = 1.0$ を第 1 グループとして式 (5) により算定した指標値を採用する。

「X-B ゾーン」の耐震診断結果

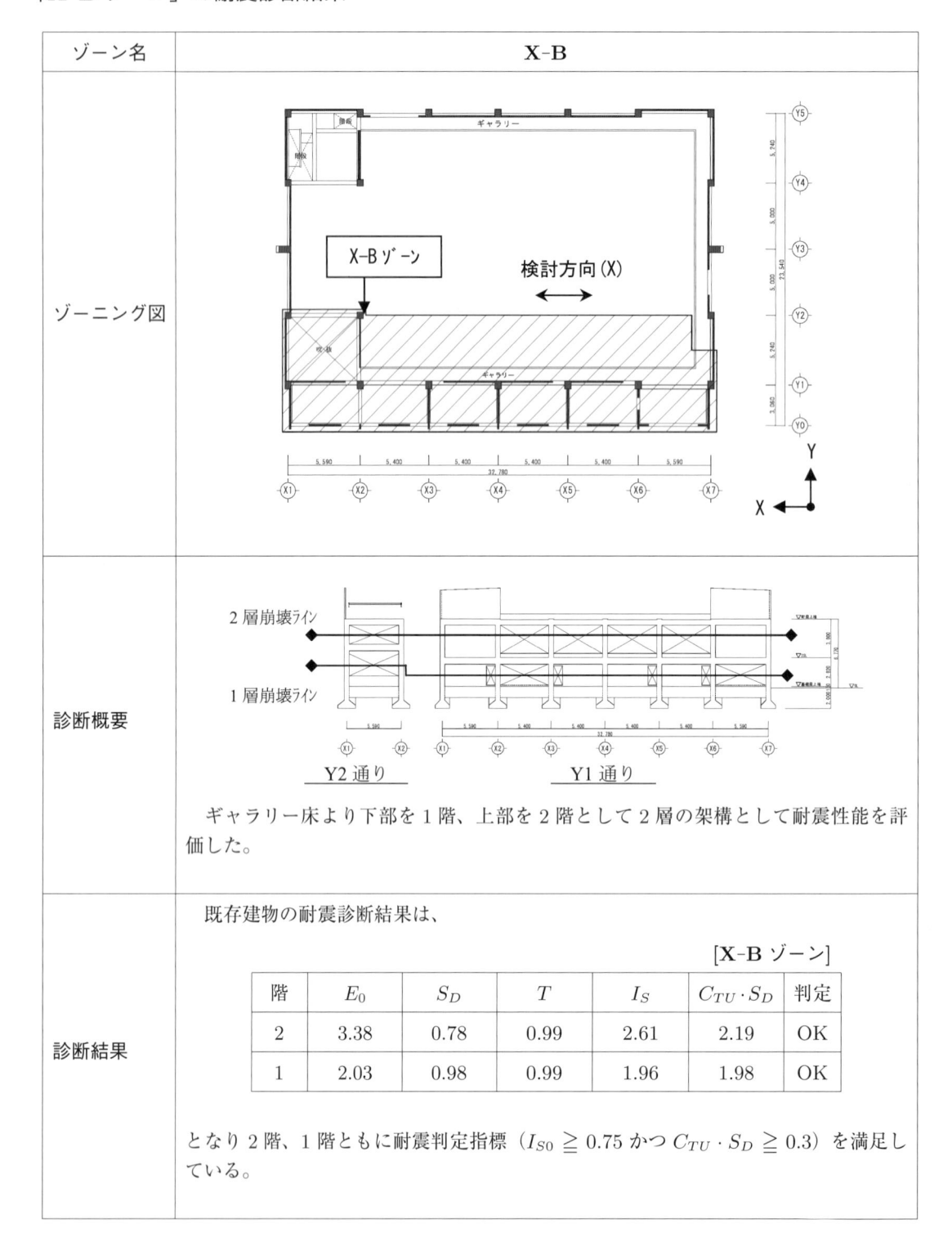

ゾーン名	X-B
ゾーニング図	
診断概要	ギャラリー床より下部を 1 階、上部を 2 階として 2 層の架構として耐震性能を評価した。

診断結果

既存建物の耐震診断結果は、

[X-B ゾーン]

階	E_0	S_D	T	I_S	$C_{TU} \cdot S_D$	判定
2	3.38	0.78	0.99	2.61	2.19	OK
1	2.03	0.98	0.99	1.96	1.98	OK

となり 2 階、1 階ともに耐震判定指標（$I_{S0} \geqq 0.75$ かつ $C_{TU} \cdot S_D \geqq 0.3$）を満足している。

「X-B ゾーン」の第 2 次診断結果

```
|-------------------------------------------------------------------------------------|
|                     第 2 次診断結果表（２００１年改訂版対応）                          |
|-------------------------------------------------------------------------------------|
|      建物の名称（〇学校〇号棟　X－B）        竣工年度（   1971年   ）      住所（   〇〇市   ） |
|-------------------------------------------------------------------------------------|
|      診断者名（   〇〇建築設計事務所   ）    診断年月日（ 2005/02/25 ）                |
|-------------------------------------------------------------------------------------|
|      構造耐震判定指標    Iso = Es x Z x G x U =  0.75                                 |
|-------------------------------------------------------------------------------------|
|           建物の階数（ 2 ）          診断方向  （ X ）        経年指標：T = 0.99      |
|-------------------------------------------------------------------------------------|
```

階	適用式	Fu	CTu	F2	CT2	F1	CT1	EO	SD	IS	CTuxSD	Nr ＜ N	採用値	備　考
2	(5)式	1.20	2.81					3.38	0.78	2.61	2.194			
		1.60	1.56					2.49		1.92	1.213			
		1.80	0.49					0.88		0.68	0.380			
		2.30	0.28					0.65		0.50	0.221	*(2)		
	(4)式	1.60	1.56			1.20	1.26	2.91		2.25	1.213			
		1.80	0.49			1.20	2.33	2.93		2.26	0.380			
		2.30	0.28			1.20	2.53	3.11		2.40	0.221	*(2)		
1	(5)式	1.00	2.03					2.03	0.98	1.96	1.977			
		1.40	0.75					1.05		1.01	0.730			
		2.30	0.14					0.33		0.32	0.139			
		2.59	0.04					0.11		0.11	0.042	*(2)		
	(4)式	1.40	0.75			1.00	1.32	1.68		1.63	0.730			
		2.30	0.14			1.00	1.92	1.95		1.88	0.139			
		2.59	0.04			1.00	2.00	2.00		1.93	0.042	*(2)		

（注：EO=3.38, IS=2.61, CTuxSD=2.194（2階(5)式）および EO=2.03, IS=1.96, CTuxSD=1.977（1階(5)式）に採用値を示す〇印あり）

```
|-------------------------------------------------------------------------------------|
| ＊：印は、第 2 種構造要素の検討対象部材が存在することを示し、（　）内の数値は、検討対象部材数を示す。  |
| ・採用値は、診断者が中間結果を基に、CTSD、第2種構造要素、偏心の検討を行い総合的に判断し、結果表を作成する。 |
| ・入力した軸力が残存軸耐力を満足する範囲でのCT指標及びEO指標は中間結果を参照。                  |
| ・外力分布は　Ａｉ分布を使用                                                        |
|-------------------------------------------------------------------------------------|
```

$\bigcirc$ ：採用値を示す

備考

2 階：$F = 1.2$ を第 1 グループとして式 (5) により算定した E_0 指標が最大となる。層の靭性指標を $F = 1.2$ とした場合に第 2 種構造要素となる部材は存在しない。

よって、$F = 1.2$ を第 1 グループとして式 (5) により算定した指標値を採用する。

1 階：$F = 1.0$ を第 1 グループとして式 (5) により算定した E_0 指標が最大となる。層の靭性指標を $F = 1.0$ とした場合に第 2 種構造要素となる部材は存在しない。

よって、$F = 1.0$ を第 1 グループとして式 (5) により算定した指標値を採用する。

「X-C ゾーン」の耐震診断結果

ゾーン名	X-C
ゾーニング図	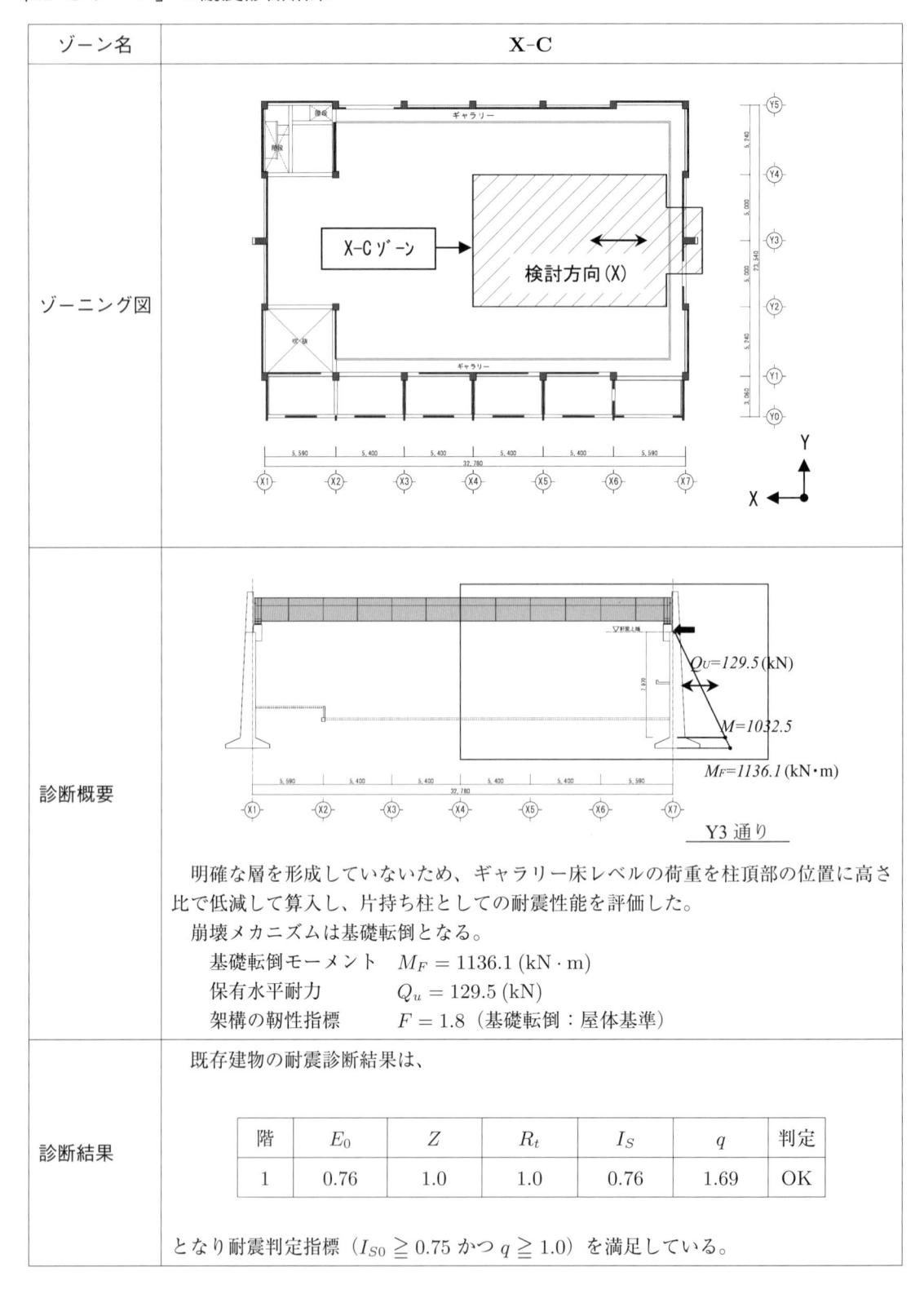
診断概要	明確な層を形成していないため、ギャラリー床レベルの荷重を柱頂部の位置に高さ比で低減して算入し、片持ち柱としての耐震性能を評価した。 崩壊メカニズムは基礎転倒となる。 基礎転倒モーメント $M_F = 1136.1$ (kN·m) 保有水平耐力 $Q_u = 129.5$ (kN) 架構の靭性指標 $F = 1.8$（基礎転倒：屋体基準）
診断結果	既存建物の耐震診断結果は、

階	E_0	Z	R_t	I_S	q	判定
1	0.76	1.0	1.0	0.76	1.69	OK

となり耐震判定指標（$I_{S0} \geqq 0.75$ かつ $q \geqq 1.0$）を満足している。

「X-D ゾーン」の耐震診断結果

ゾーン名	X-D
ゾーニング図	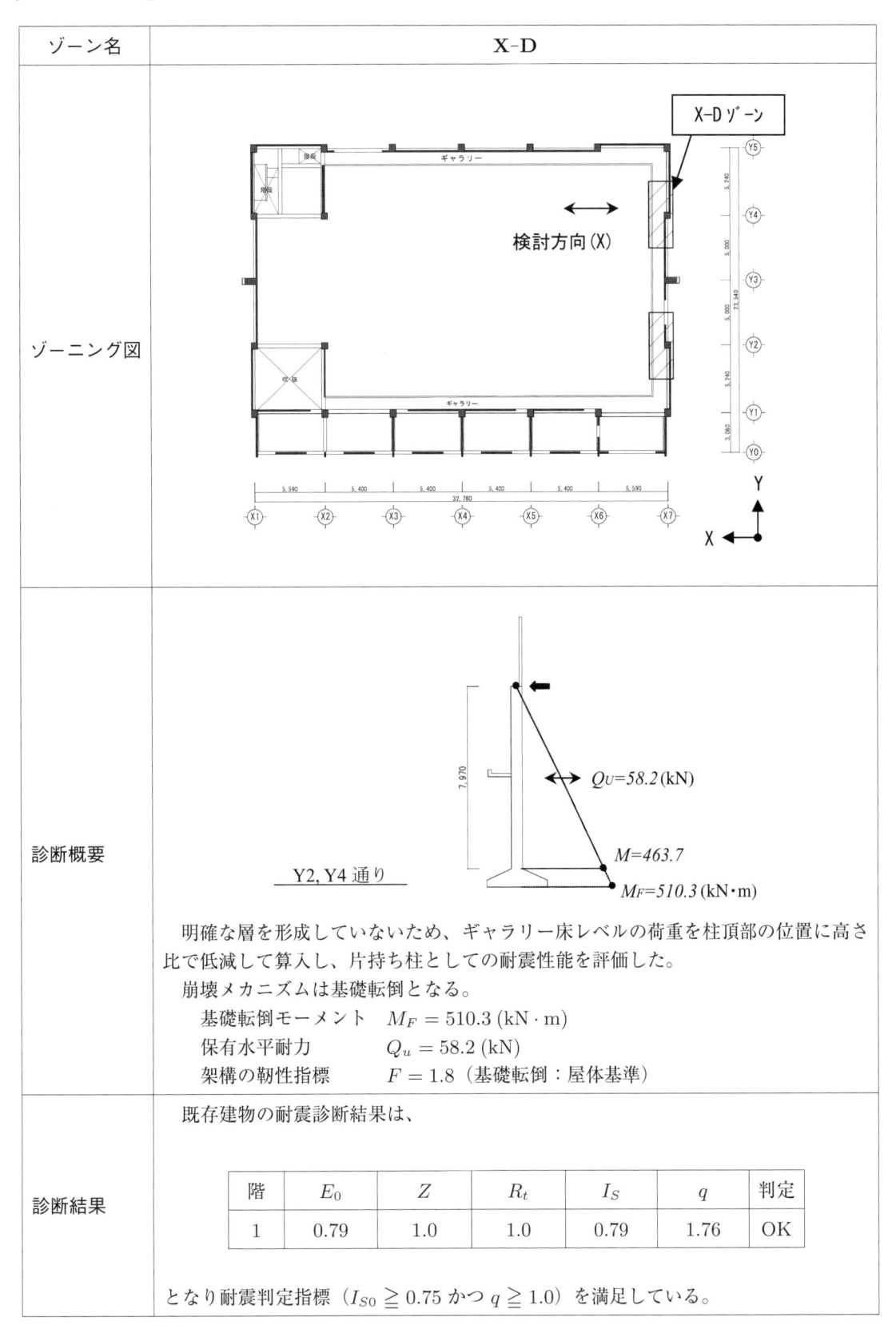
診断概要	明確な層を形成していないため、ギャラリー床レベルの荷重を柱頂部の位置に高さ比で低減して算入し、片持ち柱としての耐震性能を評価した。 崩壊メカニズムは基礎転倒となる。 基礎転倒モーメント $M_F = 510.3\,(\mathrm{kN \cdot m})$ 保有水平耐力 $Q_u = 58.2\,(\mathrm{kN})$ 架構の靭性指標 $F = 1.8$ (基礎転倒:屋体基準)

診断結果の箇所:

既存建物の耐震診断結果は、

階	E_0	Z	R_t	I_S	q	判定
1	0.79	1.0	1.0	0.79	1.76	OK

となり耐震判定指標 ($I_{S0} \geqq 0.75$ かつ $q \geqq 1.0$) を満足している。

「Y-A ゾーン」の耐震診断結果

ゾーン名	Y-A
ゾーニング図	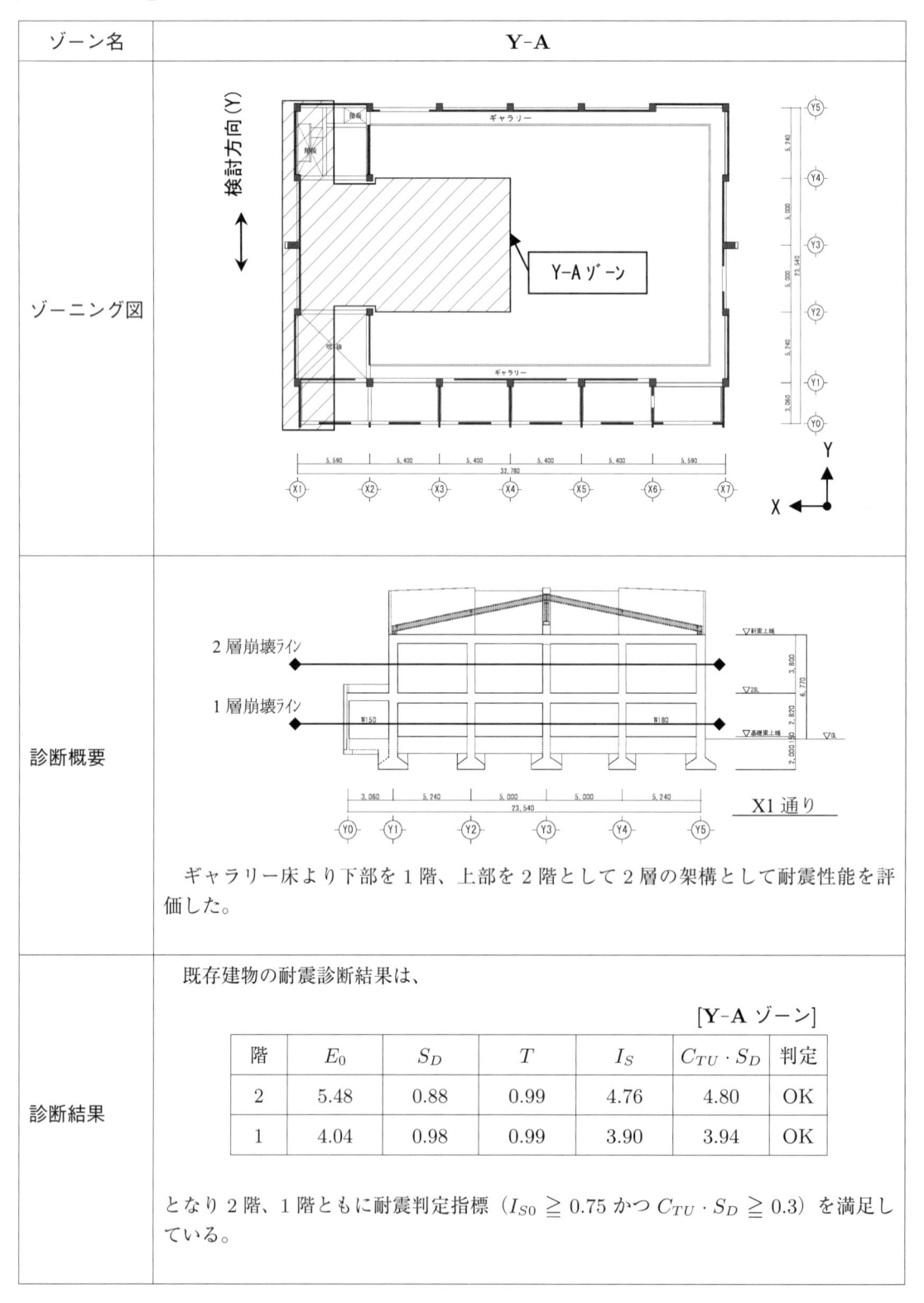
診断概要	ギャラリー床より下部を1階、上部を2階として2層の架構として耐震性能を評価した。
診断結果	既存建物の耐震診断結果は、 [Y-A ゾーン] となり2階、1階ともに耐震判定指標（$I_{S0} \geqq 0.75$ かつ $C_{TU} \cdot S_D \geqq 0.3$）を満足している。

[Y-A ゾーン]

階	E_0	S_D	T	I_S	$C_{TU} \cdot S_D$	判定
2	5.48	0.88	0.99	4.76	4.80	OK
1	4.04	0.98	0.99	3.90	3.94	OK

「**Y-A** ゾーン」の第 2 次診断結果

```
|-----------------------------------------------------------------------------------|
|                        第２次診断結果表（２００１年改訂版対応）                      |
|-----------------------------------------------------------------------------------|
|    建物の名称（○学校○号棟　Ｙ－Ａ）        竣工年度（   1971年   ）      住所（   ○○市   ） |
|-----------------------------------------------------------------------------------|
|    診断者名（   ○○建築設計事務所     ）        診断年月日 （ 2005/02/25 ）          |
|-----------------------------------------------------------------------------------|
|    構造耐震判定指標    Iso = Es x Z x G x U =  0.75                                 |
|-----------------------------------------------------------------------------------|
|        建物の階数（ 2 ）            診断方向 （ Y ）          経年指標：T = 0.99     |
|-----------------------------------------------------------------------------------|
```

階	適用式	Fu	CTu	F2	CT2	F1	CT1	EO	SD	IS	CTuxSD	Nr ＜ N	採用値	備 考
2	(5)式	1.00	5.48					(5.48)	0.88	(4.76)	(4.804)			
1	(5)式	1.00	4.04					(4.04)	0.98	(3.90)	(3.938)			

```
|-----------------------------------------------------------------------------------|
| ・採用値は、診断者が中間結果を基に、CTSD、第2種構造要素、偏心の検討を行い総合的に判断し、結果表を作成する。 |
| ・入力した軸力が残存軸耐力を満足する範囲でのCT指標及びEO指標は中間結果を参照。                 |
| ・外力分布は　Ａｉ分布を使用                                                         |
|-----------------------------------------------------------------------------------|
```

⬭ ：採用値を示す

備考（1、2 階とも）

　　Y-A ゾーンの 2 階を構成する鉛直部材は X1 通り妻壁のみである。X1 通り妻壁は開口部のない耐震壁のみの部材構成であり、破壊モードは $F = 1.0$ のせん断壁である。

「Y-B ゾーン」の耐震診断結果

ゾーン名	Y-B
ゾーニング図	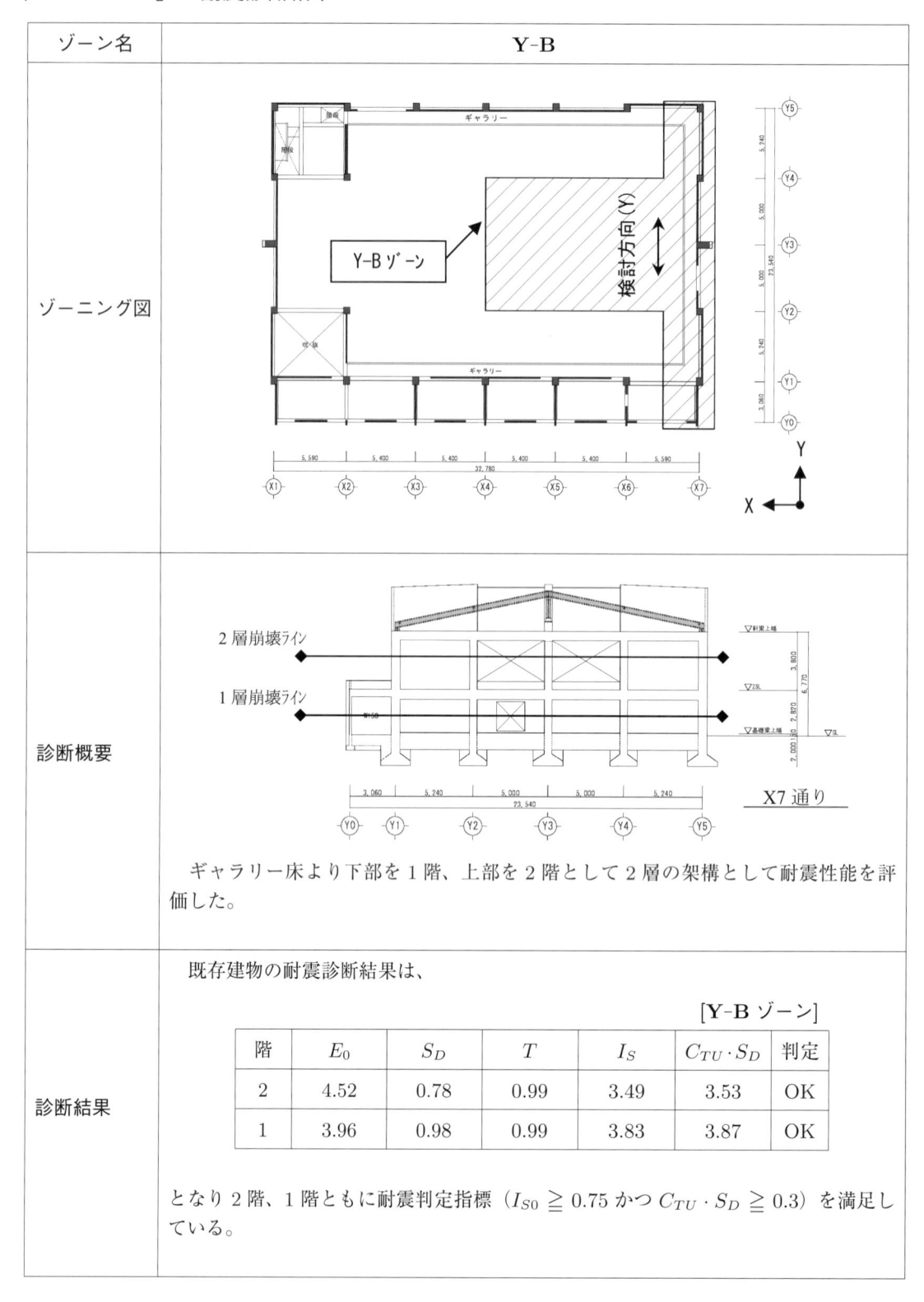
診断概要	ギャラリー床より下部を1階、上部を2階として2層の架構として耐震性能を評価した。
診断結果	既存建物の耐震診断結果は、 [Y-B ゾーン] _table below_

[Y-B ゾーン]

階	E_0	S_D	T	I_S	$C_{TU} \cdot S_D$	判定
2	4.52	0.78	0.99	3.49	3.53	OK
1	3.96	0.98	0.99	3.83	3.87	OK

となり2階、1階ともに耐震判定指標（$I_{S0} \geqq 0.75$ かつ $C_{TU} \cdot S_D \geqq 0.3$）を満足している。

「Y-B ゾーン」の第 2 次診断結果

第 2 次診断結果表（２００１年改訂版対応）
建物の名称（〇学校〇号棟　Y－B）　　竣工年度（　1971年　）　　住所（　〇〇市　）
診断者名（　〇〇建築設計事務所　）　　診断年月日（ 2005/02/25 ）
構造耐震判定指標　Iso = Es x Z x G x U = 　0.75
建物の階数（ 2 ）　　　診断方向（ Y ）　　　経年指標：T = 0.99

階	適用式	Fu	CTu	F2	CT2	F1	CT1	E0	SD	IS	CTuxSD	Nr < N	採用値	備　考
2	(5)式	1.00	4.52					(4.52)	0.78	(3.49)	(3.527)			
		2.30	0.22					0.51		0.39	0.172			
	(4)式	2.30	0.22			1.00	4.35	4.38		3.38	0.172			
1	(5)式	1.00	3.96					(3.96)	0.98	(3.83)	(3.865)			

・採用値は、診断者が中間結果を基に、CTSD、第2種構造要素、偏心の検討を行い総合的に判断し、結果表を作成する。
・入力した軸力が残存軸耐力を満足する範囲でのCT指標及びEO指標は中間結果を参照。
・外力分布は　Ａｉ分布を使用

〇〇〇〇〇　：採用値を示す

備考

2 階：$F = 1.0$ を第 1 グループとして式 (5) により算定した E_0 指標が最大となり、層の靭性指標を $F = 1.0$ とした場合に第 2 種構造要素となる部材は存在しない。

よって、$F = 1.0$ を第 1 グループとして式 (5) により算定した指標値を採用する。

1 階：Y-B ゾーンの 1 階を構成する鉛直部材は X7 通り妻壁のみである。

X7 通り妻壁は耐震壁のみの部材構成であり、破壊モードは $F = 1.0$ のせん断壁である。

「Y-C ゾーン」の耐震診断結果

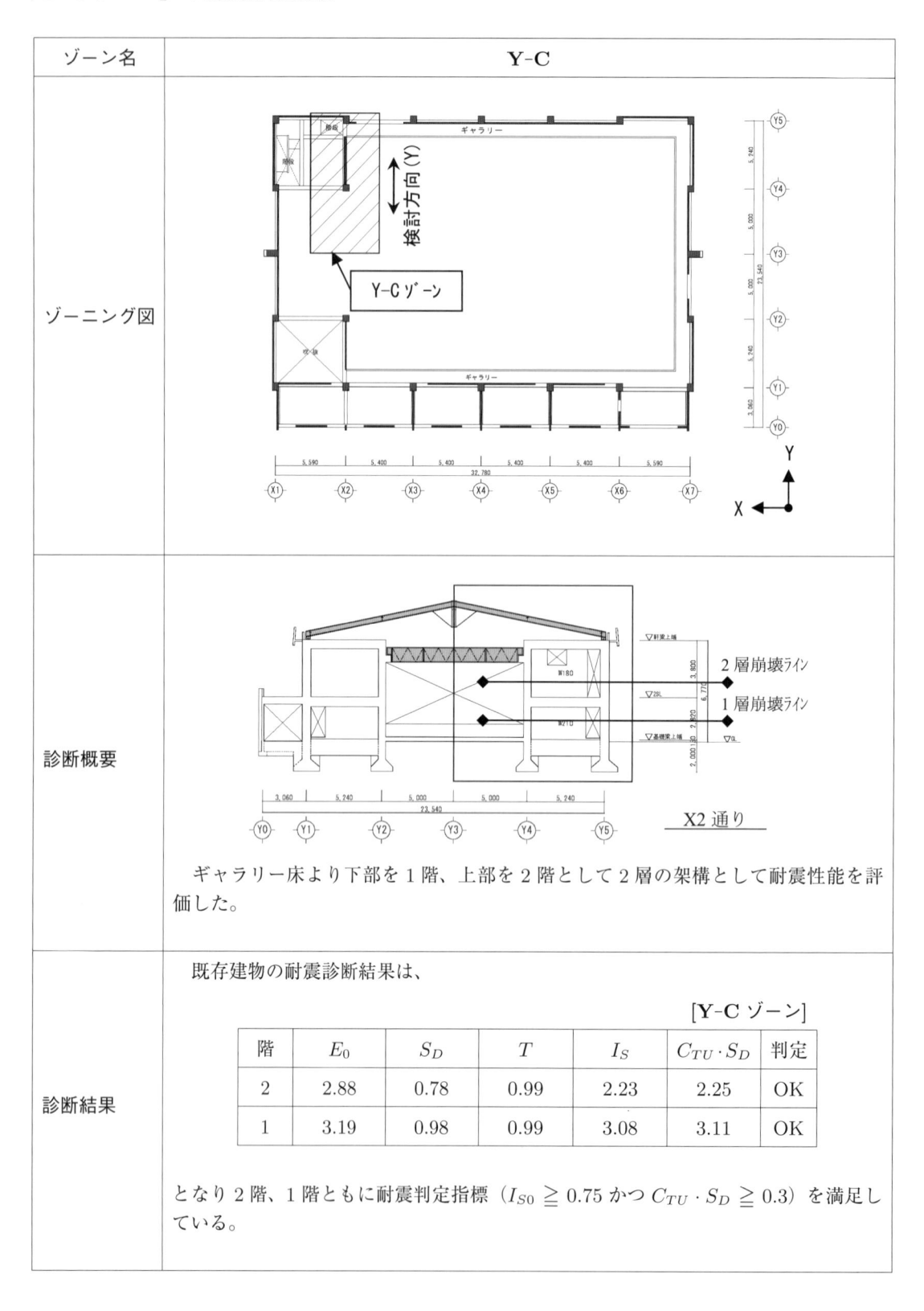

ゾーン名	Y-C
ゾーニング図	
診断概要	ギャラリー床より下部を 1 階、上部を 2 階として 2 層の架構として耐震性能を評価した。

診断結果

既存建物の耐震診断結果は、

[Y-C ゾーン]

階	E_0	S_D	T	I_S	$C_{TU} \cdot S_D$	判定
2	2.88	0.78	0.99	2.23	2.25	OK
1	3.19	0.98	0.99	3.08	3.11	OK

となり 2 階、1 階ともに耐震判定指標（$I_{S0} \geqq 0.75$ かつ $C_{TU} \cdot S_D \geqq 0.3$）を満足している。

「Y-C ゾーン」の第2次診断結果

	第2次診断結果表（2001年改訂版対応）
建物の名称（○学校○号棟　Y－C）　　竣工年度（　1971年　）　　住所（　○○市　）	
診断者名（　○○建築設計事務所　）　　診断年月日（ 2005/02/25 ）	
構造耐震判定指標　Iso = Es x Z x G x U ＝　0.75	
建物の階数（ 2 ）　　　　診断方向　（ Y ）　　　経年指標：T = 0.99	

階	適用式	Fu	CTu	F2	CT2	F1	CT1	EO	SD	IS	CTuxSD	Nr＜N	採用値	備 考
2	(5)式	1.00	2.88					2.88	0.78	2.23	2.250			
		2.59	0.45					1.17		0.90	0.352	*(1)		
	(4)式	2.59	0.45			1.00	2.56	2.81		2.17	0.352	*(1)		
1	(5)式	1.00	3.19					3.19	0.98	3.08	3.108			

・採用値は、診断者が中間結果を基に、CTSD、第2種構造要素、偏心の検討を行い総合的に判断し、結果表を作成する。
・入力した軸力が残存軸耐力を満足する範囲でのCT指標及びEO指標は中間結果を参照。
・外力分布は　Ａｉ分布を使用

◯ ：採用値を示す

備考

2階：$F = 1.0$ を第1グループとして式 (5) により算定した E_0 指標が最大となり、層の靭性指標を $F = 1.0$ とした場合に第2種構造要素となる部材は存在しない。

よって、$F = 1.0$ を第1グループとして式 (5) により算定した指標値を採用する。

1階：Y-C ゾーンの1階を構成する鉛直部材は開口付き壁（耐震壁）1枚のみである。この壁の破壊モードは $F = 1.0$ のせん断壁である。

「Y-D ゾーン」の耐震診断結果

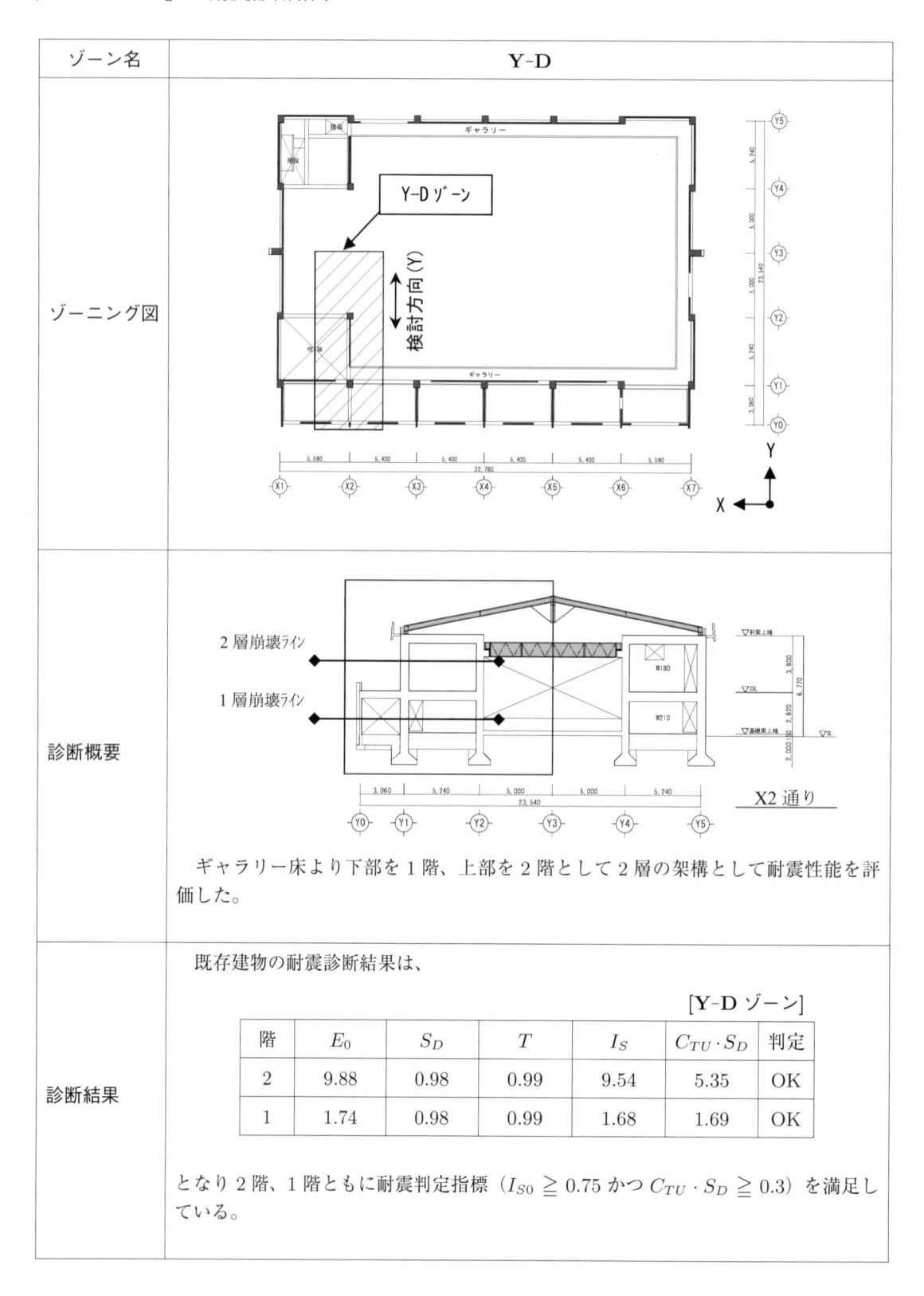

階	E_0	S_D	T	I_S	$C_{TU} \cdot S_D$	判定
2	9.88	0.98	0.99	9.54	5.35	OK
1	1.74	0.98	0.99	1.68	1.69	OK

ゾーン名	Y-D
ゾーニング図	
診断概要	ギャラリー床より下部を1階、上部を2階として2層の架構として耐震性能を評価した。
診断結果	既存建物の耐震診断結果は、[Y-D ゾーン]（上表）となり2階、1階ともに耐震判定指標（$I_{S0} \geqq 0.75$ かつ $C_{TU} \cdot S_D \geqq 0.3$）を満足している。

「Y-D ゾーン」の第 2 次診断結果

```
第 2 次診断結果表（２００１年改訂版対応）
```

建物の名称（〇学校〇号棟　Y－D）　　竣工年度（　1971年　）　　住所（　〇〇市　）

診断者名（　〇〇建築設計事務所　）　　診断年月日（ 2005/02/25 ）

構造耐震判定指標　　Iso = Es x Z x G x U ＝　0.75

建物の階数（ 2 ）　　　　診断方向 （ Y ）　　　　経年指標：T = 0.99

階	適用式	Fu	CTu	F2	CT2	F1	CT1	EO	SD	IS	CTuxSD	Nr < N	採用値	備考
2	(5)式	1.80	5.49					9.88	0.98	9.54	5.354			
1	(5)式	1.00	1.74					1.74	0.98	1.68	1.693			

- ・採用値は、診断者が中間結果を基に、CTSD、第2種構造要素、偏心の検討を行い総合的に判断し、結果表を作成する。
- ・入力した軸力が残存軸耐力を満足する範囲でのCT指標及びEO指標は中間結果を参照。
- ・外力分布は　Ａｉ分布を使用

⬭ ：採用値を示す

備考

　2階：Y-D ゾーンの 2 階を構成する鉛直部材は無開口耐震壁 1 枚のみである。

　　　　この壁の破壊モードは $F = 1.80$ の曲げ壁である。

　1階：Y-D ゾーンの 1 階を構成する鉛直部材は開口付き耐震壁 1 枚のみである。

　　　　この壁の破壊モードは $F = 1.0$ のせん断壁である。

「Y-E ゾーン」の耐震診断結果

ゾーン名	Y-E
ゾーニング図	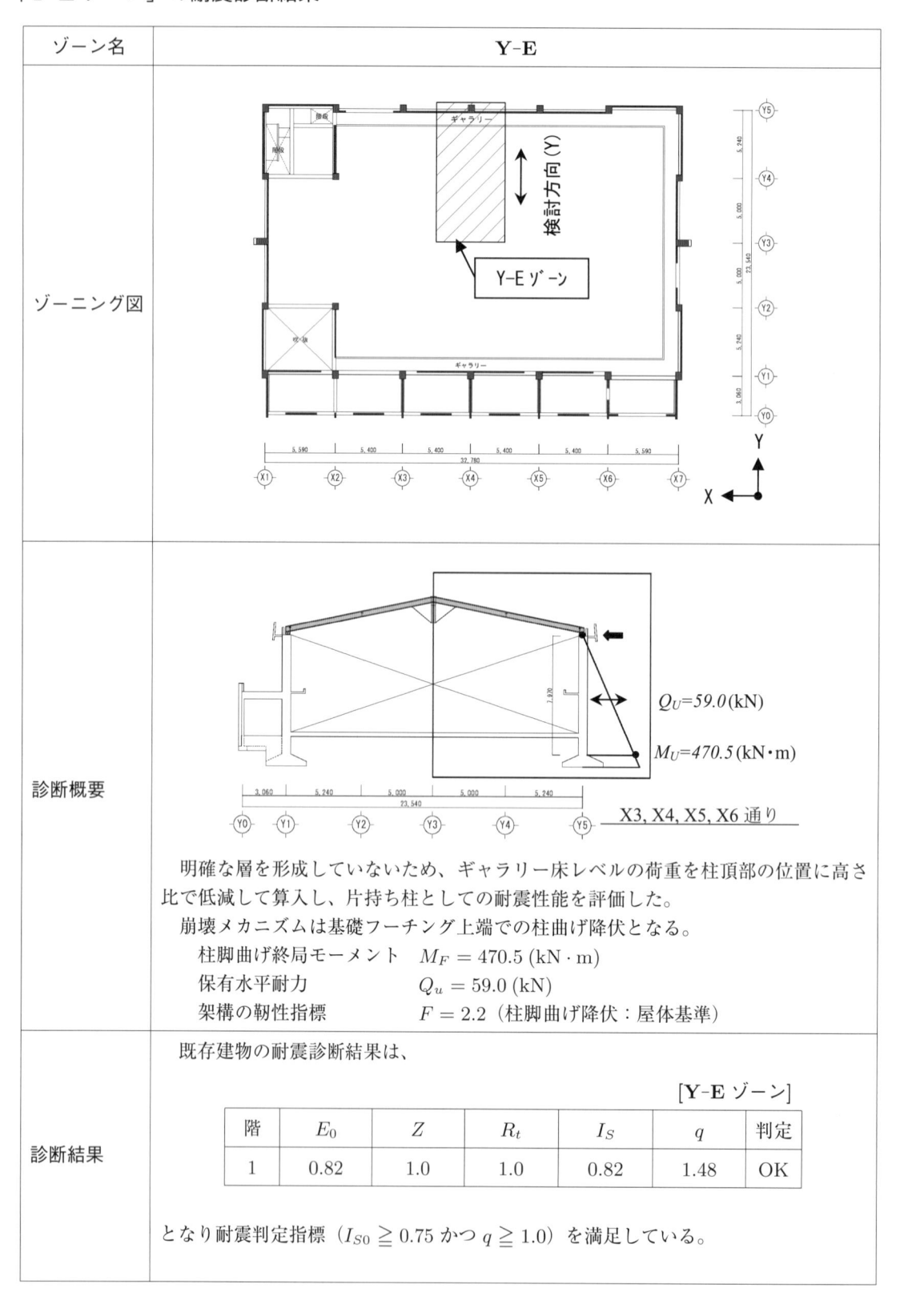
診断概要	明確な層を形成していないため、ギャラリー床レベルの荷重を柱頂部の位置に高さ比で低減して算入し、片持ち柱としての耐震性能を評価した。 崩壊メカニズムは基礎フーチング上端での柱曲げ降伏となる。 柱脚曲げ終局モーメント　$M_F = 470.5$ (kN・m) 保有水平耐力　　　　　　$Q_u = 59.0$ (kN) 架構の靭性指標　　　　　$F = 2.2$ （柱脚曲げ降伏：屋体基準）
診断結果	既存建物の耐震診断結果は、 [Y-E ゾーン]

診断概要図中の注記：

Q_U=59.0(kN)

M_U=470.5(kN・m)

X3, X4, X5, X6 通り

[Y-E ゾーン]

階	E_0	Z	R_t	I_S	q	判定
1	0.82	1.0	1.0	0.82	1.48	OK

となり耐震判定指標（$I_{S0} \geqq 0.75$ かつ $q \geqq 1.0$）を満足している。

「Y–F ゾーン」の耐震診断結果

ゾーン名	Y–F
ゾーニング図	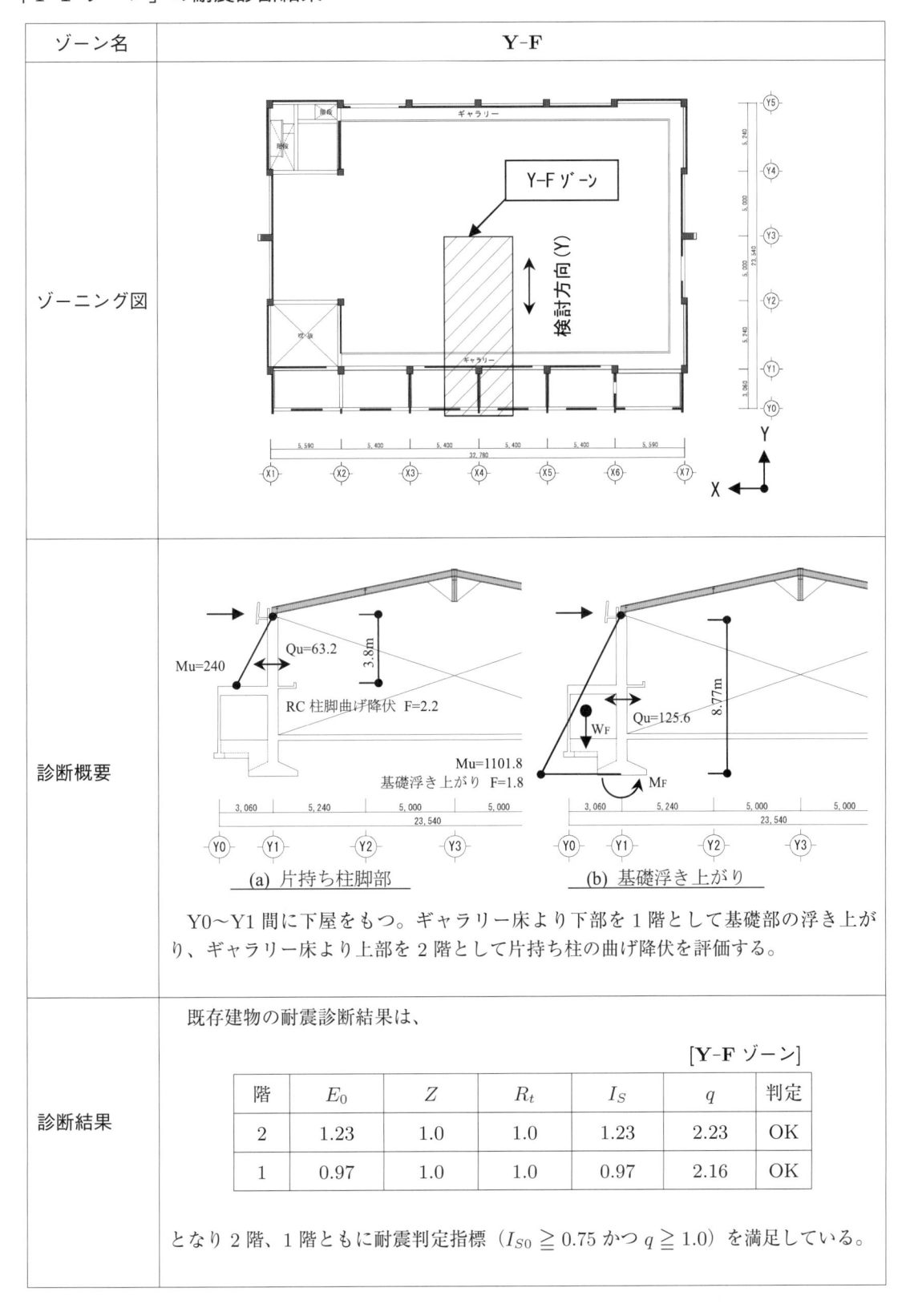
診断概要	

Y0〜Y1 間に下屋をもつ。ギャラリー床より下部を1階として基礎部の浮き上がり、ギャラリー床より上部を2階として片持ち柱の曲げ降伏を評価する。

既存建物の耐震診断結果は、

[**Y–F ゾーン**]

階	E_0	Z	R_t	I_S	q	判定
2	1.23	1.0	1.0	1.23	2.23	OK
1	0.97	1.0	1.0	0.97	2.16	OK

となり2階、1階ともに耐震判定指標（$I_{S0} \geqq 0.75$ かつ $q \geqq 1.0$）を満足している。

○屋根面の荷重伝達の検討結果概要

鉛直架構が RC 造で屋根のみ S 造の屋内運動場（R1 タイプ）であり、両妻面には耐力の非常に高い RC 耐震壁が配置されている。このような屋内運動場を建物全体で評価する場合には、非常に頑強な屋根架構を有している必要がある。

本建物の屋根面の検討は以下に示す 2 通りの検討を行っている。

⒜精算法による検討

精算法による検討では、各架構間で協働効果を期待できる屋根面耐力を有しているか否かを確認するものである。この検討で荷重伝達ができない場合には、各架構間で協働効果に期待せず、各架構単独（X 方向：X-A〜Y-D、Y 方向：Y-A〜Y-F）で耐震性能を評価する。

⒝屋根面のみの荷重に対する荷重伝達の検討

屋根面のみの荷重に対する荷重伝達の検討では、現況屋根面に分布している荷重を既存 RC 架構へ伝達できるか否かを確認するものである。この検討で荷重伝達ができない場合には、屋根面ブレースの補強が必要である。検討に際しては、屋根面の水平震度を $K = 0.55 \times A_i \times F_{es}$ と仮定する。

・検討結果

方向	(a) 精算法		(b) 屋根面のみの荷重	
	検討結果	判定	検討結果	判定
X	伝達すべき張力 　　$T = 579.0\,(\mathrm{kN})$ 小屋ブレース耐力 　　$P_u = 56.1\,(\mathrm{kN})$ $\therefore T > P_u$	NG	伝達すべき張力 　　$T = 45.9\,(\mathrm{kN})$ 小屋ブレース耐力 　　$P_u = 56.1\,(\mathrm{kN})$ $\therefore T < P_u$	OK
Y	伝達すべき張力 　　$T = 1536\,(\mathrm{kN})$ 小屋ブレース耐力 　　$P_u = 56.1\,(\mathrm{kN})$ $\therefore T > P_u$	NG	伝達すべき張力 　　$T = 44.5\,(\mathrm{kN})$ 小屋ブレース耐力 　　$P_u = 56.1\,(\mathrm{kN})$ $\therefore T < P_u$	OK

本建物の屋根架構は、屋根荷重のみを鉛直架構へ伝達させるに必要な面内耐力を有しているものの、各鉛直架構間で協働効果を発揮させるに十分な面内耐力は確保されていない。

よって、各構面単独（ゾーニング）で個別に耐震性能を評価することとしている。

10.2.2.2　水平耐力

　本建物は、屋根面荷重伝達の検討結果から鉛直架構間で協働効果に期待せず、各構面単独（ゾーニング）で個別に耐震性能を判断している。耐力度測定法では、水平耐力を X 方向の q_x と Y 方向の q_y の積（$q_x \cdot q_y$）として算定するので、各方向のゾーニングによる I_S 指標の最小値となっている X 方向「X-C ゾーン」と Y 方向「Y-E ゾーン」の耐震診断結果を用いて水平耐力の算定を行う。なお、当該ゾーンの耐震診断は「屋内運動場等の耐震性能診断基準（平成 8 年版）」を用いて I_S 指標を算定しており、q_x と q_y の算定において T 指標は 1.00 とする。

○ q_x と q_y の算定

桁行 (X) 方向　「X-C ゾーン」

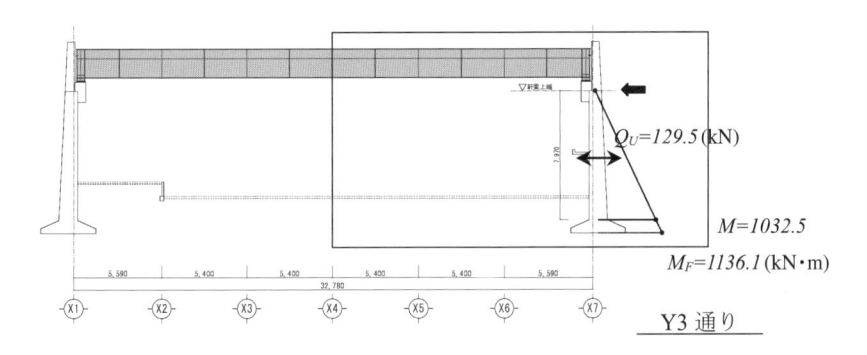

Y3 通り

　明確な層を形成していないため、ギャラリー床レベルの荷重を柱頂部の位置に高さ比で低減して算入して片持ち柱の耐震性能を評価した。基礎転倒 $F = 1.8$ となる。

$$I_S = Q_u \times F / (W \times A_i \times F_{es} \times Z \times R_t)$$

$$= 129.5 \times 1.8 / (307 \times 1.00 \times 1.0 \times 1.0 \times 1.0) = 0.76$$

$$q_x = (I_S/T)/0.7 = (0.76/1.00)/0.7 = 1.09 \quad \rightarrow \quad q_x = 1.0$$

張間 (Y) 方向　「Y-E ゾーン」

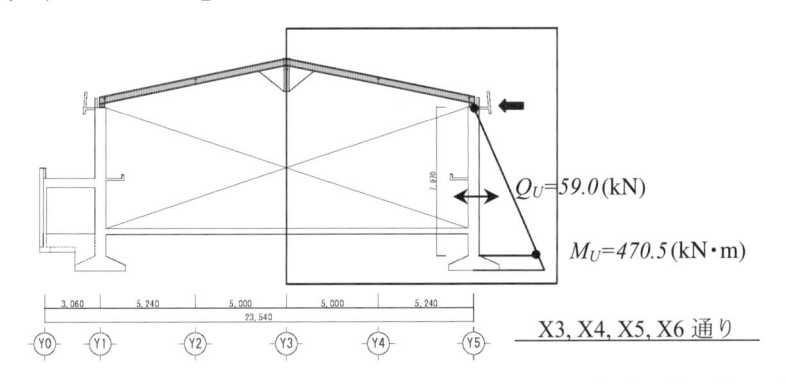

X3, X4, X5, X6 通り

　明確な層を形成していないため、ギャラリー床レベルの荷重を柱頂部の位置に高さ比で低減して算入して片持ち柱の耐震性能を評価した。RC 柱脚の曲げ降伏 $F = 2.2$ となる。

$$I_S = Q_u \times F / (W \times A_i \times F_{es} \times Z \times R_t)$$

$$= 59.0 \times 2.2 / (159 \times 1.00 \times 1.0 \times 1.0 \times 1.0) = 0.82$$

$$q_y = (I_S/T)/0.7 = (0.82/1.00)/0.7 = 1.17 \quad \rightarrow \quad q_y = 1.0$$

○鉄骨定着部の係数

桁行 (X) 方向

　キール梁接合部を検討する。

　A 部（ネジ切り部）と B 部（側方コーン破壊部）
の両方を検討して、係数 α の最小を採る。

（A 部）

　定着接合部検討用外力（P）

$$P = 0.55 \times W \times A_i \times F_{es} - Q_u$$

$$= 0.55 \times 307 \times 1.537 - 129.5$$

$$= 130.0 \,(\text{kN})$$

※重量 W は X-C ゾーンの I_S 指標を算定する際
に仮定した建物重量に同じで、鉛直材高さ $1/2$
の範囲と負担屋根荷重を含めた重量である。

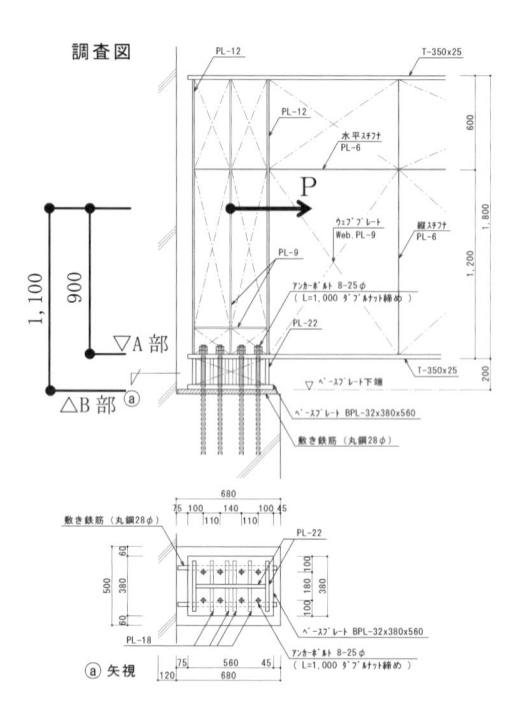

　$_{m1}\alpha$ の算定

　　曲げ応力

$$M = P \times h_1 = 130.0 \times 0.9 = 117.0 \,(\text{kN} \cdot \text{m})$$

　　曲げ耐力

$$N_y = 0.85 \times B \times D \times F_c$$

$$= 0.85 \times 380 \times 560 \times 17.6 \times 10^{-3} = 3183 \,(\text{kN})$$

$$T_y = 0.75 \times n_t \times A_b \times F_y$$

$$= 0.75 \times 4 \times 491 \times 235 \times 1.1 \times 10^{-3} = 381 \,(\text{kN})$$

$$N = 141.1 \,(\text{kN}) \quad ※屋根及び鉄骨梁のみの重量$$

$$N_y - T_y \geqq N > -T_y \quad より、$$

$$M_f = T_y \times d_1 + \frac{(N + T_y) \times D}{2} \times \left(1 - \frac{N + T_y}{N_y}\right)$$

$$= 381 \times 0.125 + \frac{(141.1 + 381) \times 0.56}{2} \times \left(1 - \frac{141.1 + 381}{3183}\right) = 169.8\,(\mathrm{kN \cdot m})$$

よって、

$$_{m1}\alpha = M_f/(1.2 \times M) = 169.8/(1.2 \times 117.0) = 1.21 \quad \rightarrow \quad 1.00$$

$_{q1}\alpha$ の算定

せん断力

$$Q = P = 130.0\,(\mathrm{kN})$$

せん断耐力

$$Q_f = 1.15 \times T_y = 1.15 \times 381 = 438.2\,(\mathrm{kN})$$

よって、

$$_{q1}\alpha = Q_f/(1.2 \times Q) = 438.2/(1.2 \times 130.0) = 2.81 \quad \rightarrow \quad 1.00$$

（B部）

定着接合部検討用外力（P）

$$P = 0.55 \times W \times A_i \times F_{es} - Q_u = 0.55 \times 307 \times 1.537 - 129.5$$

$$= 130.0\,(\mathrm{kN})$$

$_{m1}\alpha$ の算定

曲げ応力

$$M = P \times h_2 = 130.0 \times 1.1 = 143.0\,(\mathrm{kN \cdot m})$$

曲げ耐力

$$N_y = 0.85 \times B \times D \times F_c$$

$$= 0.85 \times 380 \times 560 \times 17.6 \times 10^{-3} = 3183 \, (\mathrm{kN})$$

$$T_y = n_t \times A_b \times F_y$$

$$= 4 \times 491 \times 235 \times 1.1 \times 10^{-3} = 508 \, (\mathrm{kN})$$

$$N = 141.1 \, (\mathrm{kN}) \quad ※屋根及び鉄骨梁のみの重量$$

$N_y - T_y \geqq N > -T_y$ より、

$$M_f = T_y \times d_1 + \frac{(N + T_y) \times D}{2} \times \left(1 - \frac{N + T_y}{N_y}\right)$$

$$= 508 \times 0.125 + \frac{(141.1 + 508) \times 0.56}{2} \times \left(1 - \frac{141.1 + 508}{3183}\right) = 208.2 \, (\mathrm{kN \cdot m})$$

よって、

$$_{m1}\alpha = M_f/(1.2 \times M) = 208.2/(1.2 \times 143.0) = 1.21 \quad \rightarrow \quad 1.00$$

$_{q1}\alpha$ の算定

せん断力 $\quad Q = P = 130.0 \, (\mathrm{kN})$

せん断耐力

アンカーボルトが降伏する場合

$$Q_f = 1.15 \times T_y = 1.15 \times 508 = 584.2 \, (\mathrm{kN})$$

アンカーボルトの被りコンクリートが側方でコーン状破壊する場合

側面 2 本のアンカーボルトを 1 組としたコーン状破断面の有効断面積は、

$$\theta = 2 \times \cos^{-1} \frac{a}{2C} = 2 \times \cos^{-1} \frac{180}{2 \times 145} = 103.27°$$

$$A_c = 0.5 \times \left(2\pi - \frac{\theta}{180} \cdot \pi + \sin\theta\right) \cdot C^2$$

$$= 0.5 \times \left(2\pi - \frac{103.27}{180} \times \pi + \sin 103.27\right) \times 145^2 = 57312 \, (\mathrm{mm}^2)$$

アンカーボルトが 2 本、4 列配置であるので定着部としての側方コーン状破壊耐力は、

$$Q_f = 4 \, (列) \times 0.31 \times \sqrt{F_c} \times A_c = 4 \times 0.31 \times \sqrt{17.6} \times 57312 \times 10^{-3} = 298.1 \, (\mathrm{kN})$$

以上から、B 部のせん断耐力は側方コーン状破壊耐力で決まる。

よって、

$$_{q1}\alpha = Q_f/(1.2 \times Q) = 298.1/(1.2 \times 130.0) = 1.91 \quad \rightarrow \quad 1.00$$

張間 (Y) 方向（Y-E ゾーン）

　アリーナ中間フレームのサブビーム（T2）と
RC 柱頂部との接合部を検討する。

　定着接合部検討用外力（P）

$$P = 0.55 \times W \times A_i \times F_{es} - Q_u$$
$$= 0.55 \times 159.0 \times 1.638 - 59.0$$
$$= 84.2 \,(\mathrm{kN})$$

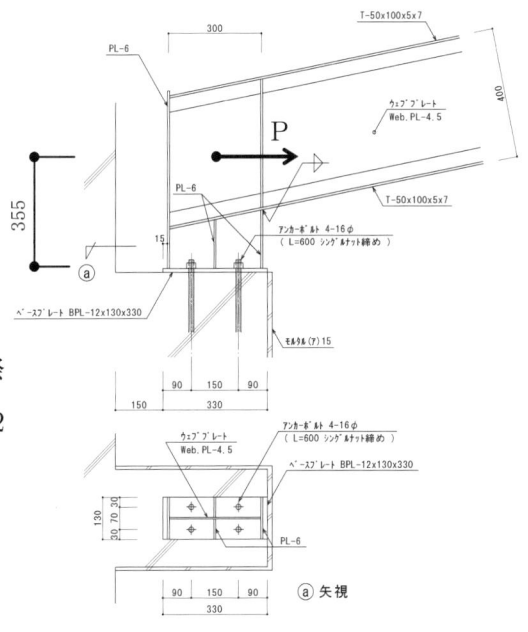

※重量 W は Y-E ゾーンの Is 指標を算定する際
　に仮定した建物重量に同じで、鉛直材高さ 1/2
　の範囲と負担屋根荷重を含めた重量である。

$_{m2}\alpha$ の算定

　曲げ応力

$$M = P \times h = 84.2 \times 0.355 = 29.9 \,(\mathrm{kN \cdot m})$$

　曲げ耐力

$$N_y = 0.85 \times B \times D \times F_c = 0.85 \times 130 \times 330 \times 17.6 \times 10^{-3} = 642 \,(\mathrm{kN})$$
$$T_y = 0.75 \times n_t \times A_b \times F_y = 0.75 \times 2 \times 201 \times 235 \times 1.1 \times 10^{-3} = 77.9 \,(\mathrm{kN})$$
$$N = 82.3 \,(\mathrm{kN}) \quad ※屋根及び鉄骨梁のみの重量$$

$N_y - T_y \geqq N > -T_y$ より、

$$M_f = T_y \times d_1 + \frac{(N + T_y) \times D}{2} \times \left(1 - \frac{N + T_y}{N_y}\right)$$
$$= 77.9 \times 0.075 + \frac{(82.3 + 77.9) \times 0.33}{2} \times \left(1 - \frac{82.3 + 77.9}{642}\right) = 25.7 \,(\mathrm{kN \cdot m})$$

よって、$_{m2}\alpha = M_f/(1.2 \times M) = 25.7/(1.2 \times 29.9) = 0.72$

$_{q2}\alpha$ の算定

　せん断力　$Q = P = 84.2 \,(\mathrm{kN})$

　せん断耐力

アンカーボルトが降伏する場合

$$Q_f = 1.15 \times T_y = 1.15 \times 77.9 = 89.6 \,(\text{kN})$$

アンカーボルトの被りコンクリートが側方でコーン状破壊する場合

　側面 2 本のアンカーボルトを 1 組としたコーン状破断面の有効断面積は、

$$\theta = 2 \times \cos^{-1} \frac{a}{2C} = 2 \times \cos^{-1} \frac{70}{2 \times 90} = 134.23°$$

$$
\begin{aligned}
A_c &= 0.5 \times \left(2\pi - \frac{\theta}{180} \cdot \pi + \sin\theta\right) \cdot C^2 \\
&= 0.5 \times \left(2\pi - \frac{134.23}{180} \times \pi + \sin 134.23\right) \times 90^2 = 18853 \,(\text{mm}^2)
\end{aligned}
$$

　アンカーボルトが 2 本、2 列配置であるので定着部としての側方コーン状破壊耐力
は、

$$Q_f = 2\,(\text{列}) \times 0.31 \times \sqrt{F_c} \times A_c = 2 \times 0.31 \times \sqrt{17.6} \times 18853 \times 10^{-3} = 49.0 \,(\text{kN})$$

以上から、B 部のせん断耐力は側方コーン状破壊耐力で決まる。
よって、

$$_{q2}\alpha = Q_f / (1.2 \times Q) = 49.0 / (1.2 \times 84.2) = 0.48$$

以上から、鉄骨定着部の係数は

$$
\begin{aligned}
_\gamma\alpha &= \min\left(_{m1}\alpha, \ _{m2}\alpha, \ _{q1}\alpha, \ _{q2}\alpha\right) \\
&= \min(1.00, \ 0.72, \ 1.00, \ 0.48) \\
&= 0.48
\end{aligned}
$$

　下限値である 0.7 を下回ったため、$_\gamma\alpha = 0.7$ と読み替える。

水平耐力

$$q = q_x \times q_y \times {}_\gamma\alpha = 1.0 \times 1.0 \times 0.7 = 0.7$$

判別式　　$1.0 \leqq q$　　…………1.0

　　　　　$0.5 < q < 1.0$…………直線補間

　　　　　$q \leqq 0.5$…………0.3

よって、　評点は　0.58×50　$= 29$　点

10.2.2.3　コンクリート圧縮強度

コンクリート圧縮強度は、耐震診断調査時に壁から採取した直径 10 cm のコンクリートコアを用いた圧縮強度試験結果（1 階から計 3 本採取）から測定する。

コンクリートコアの圧縮強度試験結果

階	試験体番号	コア圧縮強度 $(\mathrm{N/mm^2})$	平均値 $(\mathrm{N/mm^2})$
1	1-W1	23.2	
	1-W2	30.8	25.8
	1-W3	23.5	

※コンクリート圧縮強度試験成績書を添付のこと

$$\text{コア圧縮強度の平均値} \quad F_c = (23.2 + 30.8 + 23.5)/3$$
$$\text{（1 階）} \qquad\qquad = 25.8$$

よって、

$$\text{コンクリート圧縮強度} \quad k = F_c/20$$
$$= 25.8/20$$
$$= 1.29 \quad \rightarrow \quad 1.0$$

10.2.2.4　層間変形角

耐震診断時のモデル化で、ゾーニング手法を用いてゾーンごとに耐震性を判断している場合は、最も大きい層間変形角が想定されるゾーンを評価してよい。

本建物の場合は、X 方向の「X-C ゾーン」、Y 方向の「Y-E ゾーン」について層間変形角を算定した。

桁行 (X) 方向

$$F_r = F_u \times \frac{0.7}{(I_S/T)} = 1.80 \times \frac{0.7}{(0.76/1.00)} = 1.66$$

F_r が 1.66 より次頁表から直線補間を行い、$\theta = 1/108$ となる。

張間 (Y) 方向

$$F_r = F_u \times \frac{0.7}{(I_S/T)} = 2.20 \times \frac{0.7}{(0.82/1.00)} = 1.88$$

F_r が 1.88 より次頁表から直線補間を行い、$\theta = 1/88$ となる。

表 F_r と θ の対応関係

F_r	1.0	1.27	1.6	2.0	2.6	3.2
θ	1/250	1/150	1/115	1/80	1/50	1/30

※中間は線形補間によってよい。$F_r \geqq 3.2$ の場合は 3.2 とする。

以上から、張間 (Y) 方向の層間変形角が最大（$\theta = 1/88$）となる。

判別式 　　　　　　$\theta \leqq 1/200$ または計算しない場合 ········1.0

　　　　$1/200 < \theta < 1/120$ 　　　　　　　········直線補間

　　　　$1/120 \leqq \theta$ 　　　　　　　········0.5

よって、 評点は 　0.5×20 　$= 10$ 　点

10.2.2.5 基礎構造

基礎構造の地震被害に関する指標 $\beta(= u \cdot p)$ を算出する。

u：基礎の種類

　　　　木杭基礎 ··· 0.8

　　　　RC 杭、ペデスタル杭基礎 ···························· 0.9

　　　　上記以外の基礎·································· 1.0

設計図書の情報から、本建物の基礎の種類は直接基礎である。

よって、$u = 1.0$

p：基礎の被害予測（下記のうち該当する最小の値を採る）

　　　　液状化が予想される地域である····················· 0.8

　　　　杭基礎でアスペクト比が 2.5 以上の建物········ 0.9

　　　　上記に該当しない場合······························· 1.0

（液状化）

当該敷地は、液状化予測図から液状化の可能性がある地域に該当しない。

（アスペクト比）

明らかにアスペクト比が 2.5 未満である。

よって、$p = 1.0$

地震被害に関する指標は、キール梁を受ける妻面柱に地中梁がないこと、張間方向は地中梁 FB が配置されているが地震時の曲げ抵抗としては期待できないので、一方向の地中梁と判

断し、β 算定式の右辺に 0.75 を乗じて評価する。

$\beta = u \times p \times 0.75 = 1.0 \times 1.0 \times 0.75 = 0.75$ となる。

判別式　　1.0 ≦ β または測定しない場合　………1.0

0.5 < β < 1.0 ………直線補間

β ≦ 0.5 ………0.5

よって、評点は　0.75×30　$= 22.5$　点

10.2.2.6　地震による被災履歴

本建物は過去の地震により被災した経緯はない。

このため、地震による被災履歴の測定項目は評点を 1.0 とする。

以上から、Ⓐ構造耐力の評点合計は

Ⓐ $= (29.0 + 10.0 + 22.5) \times 1.0 = 61.5$　　→　　62　点

10.2.3　健全度の測定

10.2.3.1　経年変化

経過年数：　$t = 47$ 年　（耐力度測定時における建築時からの経過年数）

経年変化：　$T = (40 - t)/40 = (40 - 47)/40 = -0.175$

→　T がゼロ未満のため、$T = 0$ とする。

よって、評点は　0×25　$= 0$　点

10.2.3.2　鉄筋腐食度、コンクリート中性化深さ等、鉄筋かぶり厚さ

②鉄筋腐食度、③—(a) コンクリート中性化深さ等、③—(b) 鉄筋かぶり厚さについて、測定結果を記録（写真添付）する。測定位置は調査票に記載する。

柱頭

  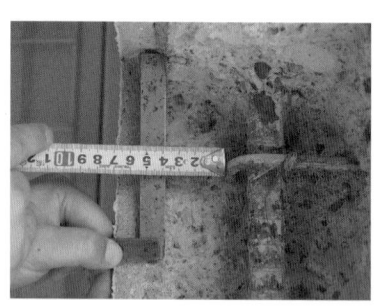

鉄筋腐食状況	中性化深さ	鉄筋かぶり厚さ

② 鉄筋腐食度	さびがほとんど認められない （グレード 1.0）
③-(a) コンクリート中性化深さ等	中性化深さ測定値 （1.5 cm）
③-(b) 鉄筋かぶり厚さ	鉄筋かぶり厚さ測定値 （3.9 cm）

梁1

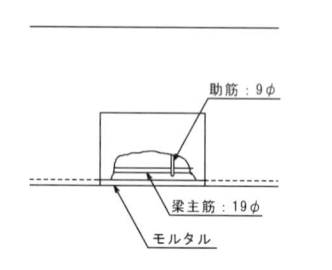 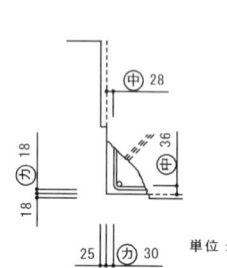

助筋：9φ
梁主筋：19φ
モルタル

⊕ コンクリートの中性化深さを示す
カ 鉄筋のかぶり厚さを示す

⊕ 28
18 カ 36
18
25 カ 30
単位：mm

② 鉄筋腐食度	大部分が赤さびに覆われている （グレード 0.8）
③-(a) コンクリート中性化深さ等	中性化深さ測定値 （3.6 cm）
③-(b) 鉄筋かぶり厚さ	鉄筋かぶり厚さ測定値 （1.8 cm）

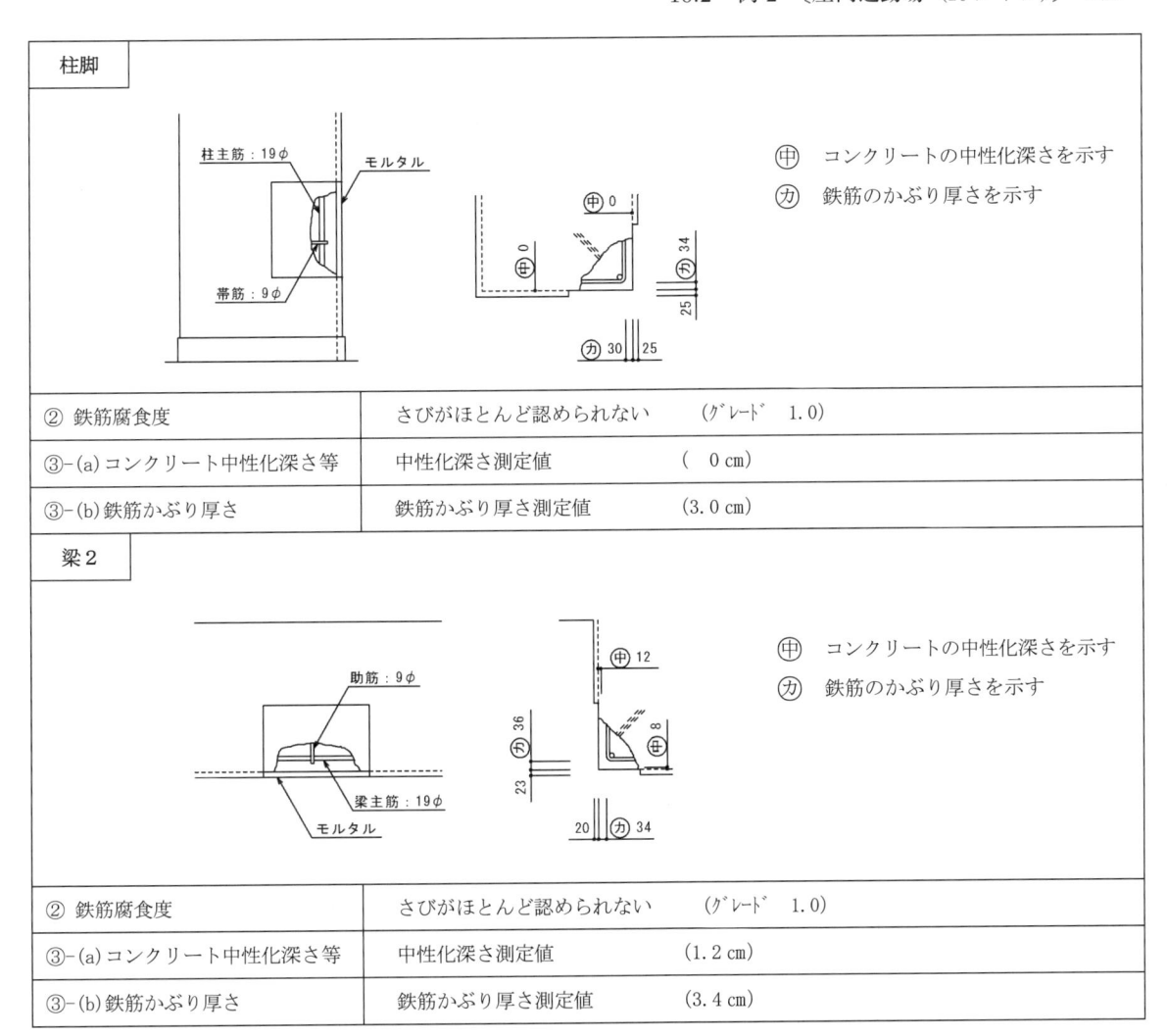

柱脚		
② 鉄筋腐食度	さびがほとんど認められない （グレード 1.0）	
③-(a) コンクリート中性化深さ等	中性化深さ測定値 （ 0 cm）	
③-(b) 鉄筋かぶり厚さ	鉄筋かぶり厚さ測定値 （3.0 cm）	

梁2		
② 鉄筋腐食度	さびがほとんど認められない （グレード 1.0）	
③-(a) コンクリート中性化深さ等	中性化深さ測定値 （1.2 cm）	
③-(b) 鉄筋かぶり厚さ	鉄筋かぶり厚さ測定値 （3.4 cm）	

② 鉄筋腐食度

　梁1の測定結果により、大部分が赤さびに覆われているので、グレード0.8とする。

$$よって、 評点は 0.8 \times 25 = 20 点$$

③—(a) コンクリート中性化深さ

$$平均値 \quad a = \frac{1.5 + 3.6 + 0 + 1.2}{4} = 1.58$$

$$判別式 \qquad a \leqq 1.5 \,\mathrm{cm} \cdots\cdots 1.0$$

$$1.5 \,\mathrm{cm} < a < 3 \quad \mathrm{cm} \cdots\cdots 直線補間$$

$$3 \quad \mathrm{cm} \leqq a \qquad \cdots\cdots 0.5$$

$$よって、 評点は 0.97 \times 10 = 9.7 点$$

③—(b) 鉄筋かぶり厚さ

$$平均値 \quad b = \frac{3.9 + 1.8 + 3.0 + 3.4}{4} = 3.03$$

$$判別式 \quad 3 \quad \mathrm{cm} \leqq b \qquad \cdots\cdots 1.0$$

$$1.5 \,\mathrm{cm} < b < 3 \quad \mathrm{cm} \cdots\cdots 直線補間$$

$$b \leqq 1.5 \, \mathrm{cm} \quad \cdots\cdots 0.5$$

よって、 評点は 1.0 × 10 ＝ 10 点

10.2.3.3 躯体の状態

躯体の状態（ひび割れ等）について測定結果を記録（写真添付）する。測定位置は調査票に記載する。本建物は、梁と壁に幅 0.3 mm 以上のひび割れが部分的に認められる。躯体の状態のグレードは 0.8 となる。

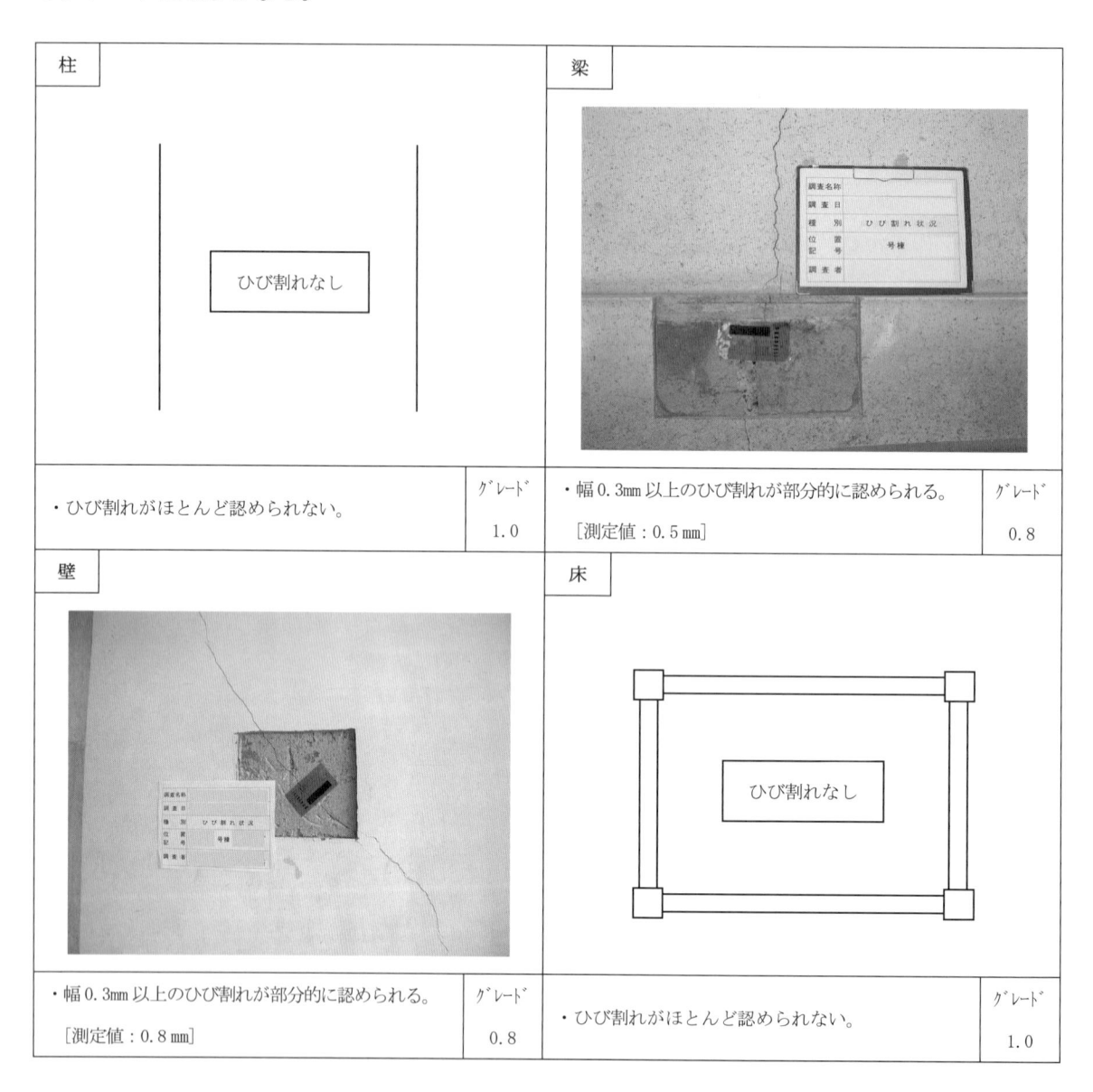

柱		梁	
・ひび割れがほとんど認められない。	グレード 1.0	・幅 0.3mm 以上のひび割れが部分的に認められる。 ［測定値：0.5 mm］	グレード 0.8
壁		床	
・幅 0.3mm 以上のひび割れが部分的に認められる。 ［測定値：0.8 mm］	グレード 0.8	・ひび割れがほとんど認められない。	グレード 1.0

10.2.3.4 不同沈下量

不同沈下に起因したひび割れ等の異常がなく、明らかに不同沈下は生じていない。よって、当該測定項目は満点（10点）を与えることとし、レベル測定等の調査を省略する。

10.2.3.5 火災による疲弊度

本建物は火災による被害を受けていない。

このため、火災による疲弊度の測定項目は評点を 1.0 とする。

以上から、Ⓑ健全度の評点合計は

$$Ⓑ = (0.0 + 20.0 + 9.7 + 10.0 + 16.0 + 10.0) \times 1.0 \times 1.0 = 65.7 \quad → \quad 66 \quad 点$$

10.2.4 立地条件

10.2.4.1 地震地域係数

建設省告示第 1793 号（最終改正：平成 19 年国土交通省告示第 597 号）第 1 による。

第一種地域 $(Z = 1.0)$　よって、0.8

10.2.4.2 地盤種別

建設省告示第 1793 号（最終改正：平成 19 年国土交通省告示第 597 号）第 2 による。

第二種地盤（土質柱状図を添付のこと）　よって、0.9

10.2.4.3 敷地条件

崖地、不整形地盤、局所的な高台といった、局所的な入力地震動の大きさを補正する。

平坦地　よって、1.0

10.2.4.4 積雪寒冷地域

義務教育諸学校等の施設費の国庫負担等に関する法律施行令第 7 条第 5 項の規定による。

その他地域（公立学校施設台帳の確認）　よって、1.0

10.2.4.5 海岸からの距離

地図（縮尺を記載）に調査校位置を明示したものを添付する。

海岸からの距離が 8 km を超える　よって、1.0

以上から、Ⓒ立地条件の評点は

$$Ⓒ = (0.8 + 0.9 + 1.0 + 1.0 + 1.0)/5 = 0.94$$

10.2.5　結果点数と耐力度

耐力度は、Ⓐ構造耐力評点 × Ⓑ健全度評点 × Ⓒ立地条件評点で求める。これまでの結果から、

$$\text{耐力度} = 62 \times 66 \times 0.94 = 3846 \quad \text{点}$$

となる。

付　　録

付1　公立学校施設費国庫負担金等に関する関係法令等の運用細目（抄）

平成 18 年 7 月 13 日 18 文科施第 188 号

（最終改正：令和 3 年 6 月 14 日 3 文科施第 88 号）

第 1　用語の意義

47　構造上危険な状態にある建物

　建物の骨組みが危険な状態にある建物をいう。この危険な状態の度合いは耐力度で表示し、この耐力度の測定は、建物の構造の種類の別及び建物の区分に従い、別表第 1、別表第 2、別表第 3 又は別表第 4 により構造耐力、健全度及び立地条件について行うものとする。

　ただし、耐力度調査票により耐力度を測定することができないとき又は適当でないと認められるときは、大学教授等の専門家の測定又は別に定める耐力度簡略調査票又は耐力度調査票（耐震診断未実施用）により、耐力度調査票に定める測定項目を当該建物の実態に即した適切な測定項目に置き換える等の方法で、構造耐力、健全度及び立地条件のそれぞれについて耐力度調査票に耐力度の測定を行うものとする。

　建物の耐力度を 10,000 点満点とし、木造の建物については耐力度おおむね 5,500 点以下、鉄筋コンクリート造、鉄骨造、補強コンクリートブロック造及びこれら以外の建物については耐力度おおむね 4,500 点以下になった建物が構造上危険な状態にある建物である。

　ただし、次のいずれかに該当する場合は、耐力度点数を 500 点緩和する。

⑴　特別支援学校の建物

⑵　豪雪地帯対策特別措置法（昭和 37 年法律第 73 号）第 15 条の規定の適用のある学校の建物（木造のみ）

⑶　台風常襲地帯における災害の防除に関する特別措置法（昭和 33 年法律第 72 号）第 3 条の規定に基づき指定された台風常襲地帯に所在する学校の建物（木造のみ）

⑷　その他当該学校の実情及びその環境、立地条件等からその改築が真にやむを得ないと認められる建物

付2　学校施設環境改善交付金交付要綱（抄）

平成 23 年 4 月 1 日 23 文科施第 3 号

（最終改正：令和 3 年 4 月 9 日 3 文科施第 20 号）

第1　通則

　義務教育諸学校等の施設費の国庫負担等に関する法律（昭和 33 年法律第 81 号。以下「法」という。）第 12 条第 1 項の規定に基づく交付金の交付に関しては、法、義務教育諸学校等の施設費の国庫負担等に関する法律施行規則（昭和 33 年文部省令第 21 号）、補助金等に係る予算の執行の適正化に関する法律（昭和 30 年法律第 179 号）及び補助金等に係る予算の執行の適正化に関する法律施行令（昭和 30 年政令第 255 号）その他関係法令等に定めるもののほか、この要綱に定めるところによる。

第2　定義

1　学校施設環境改善交付金

　地方公共団体が作成した法第 12 条第 2 項に規定する施設整備計画に基づく事業の実施に要する経費に充てるため、同条第 1 項の規定により国が交付する交付金をいう。

2　交付対象事業

　施設整備計画に基づき実施される別表 1 又は別表 2 に掲げる事業（他の法律又は予算制度に基づく国の負担又は補助を得て実施するものを除く。）をいう。

別表 1（本土に係るもの）

項	事業区分	対象となる経費	配分基礎額の算定方法	算定割合
1	構造上危険な状態にある建物の改築	義務教育諸学校（小学校、中学校、義務教育学校、中等教育学校の前期課程並びに特別支援学校の小学部及び中学部をいう。以下同じ。）の建物（校舎、屋内運動場及び寄宿舎をいう。以下同じ。）で構造上危険な状態にあるものの改築（買収その他これに準ずる方法による取得を含む。以下同じ。）に要する経費	ア　校舎又は屋内運動場の場合 校舎又は屋内運動場のそれぞれについて、次に掲げる面積のうちいずれか少ない面積から第二号に掲げる面積のうち危険でない部分の面積を控除して得た面積に 1 平方メートル当たりの建築の単価を乗じたものとする。 一　改築を行う年度の 5 月 1 日における当該学校の学級数に応ずる必要面積 二　改築を行う年度の 5 月 1 日における保有面積	1/3 （算定割合の特例） ア　離島振興法（昭和 28 年法律第 72 号。以下「離島法」という。）第 7 条の規定の適用のある義務教育諸学校の建物にあっては 5.5/10 イ　奄美群島振興開発特別措置法（昭和 29 年法律第 189 号。以下「奄美法」という。）第 6 条の規定の適用のある義務教育諸学校の建物にあっては 5.5/10 ウ　豪雪地帯対策特別措置法（昭和 37 年法律第 73 号。以下「豪雪法」という。）

イ　寄宿舎の場合
次に掲げる面積のうちいずれか少ない面積から第二号に掲げる面積のうち危険でない部分の面積を控除して得た面積に１平方メートル当たりの建築の単価を乗じたものとする。
一　児童又は生徒一人当たりの基準面積に改築を行う年度の５月１日における当該学校の児童又は生徒のうち当該改築後の寄宿舎に収容する児童又は生徒の数を乗じて得た面積
二　改築を行う年度の５月１日における保有面積

（算定方法の特例）
ウ　ア第二号に掲げる面積がア第一号に掲げる面積を超えるときで、かつ、次に掲げる特別の理由があるため、学級数に応ずる必要面積に基づく改築後の校舎又は屋内運動場が児童又は生徒の教育を行うのに著しく不適当であると認められるときは、同号に掲げる面積の0.2倍の面積以内において文部科学大臣が定める面積を加えた面積を、同号に掲げる面積とみなして算定するものとする。
一　学級数の増加が明らかなこと
二　文部科学大臣が特に認めた理由
エ　鉄筋コンクリート造以外の構造の建物に関しては、保有面積について、校舎又は寄宿舎の保有面積のうち鉄筋コンクリート造以外の構造に係る部分の面積について、これに1.02を乗じて行うものとする。
オ　鉄筋コンクリート造以外の構造の建物に関しては、

第15条の規定の適用のある小学校、中学校、義務教育学校及び中等教育学校の前期課程（以下「小学校等」という。）の分校の校舎及び屋内運動場にあっては5.5/10
エ　豪雪法第15条の規定の適用のある小学校等の寄宿舎にあっては5.5/10
オ　豪雪法第2条第2項の規定に基づく特別豪雪地帯に所在する小学校等の本校の校舎又は屋内運動場にあっては5.5/10
カ　成田国際空港周辺整備のための国の財政上の特別措置に関する法律（昭和45年法律第7号。以下「成田財特法」という。）第3条の規定の適用のある小学校、中学校及び義務教育学校の建物にあっては2/3
キ　地震防災対策強化地域における地震対策緊急整備事業に係る国の財政上の特別措置に関する法律（昭和55年法律第63号。以下「地震財特法」）第4条の適用のある小学校等の校舎にあっては1/2
ク　過疎地域の持続的発展の支援に関する特別措置法（令和3年法律第19号。以下「過疎法」という。）第2条の規定に基づく過疎地域に所在する小学校等の建物にあっては5.5/10、令和8年度までの間における特定市町村（過疎法附則第5条に規定する特定市町村をいう。以下同じ。）及び令和9年度までの間における特別特定市町村（同条に規定する特別特定市町村をいう。以下同じ。）に所在する小学校等の建物にあっては別記に定める算定割合、山村振興法（昭和40年法律第

			1 平方メートル当たりの建築の単価に乗ずべき面積について、当該面積のうち鉄筋コンクリート造以外の構造の校舎又は寄宿舎に充てようとする部分の面積について、これを 1.02 で除して行うものとする。 カ　積雪寒冷地にある学校の学級数に応ずる必要面積については、運用細目に定めるところにより、当該学校の所在地の積雪寒冷地に応じ、必要な補正を加えるものとする。	64 号）第 7 条の規定に基づく振興山村（地方交付税法（昭和 25 年法律第 211 号）第 14 条の規定により算定した基準財政収入額を同法第 11 条の規定により算定した基準財政需要額で除して得た数値で補助年度前 3 箇年度内の各年度に係るものを合算したものの 3 分の 1 の数値（以下「財政力指数」という。）が 0.40 未満である市町村の区域内にあるものに限る。以下同じ。）に所在する小学校等の建物にあっては 5.5/10 ケ　原子力発電施設等立地地域の振興に関する特別措置法（平成 12 年法律第 148 号。以下「原発特措法」という。）第 7 条の規定の適用のある小学校等の建物にあっては 5.5/10 コ　駐留軍等の再編の円滑な実施に関する特別措置法（平成 19 年法律第 67 号。以下「駐留軍再編特別措置法」という。）第 11 条の規定の適用のある小学校等の建物にあっては 5.5/10	
2	長寿命化改良事業	小学校、中学校、義務教育学校、中等教育学校の前期課程、特別支援学校及び幼稚園の建物（幼稚園にあっては園舎。以下同じ。）で構造体の劣化対策を要する建築後 40 年以上経過したものの長寿命化改良に要する経費	文部科学大臣が必要と認める面積等に 1 平方メートル当たりの建築の単価等を乗じたものとする。	1/3
		小学校、中学校、義務教育学校、中等教育学校の前期課程、特別支援学校及び幼稚園の建物で建築後 20 年以上であるものの長寿命化を図るための予防的な改修に要する経費	文部科学大臣が必要と認める額とする。	1/3

別表 2（沖縄に係るもの）

項	事業区分	対象となる経費	配分基礎額の算定方法	算定割合
1	構造上危険な状態にある建物の改築	小学校、中学校及び義務教育学校の建物で構造上危険な状態にあるもののうち、建築後 35 年未満のもの（ただし、同一の学校において、建築後 35 年未満の建物と建築後 35 年以上の建物の改築を同時に行う場合には、建築後 35 年以上の建物も含む。）の改築に要する経費	ア　校舎又は屋内運動場の場合 校舎又は屋内運動場のそれぞれについて、次に掲げる面積のうちいずれか少ない面積から第二号に掲げる面積のうち危険でない部分の面積を控除して得た面積に 1 平方メートル当たりの建築の単価を乗じたものとする。 　一　改築を行う年度の 5 月 1 日における当該学校の学級数に応ずる必要面積 　二　改築を行う年度の 5 月 1 日における保有面積 イ　寄宿舎の場合 次に掲げる面積のうちいずれか少ない面積から第二号に掲げる面積のうち危険でない部分の面積を控除して得た面積に 1 平方メートル当たりの建築の単価を乗じたものとする。 　一　児童又は生徒一人当たりの基準面積に改築を行う年度の 5 月 1 日における当該学校の児童又は生徒のうち当該改築後の寄宿舎に収容する児童又は生徒の数を乗じて得た面積 　二　改築を行う年度の 5 月 1 日における保有面積 （算定方法の特例） ウ　ア第二号に掲げる面積がア第一号に掲げる面積を超えるときで、かつ、次に掲げる特別の理由があるため、学級数に応ずる必要面積に基づく改築後の校舎又は屋内運動場が児童又は生徒の教育を行うのに著しく	7.5/10

不適当であると認められる
ときは、同号に掲げる面積
の0.2倍の面積以内におい
て文部科学大臣が定める面
積を加えた面積を、同号に
掲げる面積とみなして算定
するものとする。

一　学級数の増加が明らか
　なこと

二　文部科学大臣が特に認
　めた理由

エ　鉄筋コンクリート造以外
　の構造の建物に関しては、
　保有面積について、校舎又
　は寄宿舎の保有面積のうち
　鉄筋コンクリート造以外の
　構造に係る部分の面積につ
　いて、これに1.02を乗じ
　て行うものとする。

オ　鉄筋コンクリート造以
　外の構造の建物に関して
　は、1平方メートル当たり
　の建築の単価に乗ずべき面
　積について、当該面積のう
　ち鉄筋コンクリート造以外
　の構造の校舎又は寄宿舎に
　充てようとする部分の面積
　について、これを1.02で
　除して行うものとする。

付3　建築基準法施行令に基づく Z の数値、Rt 及び Ai を算出する方法 並びに地盤が著しく軟弱な区域として特定行政庁が指定する基準（抄）

昭和 55 年 11 月 27 日建設省告示第 1793 号

（最終改正：平成 19 年 5 月 18 日国土交通省告示第 597 号）

第1　Z の数値

Z は、次の表の上欄に掲げる地方の区分に応じ、同表下欄に掲げる数値とする。

	地方	数値
(1)	(2) から（4）までに掲げる地方以外の地方	1.0
(2)	北海道のうち 　札幌市 函館市 小樽市 室蘭市 北見市 夕張市 岩見沢市 網走市 苫小牧市 美唄市 芦別市 江別市 赤平市 三笠市 千歳市 滝川市 砂川市 歌志内市 深川市 富良野市 登別市 恵庭市 伊達市 札幌郡 石狩郡 厚田郡 浜益郡 松前郡 上磯郡 亀田郡 茅部郡 山越郡 檜山郡 爾志郡 久遠郡 奥尻郡 瀬棚郡 島牧郡 寿都郡 磯谷郡 虻田郡 岩内郡 古宇郡 積丹郡 古平郡 余市郡 空知郡 夕張郡 樺戸郡 雨竜郡 上川郡（上川支庁）のうち東神楽町、上川町、東川町 及び美瑛町 勇払郡 網走郡 斜里郡 常呂郡 有珠郡 白老郡 青森県のうち 　青森市 弘前市 黒石市 五所川原市 むつ市 東津軽郡 西津軽郡 中津軽郡 南津軽郡 北津軽郡 下北郡 秋田県 山形県 福島県のうち 　会津若松市 郡山市 白河市 須賀川市 喜多方市 岩瀬郡 南会津郡 北会津郡 耶麻郡 河沼郡 大沼郡 西白河郡 新潟県 富山県のうち 　魚津市 滑川市 黒部市 下新川郡 石川県のうち 　輪島市 珠洲市 鳳至郡 珠洲郡 鳥取県のうち 　米子市 倉吉市 境港市 東伯郡 西伯郡 日野郡 島根県 岡山県 広島県 徳島県のうち 　美馬郡 三好郡 香川県のうち 　高松市 丸亀市 坂出市 善通寺市 観音寺市 小豆郡 香川郡 綾歌郡 仲多度郡 三豊郡 愛媛県 高知県 熊本県（（3）に掲げる市及び郡を除く。） 大分県（（3）に掲げる市及び郡を除く。） 宮崎県	0.9

| (3) | 北海道のうち
　旭川市　留萌市　稚内市　紋別市　士別市　名寄市　上川郡（上川支庁）のうち鷹栖町、当麻町、
　比布町、愛別町、和寒町、剣淵町、朝日町、風連町及び下川町　中川郡（上川支庁）増毛郡
　留萌郡　苫前郡　天塩郡　宗谷郡　枝幸郡　礼文郡　利尻郡　紋別郡
山口県
福岡県
佐賀県
長崎県
熊本県のうち
　八代市　荒尾市　水俣市　玉名市　本渡市　山鹿市　牛深市　宇土市　飽託郡　宇土郡　玉名郡　鹿本
　郡　葦北郡　天草郡
大分県のうち
　中津市　日田市　豊後高田市　杵築市　宇佐市　西国東郡　東国東郡　速見郡　下毛郡　宇佐郡
鹿児島県（名瀬市及び大島郡を除く。） | 0.8 |
| (4) | 沖縄県 | 0.7 |

付4　義務教育諸学校等の施設費の国庫負担等に関する法律（抄）

昭和 33 年 4 月 25 日法律第 81 号

（最終改正：平成 27 年 7 月 8 日号外法律第 52 号）

（目的）

第1条　この法律は、公立の義務教育諸学校等の施設の整備を促進するため、公立の義務教育諸学校の建物の建築に要する経費について国がその一部を負担することを定めるとともに、文部科学大臣による施設整備基本方針の策定及び地方公共団体による施設整備計画に基づく事業に充てるための交付金の交付等について定め、もつて義務教育諸学校等における教育の円滑な実施を確保することを目的とする。

（交付金の交付等）

第12条　国は、地方公共団体に対し、公立の義務教育諸学校等施設に係る改築等事業の実施に要する経費に充てるため、その整備の状況その他の事項を勘案して文部科学省令で定めるところにより、予算の範囲内で、交付金を交付することができる。

2　地方公共団体は、前項の交付金の交付を受けようとするときは、施設整備基本計画に即して、当該地方公共団体が設置する義務教育諸学校等施設の整備に関する施設整備計画を作成しなければならない。

3　施設整備計画においては、次に掲げる事項を記載しなければならない。

一　施設整備計画の目標

二　前号の目標を達成するために必要な改築等事業に関する事項

三　計画期間

四　その他文部科学省令で定める事項

4　地方公共団体は、施設整備計画を作成し、又はこれを変更したときは、遅滞なく、これを公表するとともに、文部科学大臣（市町村（特別区を含む。以下この項において同じ。）にあつては、当該市町村の属する都道府県の教育委員会を経由して文部科学大臣）に提出しなければならない。

付 5　義務教育諸学校等の施設費の国庫負担等に関する法律施行令（抄）

昭和 33 年 6 月 27 日政令第 189 号

（最終改正：平成 30 年 3 月 22 日号外政令第 52 号）

（学級数に応ずる必要面積）

第 7 条

5　法第 6 条第 1 項後段の規定に基づき当該学校の所在地の積雪寒冷度に応じて行うべき補正は、一級積雪寒冷地域又は二級積雪寒冷地域にある学校の校舎又は屋内運動場について、文部科学大臣が財務大臣と協議して定める面積を加えて行うものとする。

付6　義務教育諸学校等の施設費の国庫負担等に関する法律施行規則（抄）

昭和 33 年 8 月 8 日政令第 21 号

（最終改正：令和 3 年 6 月 14 日号外政令第 33 号）

（交付金の交付等）

第7条　法第 12 条第 1 項の交付金（次項及び次条において単に「交付金」という。）の交付の対象となる施設は、公立の義務教育諸学校等施設（法第 11 条第 1 項に規定する義務教育諸学校等施設をいう。以下同じ。）とする。ただし、高等学校等（同項に規定する高等学校等をいう。）の施設については、特別支援学校の高等部の施設、奄美群島（奄美群島振興開発特別措置法（昭和 29 年法律第 189 号）第 1 条に規定する奄美群島をいう。）及び沖縄県に所在する施設、産業教育振興法（昭和 26 年法律第 228 号）第 2 条に規定する産業教育のための施設その他文部科学大臣が必要と認める施設に限るものとする。

2　交付金は、施設整備計画（法第 12 条第 2 項に規定する施設整備計画をいう。以下この条及び次条において同じ。）に記載された事業のうち交付金の算定の対象となる事業（以下この項において「交付対象事業」という。）について次の各号に掲げる額のうちいずれか少ない額を合計した額を基礎として、予算の範囲内で交付する。

　一　交付対象事業ごとに文部科学大臣が定める配分基礎額に当該事業ごとに文部科学大臣が定める割合を乗じて得た額

　二　交付対象事業に要する経費の額に当該事業ごとに文部科学大臣が定める割合を乗じて得た額

3　法第 12 条第 3 項第 4 号の文部科学省令で定める事項は、次に掲げる事項とする。

　一　施設整備計画の名称

　二　施設整備計画の目標の達成状況に係る評価に関する事項その他文部科学大臣が必要と認める事項

サービス・インフォメーション

――――――――――――――――――――――― 通話無料 ―――

① 商品に関するご照会・お申込みのご依頼
　　　　　　　　TEL 0120 (203) 694／FAX 0120 (302) 640

② ご住所・ご名義等各種変更のご連絡
　　　　　　　　TEL 0120 (203) 696／FAX 0120 (202) 974

③ 請求・お支払いに関するご照会・ご要望
　　　　　　　　TEL 0120 (203) 695／FAX 0120 (202) 973

● フリーダイヤル（TEL）の受付時間は、土・日・祝日を除く
　 9:00～17:30です。
● FAXは24時間受け付けておりますので、あわせてご利用ください。

既存（鉄筋コンクリート造・鉄骨造・木造・補強コンクリートブロック造）学校建物の耐力度測定方法〈第二次改訂版〉

1983年 9 月30日　　初版発行

2001年 7 月30日　　改訂版発行

2018年 5 月20日　　第二次改訂版発行

2022年 1 月25日　　第二次改訂版第2刷発行

編　　集　　既存鉄筋コンクリート造・鉄骨造・木造・

　　　　　　補強コンクリートブロック造

　　　　　　学校建物の耐力度測定方法編集委員会

発行者　　田 中 英 弥

発行所　　第一法規株式会社
　　　　　　〒107-8560　東京都港区南青山2-11-17
　　　　　　ホームページ　https://www.daiichihoki.co.jp/

（鉄筋コンクリート造・鉄骨造・木造・補強コンクリートブロック造
セット・分売不可）

学校耐力二改　　ISBN978-4-474-06350-1　C2037　　(3)